Claus Schweitzer

Wellness zum Träumen

Die 120 besten Wohlfühlhotels
Schweiz, Österreich, Südtirol,
Deutschland

AT Verlag

© 2007
AT Verlag, Baden und München
Umschlagbild: Löwen, Schruns im Montafon
Fotos: Von Claus Schweitzer oder mit freundlicher Genehmigung
von den porträtierten Hotels zur Verfügung gestellt
Lithos: Vogt-Schild Druck, Derendingen
Druck: Kösel, Krugzell
Printed in Germany

ISBN 978-3-03800-336-6

www.at-verlag.ch

Inhalt

7 Editorial

8 Die Hotels nach Gesamtpunktzahl

11 **Schweiz**

12 Graubünden
30 Ostschweiz
36 Zentralschweiz
41 Berner Oberland
52 Westschweiz und Wallis
76 Tessin

85 **Österreich**

86 Vorarlberg
90 Tirol
116 Salzburgerland und Kärnten

127 **Südtirol**

147 **Deutschland**

148 Süddeutschland
168 Mittel- und Norddeutschland

185 Die Wellnesshotels von A bis Z

187 Die Orte von A bis Z

  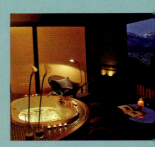

Editorial

120 Entspannungsreisen nach Lust und Laune

Schwapp. Plötzlich war sie da, die Wellness-Welle. Gründe für den Boom gibt es genug: Wir sind immer aktiv und auf Trab, stets unter Druck und von zu vielen Terminen regiert. Der ständig steigende Leistungsdruck in der Arbeitswelt und die Exzesse der modernen westlichen Lebensweise fordern einen Ausgleich und ein Gegengewicht: Die Pflege von Körper und Geist mit Musse und Ruhe ist zur begehrten Freizeit- und Ferienbeschäftigung geworden. »Entschleunigung« heisst das Schlagwort unserer Tage, das den Wohlfühlhotels den Takt vorgibt.

In den letzten fünf Jahren haben unzählige Hotels im deutschsprachigen Europa einen enormen kreativen und finanziellen Aufwand betrieben, um das Spa-Erlebnis ästhetischer, therapeutisch wirksamer und einzigartiger zu machen. Im Wettstreit um die besten Angebote wurden die Behandlungen komplexer, die Wellnesswelten exklusiver und die Hotels ganzheitlicher ausgerichtet. Auch die Schweiz hält inzwischen mit – und braucht sich vor der Konkurrenz aus Österreich, Südtirol und Deutschland nicht zu verstecken. Bei Megatrends verliert man leicht den Überblick. Einerseits treiben die griffigen Zauberworte »Wellness« und »Spa« bizarre Blüten: Jeder bessere Landgasthof mit Sauna und Dampfbad im aufgemotzten Keller mutierte in den letzten Jahren kurzerhand zum selbsternannten Wellnessparadies. Andererseits beginnt bei der Fülle von Möglichkeiten die Reise ins Wohlgefühl für viele mit der Frage: »Welches Wellnesshotel ist das Richtige für mich?«

In einer Branche, in der ohne Werbung gar nichts geht und vollmundige Werbebotschaften oft mehr versprechen, als die Realität hält, setzen wir auf kritische Information und geben in diesem Buch eine Orientierungshilfe durch den Wellness-Dschungel. Für diesen Führer wurden die 120 besten Adressen zum Ausspannen und Regenerieren in der Schweiz, in Österreich, Deutschland und im italienischen Südtirol versammelt. Einige Hotels sind teuer, einige günstiger, alle aber empfangen mit heiterem Ambiente und kultivieren das Feingefühl für Aufmerksamkeit.

Jedes Hotel wurde aktuell besucht, getestet und kritisch beschrieben. Die Kategorien »Ambiente«, »Spa-Infrastruktur«, »Körperbehandlungen«, »Beautyanwendungen«, »Freizeitangebot«, »Lage und Umgebung«, »Zimmer«, »Essen und Trinken«, »Service«, »Preise« wurden jeweils mit 0 (schwach) bis 6 Punkten (einmalig) bewertet. Damit sind die Stärken und Schwächen jedes Hauses für Sie auf Anhieb klar ersichtlich. Die Gesamtpunktzahl der einzelnen Hotels (z.B. 51/60, das heisst 51 von maximal möglichen 60 Punkten) gibt Ihnen einen ersten Anhaltspunkt. Die Häuser mit den höchsten Gesamtpunktzahlen sind die Repräsentanten der Wellness-Spitzenhotellerie, die in allen Bereichen aussergewöhnliche Leistungen bieten und für die Branche Vorbildfunktion haben. Wer jedoch auf das eine oder andere Kriterium weniger Wert legt, findet selbstverständlich auch unter den tiefer bewerteten Häusern Perlen, die einen Besuch lohnen. Alle in diesen Führer aufgenommenen Adressen sind trotz möglicher Kritikpunkte empfehlenswert.

Ob Sie nun ein Flaggschiff der Wellnesskultur oder eine kleine Relax-Oase suchen, ob Sie sich nach ayurvedischen Grundsätzen regenerieren möchten oder Ihr idealer Zufluchtsort mit Höhenflügen aus Küche und Keller auch das Laster puren Genusses bieten soll: Dieses Buch gibt Ihnen die ganz individuellen Antworten darauf – mit 120 Anregungen zum Abtauchen vom Alltagsstress und zum Auftanken neuer Energien. Ein Erlebnis für alle Sinne. Einfach schön. Sie werden sehen.

Claus Schweitzer

Die Hotels nach Gesamtpunktzahl

57/60 Punkte
Kempinski Grand Hotel Heiligendamm, Heiligendamm/Ostsee (Norddeutschland), Seite 176
Posthotel Achenkirch, Achenkirch (Tirol), Seite 112
Sonnenalp, Ofterschwang (Süddeutschland), Seite 165

56/60 Punkte
Bareiss, Baiersbronn-Mitteltal (Süddeutschland), Seite 149
Meisters Hotel Irma, Meran (Südtirol), Seite 132
Traube Tonbach, Baiersbronn-Tonbach (Süddeutschland), Seite 151
Zur Bleiche Resort & Spa, Burg im Spreewald (Norddeutschland), Seite 173

55/60 Punkte
Alpenresort Schwarz, Mieming (Tirol), Seite 96
Beau-Rivage Palace, Lausanne (Westschweiz), Seite 55
Grand Hotels Bad Ragaz, Bad Ragaz (Ostschweiz), Seite 30
Park Hotel Waldhaus, Flims-Waldhaus (Graubünden), Seite 27
Stanglwirt, Going am Wilden Kaiser (Tirol), Seite 113

54/60 Punkte
Grand Hotel Bellevue, Gstaad (Berner Oberland), Seite 44
Raffles Le Montreux Palace, Montreux (Westschweiz), Seite 60
Victoria-Jungfrau, Interlaken (Berner Oberland), Seite 50

53/60 Punkte
Der Krallerhof, Leogang (Salzburgerland), Seite 116
Erika, Dorf Tirol bei Meran (Südtirol), Seite 129
Ferienart Resort & Spa, Saas Fee (Wallis), Seite 66
Intercontinental Resort Berchtesgaden, Berchtesgaden (Süddeutschland), Seite 166
Lenkerhof, Lenk im Simmental (Berner Oberland), Seite 43
Wellness-Residenz Schalber, Serfaus (Tirol), Seite 90
GrandSpa Resort A-ROSA Travemünde, Lübek-Travemünde (Norddeutschland), Seite 178

52/60 Punkte
Alpenrose, Maurach am Achensee (Tirol), Seite 110
Jungbrunn, Tannheim (Tirol), Seite 102
La Réserve, Genf-Bellevue (Westschweiz), Seite 52
Sport & Spa Resort A-ROSA Scharmützelsee, Bad Saarow (Norddeutschland), Seite 175
Vitalhotel Alter Meierhof, Glücksburg/Ostsee (Norddeutschland), Seite 179

51/60 Punkte
BollAnt's im Park, Bad Sobernheim (Mitteldeutschland), Seite 169
Brenner's Park Hotel & Spa, Baden-Baden (Süddeutschland), Seite 148
Burg-Vital-Hotel, Lech am Arlberg (Vorarlberg), Seite 89
Castel, Dorf Tirol bei Meran (Südtirol), Seite 128
Ermitage-Golf, Schönried-Gstaad (Berner Oberland), Seite 48
Grand Spa Resort A-ROSA Kitzbühel, Kitzbühel (Tirol), Seite 115
Interalpen-Hotel Tyrol, Telfs-Buchen (Tirol), Seite 99
Panorama Resort & Spa, Feusisberg (Ostschweiz), Seite 32
Salzburgerhof, Zell am See (Salzburgerland), Seite 122
Sporthotel Stock, Finkenberg (Tirol), Seite 109
Theresia Gartenhotel, Saalbach-Hinterglemm (Salzburgerland), Seite 120
Tschuggen Grand Hotel, Arosa (Graubünden), Seite 13

50/60 Punkte
Castello del Sole, Ascona (Tessin), Seite 77
Eden Roc, Ascona (Tessin), Seite 79
Grand Hotel Park, Gstaad (Berner Oberland), Seite 46
Hochschober, Turracher Höhe (Kärnten), Seite 123
Jagdhof, Neustift (Tirol), Seite 106

Lanserhof, Lans bei Innsbruck (Tirol), Seite 104
Le Mirador Kempinski, Mont-Pèlerin (Westschweiz), Seite 59
Park Hotel Vitznau, Vitznau (Zentralschweiz), Seite 40
Thermenhotel Ronacher: Bad Kleinkirchheim (Kärnten), Seite 124

49/60 Punkte
Albergo Giardino, Ascona (Tessin), Seite 76
Lausanne Palace, Lausanne (Westschweiz), Seite 56
Mirabell, Olang (Südtirol), Seite 142
Palace Luzern, Luzern (Zentralschweiz), Seite 36
Parkhotel Adler, Hinterzarten (Süddeutschland), Seite 153
Suvretta House, St. Moritz (Graubünden), Seite 23
Trofana Royal, Ischgl (Tirol), Seite 92

48/60 Punkte
Adula, Flims-Waldhaus (Graubünden), Seite 25
Hotel Therme Vals, Vals (Graubünden), Seite 29
Kempinski Hotel Falkenstein, Königstein im Taunus (Mitteldeutschland), Seite 172
Mont Cervin Palace, Zermatt (Wallis), Seite 70
Park Hotel Weggis, Weggis (Zentralschweiz), Seite 37
Radisson SAS Resort Wutzschleife, Rötz-Hillstett (Süddeutschland), Seite 159
Trois Couronnes, Vevey (Westschweiz), Seite 57

47/60 Punkte
Adler Wellness & Sport Resort, St. Ulrich/Gröden (Südtirol), Seite 144
Central, Sölden im Ötztal (Tirol), Seite 94
Kulm Hotel, St. Moritz (Graubünden), Seite 21
Liebes Rot-Flüh, Haldensee bei Grän (Tirol), Seite 103
Löwen, Schruns (Vorarlberg), Seite 87
Paradies, Ftan (Graubünden), Seite 16
Reppert, Hinterzarten (Süddeutschland), Seite 154
Riffelalp Resort, Zermatt (Wallis), Seite 72
Seehotel Überfahrt Tegernsee, Rottach-Egern (Süddeutschland), Seite 162

46/60 Punkte
Beatus, Merligen (Berner Oberland), Seite 49
Gesundheitszentrum Rickatschwende, Dornbirn (Vorarlberg), Seite 86
Hof Weissbad, Weissbad/Appenzell (Ostschweiz), Seite 34
Landhaus Stricker, Tinnum/Sylt (Norddeutschland), Seite 182
Parkhotel Bad Griesbach, Bad Griesbach (Süddeutschland), Seite 158
Parkhotel Bellevue, Adelboden (Berner Oberland), Seite 41
Quellenhof, Leutasch (Tirol), Seite 100
Steigenberger Hotel Therme Meran, Meran (Südtirol), Seite 133

45/60 Punkte
Astoria Relax & Spa Hotel, Seefeld (Tirol), Seite 97
Castell, Zuoz (Graubünden), Seite 17
Hohenwart, Schenna bei Meran (Südtirol), Seite 135
Hubertus, Balderschwang (Süddeutschland), Seite 164
Parkhotel Delta, Ascona (Tessin), Seite 80
Rosa Alpina, San Cassiano (Südtirol), Seite 143
Vitalhotel Falkenhof, Bad Füssing (Süddeutschland), Seite 161

44/60 Punkte
Angerhof, St. Englmar (Süddeutschland), Seite 157
Fährhaus, Munkmarsch/Sylt (Norddeutschland), Seite 181
Haus Hirt Hotel & Spa, Bad Gastein (Salzburgerland), Seite 119
Vigilius Mountain Resort, Lana-San Vigilio (Südtirol), Seite 136

43/60 Punkte
Les Sources des Alpes, Leukerbad (Wallis), Seite 63
Castel Fragsburg, Meran (Südtirol), Seite 130
Kempinski Grand Hôtel des Bains, St. Moritz (Graubünden), Seite 20
Parkschlösschen Bad Wildstein, Traben-Trarbach (Mitteldeutschland), Seite 168

42/60 Punkte
Aqua Dome, Längenfeld/Ötztal (Tirol), Seite 93
Die Übergossene Alm, Dienten am Hochkönig (Salzburgerland), Seite 118
Gardena Grödnerhof, St. Ulrich/Gröden (Südtirol), Seite 145

Urthaler, Seiser Alm (Südtirol), Seite 140
Völlanerhof, Völlan/Lana bei Meran (Südtirol), Seite 138

41/60 Punkte
The Omnia Mountain Lodge, Zermatt (Wallis), Seite 74

40/60 Punkte
Kulm, Arosa (Graubünden), Seite 12
Menschels Vitalresort, Bad Sobernheim-Meddersheim (Mitteldeutschland), Seite 171
Mirabeau Alpine Residence, Zermatt (Wallis), Seite 69
Vier Jahreszeiten am Schluchsee, Schluchsee (Süddeutschland), Seite 155

38/60 Punkte
Hotel Heiden, Heiden (Ostschweiz), Seite 33

37/60 Punkte
Aenea, Reifnitz/Maria Wörth (Salzburgerland), Seite 126
Belvédère, Scuol (Graubünden), Seite 14
Kur- & Sporthotel Lauterbad, Freudenstadt-Lauterbad (Süddeutschland), Seite 152
Naturhotel Grafenast, Schwaz (Tirol), Seite 107
Romantikhotel Turm, Völs am Schlern (Südtirol), Seite 139

36/60 Punkte
Fidazerhof, Flims-Fidaz (Graubünden), Seite 24
Hotel Serpiano, Serpiano (Tessin), Seite 83
Walther, Pontresina (Graubünden), Seite 19

35/60 Punkte
Alpenhof, Zermatt (Wallis), Seite 67
Hôtel des Bains de Saillon, Saillon (Wallis), Seite 62
Lindner Hotel Maison Blanche, Leukerbad (Wallis), Seite 64
Romantik Hotel Julen, Zermatt (Wallis), Seite 73
Wellnesshotel Kurhaus Cademario, Cademario (Tessin), Seite 82
Wellness-Hotel Rössli, Weggis (Zentralschweiz), Seite 39

33/60 Punkte
Grand Hôtel des Bains, Yverdon-Les-Bains (Westschweiz), Seite 53

Schweiz

Graubünden

Arosa Kulm Hotel 1
CH-7050 Arosa
Tel. +41 (0)81 378 88 88
Fax +41 (0)81 378 88 89
www.arosakulm.ch
info@arosakulm.ch
Anfang Dezember bis Ostern und Mitte Juni bis Ende September geöffnet

Gesamtwertung: **40**/60

Ambiente
★★★★☆☆
Der markante Holzbau, der »im Winter den Pisten, im Sommer den Wanderwegen und immer den Gästen am nächsten ist« (Eigenwerbung), bietet ein dezent luxuriöses Ambiente, das sozusagen die maximale Schnittmenge aller existierenden Farb- und Formtrends von den siebziger Jahren bis heute dokumentiert. Neu sind die grosszügige Lobby-Lounge im Stil einer kanadischen Lodge und der in moderner Schlichtheit gestaltete Wellnessbereich. Viele Korridore und Zimmer haben Renovationsbedarf, doch ist das »Arosa Kulm« ein heiter stimmendes Drei-Generationen-Ferienhotel mit alpin-familiärem Flair. (Das Hotel hat übrigens keinerlei Verbindung zu den »A-ROSA Resorts«, von denen auch einige in diesem Führer vertreten sind.)

Spa-Infrastruktur
★★★☆☆☆
Modern gestalteter Wellnessbereich mit Hallenbad (32 Grad), Sauna, Dampfbad, diversen Behandlungsräumen für Body und Beauty, Gymnastiklektionen (Aquagym, Aerobic, Stretching).

Körperbehandlungen
★★★☆☆☆
Klassische Massagen, Seifenbürstenmassage, LaStone-Therapie, Fussreflexzonenmassage, Lymphdrainage, Kopfschmerzbehandlung, Sauerstoff-Inhalationstherapie.

Beautyanwendungen
★★★★★☆
Zahlreiche Kosmetikanwendungen, Meersalzpeeling, Hand- und Fusspflege, Entspannungsbäder, Thalassoanwendungen, Packungen und Wickel, Coiffeur.

Freizeitangebot
★★★☆☆☆
Zwei Tennisplätze, Fahrräder, Putting Green, Kegelbahn, geführte Wanderungen und Nordic-Walking-Touren, professionelle Kinderbetreuung. Im Sommer Sprachkurse und Workshops für Kids zwischen 7 und 17 Jahren.

Lage und Umgebung
★★★★★☆
Am sonnigen Südhang im oberen Dorfteil. Wenige Schritte zu den Bergbahnen.

Zimmer
★★★★☆☆
137 sehr unterschiedliche Zimmer, Juniorsuiten und Suiten.

Essen und Trinken
★★★★☆☆
Durchschnittliche Hotelküche im grossen Halbpensionsrestaurant. Raclette, Pizza und Steaks in der »Taverne«. Zusätzlich im Winter: italienische Spezialitäten in der »Stüva Cuolm«, zwei Gehminuten unterhalb des Hotels, thailändische Küche im »Ahaan Thai«.

Service
★★★★☆☆
Freundlich und hilfsbereit.

Preise
EZ 190–410 Fr.
DZ 380–730 Fr.
Juniorsuite/Suite 590–1790 Fr.
inkl. Halbpension

Preis-Leistungs-Verhältnis
★★★★★☆

Top
Kids kommen hier auf Hochtouren. Es wird gespielt, gekocht, gezeichnet und gebastelt, und im Sommer stehen diverse Kinder-Workshops und -Sprachkurse zur Wahl.

Flop
Bis die baulichen Altlasten beseitigt sind, werden wohl noch ein paar Jahre ins Land ziehen.

Anreise
Autobahn bis Ausfahrt Chur Süd/Arosa. Chur durchqueren und den Wegweisern nach Arosa folgen. In Arosa durchs Zentrum immer geradeaus bis in den oberen Dorfteil.

Tschuggen 2
Grand Hotel
CH-7050 Arosa
Tel. +41 (0)81 378 99 99
Fax +41 (0)81 378 99 90
www.tschuggen.ch
reservations@tschuggen.ch
Anfang Dezember bis Anfang April geöffnet, im Sommer geschlossen

Gesamtwertung: **51**/60

Ambiente
★★★★★☆

Es kann schon sein, dass der eine oder andere, der zum ersten Mal im »Tschuggen« ankommt, am liebsten gleich wieder Reissaus nehmen möchte, bevor er die Lobby betreten hat. Die äussere Erscheinung des Gebäudes mag eher an eine Kaserne erinnern, aber der erste Eindruck setzt sich im Innern nicht fort, im Gegenteil: Man kann sich hier durchaus wohl fühlen. Zumal in allen Bereichen grosser Wert auf einen Top-Service gelegt wird. So wird der Gast zum Beispiel überall mit Namen begrüsst. Sein Koffer wird auf Wunsch ausgepackt, seine Kleidung über Nacht aufgebügelt. Und der Maître d'hôtel weiss vom letzten Besuch, dass man zum Aperitif am liebsten einen weissen Burgunder trinkt. Wenn man nach dem Abendessen ins aufgeräumte Zimmer zurückkommt, schwebt leise klassische Musik durch den Raum. Im November 2006 neu hinzugekommen ist der Wellnessstempel von Stararchitekt Mario Botta, der in den Design-Publikationen weltweit verdiente Beachtung findet.

Spa-Infrastruktur
★★★★★★

Spektakulärer Wellnessbereich mit diversen Pools in verschiedenen Temperaturen, Saunawelt, zahlreichen Behandlungsräumen für Body und Beauty, Entspannungs- und Gymnastiklektionen, Fitnessraum mit Personal Trainer.

Körperbehandlungen
★★★★★★

Die ganze Palette an klassischen und fernöstlichen Massagen.

Beautyanwendungen
★★★★★★
Klassische und moderne Gesichtspflege, Entspannungsbäder, Peelings, Packungen, Wickel, Hand- und Fusspflege.

Freizeitangebot
★☆☆☆☆☆
Kegelbahn, Kinderbetreuung.

Lage und Umgebung
★★★★★★
Freistehend am Waldrand im oberen Dorfteil. Mit direktem Lift ins Skigebiet.

Zimmer
★★★★★☆
130 luxuriöse Zimmer, Juniorsuiten und Suiten im modern interpretierten Alpen-Look.

Essen und Trinken
★★★★★☆
Gut gemachte klassische Hotelküche im formellen »Grand Restaurant«, italienische Gourmetküche im »La Vetta«, mediterrane Spezialitäten im »La Provence«, regionale Köstlichkeiten in der »Bündnerstube«. Bar-Dancing mit Livemusik, stimmige Lobby-Lounge mit High-Tea.

Service
★★★★★★
Sehr persönlich, bemerkenswert aufmerksam.

Preise
EZ 365–425 Fr.
DZ 625–780 Fr.
Suite 820–1750 Fr.
inkl. Frühstück

Preis-Leistungs-Verhältnis
★★★★★☆

Top
Die »Tschuggen Bergoase«, die mit riesigem Aufwand in den Berghang hineingebaut wurde, ist mit keiner anderen Wellnessanlage dieser Welt vergleichbar.

Flop
Die klotzige Architektur des Hauptgebäudes inmitten der herrlichen Landschaft versetzt jedesmal, wenn man ins Hotel zurückkommt, der Stimmung einen Dämpfer.

Anreise
Autobahn bis Ausfahrt Chur Süd/Arosa. Chur durchqueren und den Wegweisern nach Arosa folgen. In Arosa durchs Zentrum immer geradeaus bis in den oberen Dorfteil und der Hotelbeschilderung folgen.

Belvédère 3
CH-7550 Scuol
Tel. +41 (0)81 861 06 06
Fax +41 (0)81 861 06 00
www.belvedere-scuol.ch
info@belvedere-scuol.ch
Ende Mai bis Mitte April geöffnet

Gesamtwertung: **37**/60

Ambiente
★★★★★☆
Der Geist des alten Jugendstilhotels aus dem Jahr 1876 wurde mit modernem Elan in die heutige Zeit übersetzt. Das Interieur setzt Kontraste zum gängigen alpenländischen Hotel-Outfit und erfreut mit einer entspannten Ferienatmosphäre, in der sich drei Gästegenerationen zwanglos mischen. Mit einem Blick aufs Kleine und Ambitionen aufs Grosse sorgt der geschäftsführende Besitzer Kurt Baumgartner mit seiner netten Crew dafür, dass jeder Gast seine persönlichen Vorstellungen von Genuss und Wellfeeling erleben kann. Im Dezember 2004 hat das Haus weiter an Attraktivität gewonnen: Mit einer 135 Meter langen Glas-Passerelle hat es sich ans Erlebnisbad »Bogn Engiadina« angedockt.

Spa-Infrastruktur
★★★☆☆☆
Kleiner Wellnessbereich mit Saunas, Dampfbad, Whirlwannen, Erlebnisduschen, Freibad, Behandlungsräumen für Body und Beauty. Direkter Zugang zum benachbarten »Bogn Engiadina« mit riesiger Bäder- und Saunalandschaft (Eintritt für Hotelgäste kostenlos).

Körperbehandlungen
★★★☆☆
Klassische Massagen. Breites Angebot an Körperbehandlungen im »Bogn Engiadina«.

Beautyanwendungen
★★★☆☆
Klassische Kosmetik, Entspannungsbäder. Breites Angebot an Beautyanwendungen im »Bogn Engiadina«.

Freizeitangebot
★★☆☆☆
Aussen-Tennisplätze, Jazz- und klassische Konzerte, geführte Sommer- und Winterwanderungen, Biketouren sowie Dorfbesichtigungen und Wildbeobachtungen im Nationalpark, Kinderspielzimmer, Spielplatz.

Lage und Umgebung
★★★★☆
An sonniger Aussichtslage mitten im Dorf.

Zimmer
★★★★☆
63 freundliche Zimmer, viele mit eigenem Balkon. Originelles Turmzimmer.

Essen und Trinken
★★★☆☆
Schweizer und regionale Spezialitäten. Pianobar mit Livemusik.

Service
★★★★☆
Freundlich und hilfsbereit, mit kleinen Nachlässigkeiten.

Preise
EZ 175–245 Fr.
DZ 300–500 Fr.
Turmzimmer 380–620 Fr.
inkl. Halbpension

Preis-Leistungs-Verhältnis
★★★★★★

Top
Das »Bogn Engiadina« ist im Bademantel bequem vom Hotelzimmer aus zu erreichen.
Flop
Die Küche bietet noch Spielraum nach oben.

Anreise
Autobahn bis Ausfahrt Landquart, dann Landstrasse Richtung Davos bis zum Vereinatunnel (Autoverlad). Ab Sagliains Landstrasse nach Scuol. Das Hotel liegt an der Hauptstrasse im Ortszentrum und ist nicht zu verfehlen.

Paradies 4

CH-7551 Ftan
Tel. +41 (0)81 861 08 08
Fax +41 (0)81 861 08 09
www.paradieshotel.ch
info@paradieshotel.ch
Mitte Dezember bis Anfang April und Anfang Juni bis Mitte Oktober geöffnet

Gesamtwertung: **47**/60

Ambiente
★★★★★★

Ein Aufenthalt im »Paradies« ist besser als im Himmel: Das Hotel liegt phänomenal schön, die lichtdurchfluteten Zimmer mit Südterrassen bieten alle ein Cinemascope-Panorama auf die Unterengadiner Bergwelt, und die öffentlichen Räume atmen den diskreten Charme eines luxuriösen Privathauses. Hier gelingt eine höchst eigenständige und persönliche Umsetzung von dem, was Luxus sein kann – alles ist liebevoll gestaltet und gepflegt und strahlt jene herzliche Wärme und Geborgenheit aus, die in der Hotellerie so selten geworden sind. Während sich Gastgeberin Gina Achermann mit souveräner Natürlichkeit um das Wohlbefinden der Gäste kümmert, ist Eduard Hitzberger in den drei Restaurants um das leibliche Wohl besorgt. Neu im kulinarischen Repertoire: Hitzbergers Lifestyle-Küchenkonzept, eine Art »Paradies Light«, eine ärztlich begleitete Gourmet-Diätküche unter dem Motto »die bestmöglichen Gerichte aus den gesündesten Produkten mit den wenigsten Kalorien«. Die viergängigen 800-Kalorien-Menüs kann man

nur anders, aber nicht besser machen. Waltraud Hitzberger bietet derweil ein klug durchdachtes Programm von Anti-Stress-Therapien mit aufbauendem Nutzen für den alltagsgebeutelten Vielarbeiter an.

Spa-Infrastruktur
★★★☆☆☆

Sauna, Dampfbad, Whirlpool, Behandlungsräume für Body und Beauty, Gymnastiklektionen, Yoga, Power Plate (Vibrationstraining), Personal Trainer, ärztlich betreutes Gesundheitszentrum.

Körperbehandlungen
★★★★☆☆

Klassische Massagen, Shiatsu, Akupunktur, LaStone-Therapie, Craniosakraltherapie, Chi-Therapie, Triggerpunktbehandlung, Fussreflexzonenmassage, Anti-Stress-Therapien, Gesundheits-Coaching, medizinische Check-ups.

Beautyanwendungen
★★☆☆☆☆
Klassische Gesichtsbehandlungen, Hand- und Fusspflege, Alpenkräuterwickel.

Freizeitangebot
★★☆☆☆☆
Fahrräder, geführte (Schneeschuh-)Wanderungen, Nordic Walking, Skibus-Service im Winter.

Lage und Umgebung
★★★★★★
Auf einem der schönsten Sonnenplateaus der Schweiz, etwas ausserhalb von Ftan.

Zimmer
★★★★★★
17 Zimmer, 8 Suiten. Alle Zimmer sind von frischer Schlichtheit und geben einem das schöne Gefühl, der erste Gast zu sein. Alle Zimmer verfügen über einen Balkon.

Essen und Trinken
★★★★★★
Man hat die Qual der Wahl zwischen drei kulinarisch und atmosphärisch herausragenden Restaurants. Das neue Lifestyle-Küchenkonzept steht unter dem Motto »Abnehmen mit Menüs auf Sterneniveau«.

Service
★★★★★★
Von kaum zu übertreffender Konstanz und Kompetenz. Eine gepflegte Art von luxuriösem Understatement.

Preise
EZ 240–370 Fr.
DZ 395–460 Fr.
Juniorsuite/Suite 545–1250 Fr.
inkl. Frühstück

Preis-Leistungs-Verhältnis
★★★★★★

Top
Unter dem Motto »Time-out statt Burn-out!« werden lustbetonte Gesundheitsprogramme angeboten, um selbstbewusst sich seiner selbst bewusst zu werden und Energiereserven aufzubauen.

Flop
(Noch) kein Schwimmbad vorhanden.

Anreise
Autobahn bis Ausfahrt Landquart, dann Landstrasse Richtung Davos bis zum Vereinatunnel (Autoverlad). Ab Sagliains Landstrasse nach Scuol und von dort weiter nach Ftan. Das Hotel liegt etwas ausserhalb des Dorfes und ist ausgeschildert.

Castell 5
CH-7524 Zuoz
Tel. +41 (0)81 851 52 53
Fax +41 (0)81 851 52 54
www.hotelcastell.ch
info@hotelcastell.ch
Mitte Juni bis Mitte Oktober und Mitte Dezember bis Mitte April geöffnet

Gesamtwertung: **45**/60

Ambiente
★★★★★★
Der beeindruckende Umbau des historischen Hotels beweist, was Architekten schon seit einiger Zeit behaupten: dass gelungenes Design eine friedliche und entspannende Atmosphäre verbreiten kann. Die 66 Zimmer verzichten auf alpenländische Klischees und strahlen eine gewisse Coolness aus. Dabei stellen die verwendeten Materialien aber dennoch Bezüge zum Engadin her. Beeindruckend ist im »Castell« die moderne Kunst, die aus dem Hotel eine kleine »Tate Modern« macht. Über hundert Installationen und Werke von Pipilotti Rist, Fischli/Weiss, Thomas Hirschorn und Künstlern ähnlichen Kalibers verteilen sich unaufdringlich auf vier Stockwerken. Natürlich ist auch das Hamam innerhalb der wuchtigen Grundmauern nicht irgendein Dampfraum, sondern eine überdimensionale, sinnliche Skulptur mit riesigen Glaszylindern und zauberhaften Farbnebeln.

Spa-Infrastruktur
★★★☆☆☆
Hamam – eine Dampf- und Wasserwelt auf 250 Quadratmetern

Essen und Trinken
★★★★☆☆

Im Gründerzeit-Speisesaal wird eine inspirierte Küche zwischen Brasserie und Fusion aufgetragen. »Rote Bar« (Drinks, Tapas und Lounge Sound). Spektakuläre Aussichtsterrasse (Lunch und Snacks).

Service
★★★★★☆

Das Direktionspaar Bettina und Richard Plattner-Gerber sorgt mit natürlicher Souveränität dafür, dass die Gäste ein Gefühl der Zufriedenheit überkommt.

Preise
EZ 144–320 Fr.
DZ 200–400 Fr.
Juniorsuite 380–460 Fr.
inkl. Frühstück

Preis-Leistungs-Verhältnis
★★★★★★

Top
Trotz hohem Designanspruch wird der Gast nicht zum staunenden Statisten gemacht, er ist vielmehr Teil der gelebten Hotelkultur.

Flop
Zwar will man nicht in erster Linie »Kultursnobs« ansprechen, an manchen Tagen dominieren jedoch die Galeristen, Architekten und Grafiker unter den Gästen.

Anreise
Hauptstrasse St. Moritz–Zernez bis Ausfahrt Zuoz, dann am Bahnhof vorbei und links den Berg hoch (Beschilderung zum »Castell« folgen).

mit den wesentlichen Elementen des orientalischen Badekults –, Sauna, Yoga und Meditation, drei Behandlungsräume für Body und Beauty.

Körperbehandlungen
★★★☆☆☆

Klassische Massagen, Hamam-Seifenschaummassage, Lymphdrainage, Reflexzonentherapie, Meridianbehandlung, Anti-Cellulite-Behandlung und Entschlackungsprogramme.

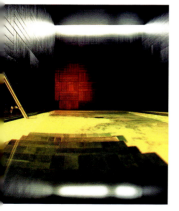

Beautyanwendungen
★★★★☆☆

Natürliche Schönheitspflege, Peelings, Packungen, Wickel, Hand- und Fusspflege, Schoko-Nuss-Vanille-Treatment.

Freizeitangebot
★★☆☆☆☆

Kinderspielzimmer und Kinderbetreuung. Im Winter direkter Zugang vom Hotel zum kleinen Skigebiet von Zuoz. In Sichtdistanz Langlaufloipen und im Sommer der Golfplatz Zuoz-Madulain.

Lage und Umgebung
★★★★★★

In schöner Aussichtslage oberhalb des Dorfes Zuoz, zehn Gehminuten vom Dorfzentrum.

Zimmer
★★★★★★

62 Zimmer und 4 Juniorsuiten in zwei Stilrichtungen: eher Avantgarde oder eher Alpin.

Walther 6

CH-7504 Pontresina
Tel. +41 (0)81 839 36 36
Fax +41 (0)81 839 36 37
www.hotelwalther.ch
info@hotelwalther.ch
Mitte Dezember bis Ostern und
Mitte Juni bis Anfang Oktober
geöffnet

Gesamtwertung: **36**/60

Ambiente
★★★★★★

Derart liebevoll geführte und organisch gewachsene Familienbetriebe wie das schneeweisse Schlosshotel brauchen keine Werbung – ihre Leistung und ihre individuelle Gastlichkeit sprechen für sich selbst. Allein schon die schöne Umgebung lässt einen den Alltag vergessen und lädt zu endlosen Spaziergängen oder zum Wintersport ein. In diesem Reich des Wohlbefindens freut man sich aber auch auf einen Tag mit wirbelnden Schneeflocken vor den Fenstern, denn hier herrscht bei jeder Witterung eine sonnige Atmosphäre, sei es in den gemütlichen Zimmern, in den gastlichen Restaurants oder im grosszügig angelegten Spa. Die Aufenthaltsräume im Stil der »Belle Epoque« strahlen eine zeitlose Schönheit aus und vermitteln beim Knistern des Kaminfeuers das Gefühl einer weltentrückten, stilvollen Geborgenheit. Man ahnt, warum das Hotel Walther so erfolgreich ist.

Spa-Infrastruktur
★★★☆☆☆

600 Quadratmeter Wellnessbereich in schlichter Eleganz aus durchwegs einheimischen Materialien und ganz ohne römische Säulen und orientalischem Dekor. Hallenbad, Whirlpool, Saunawelt, Erlebnisduschen, ein Behandlungsraum für Massagen.

Körperbehandlungen
★★☆☆☆☆

Klassische Massagen, Lymphdrainage, Fussreflexzonenmassage.

Beautyanwendungen

Kein spezifisches Angebot.

Freizeitangebot
★★☆☆☆☆

Geführte Wanderungen (Sommer), geführte Ski- und Langlauftouren (Winter), Fahrräder, drei Sandtennisplätze mit Lehrer, Kinderspielzimmer, Kinderspielplatz.

Lage und Umgebung
★★★★☆☆

In einer Gartenanlage am Dorfausgang von Pontresina.

Zimmer
★★★★☆☆

61 gemütlich-alpine Zimmer, 9 Juniorsuiten, 1 Suite.

Essen und Trinken
★★★★☆☆

Halbpensionsrestaurant, Gourmetrestaurant »Stüva Bella« mit französischen und italienischen Spezialitäten. Elegante Pianobar.

Service
★★★★★★

Die Gäste werden mit grossem Engagement umsorgt – mit genau der richtigen Distanz und zugleich dem Gefühl für eine familiäre Atmosphäre.

Preise
EZ 195–340 Fr.
DZ 390–700 Fr.
Juniorsuite/Suite 585–990 Fr. inkl. Halbpension

Preis-Leistungs-Verhältnis
★★★★★☆

Top
Spezialwünsche werden hier nie als Belästigung, sondern als Herausforderung betrachtet.

Flop
Manche jüngere Gäste mögen die beschauliche Gemütlichkeit des Hauses als zu brav empfinden und sich etwas mehr Leben und Emotion wünschen.

Anreise
Autobahn bis Chur und weiter auf der Autobahn Richtung Thusis/San Bernardino bis Ausfahrt Thusis Süd. Dann Landstrasse Richtung Tiefencastel/Julierpass/St. Moritz. An St. Moritz vorbei Richtung Samedan bis Abzweigung Pontresina. Im Ort den Wegweisern zum Hotel folgen.

Kempinski Grand Hôtel des Bains 7

CH-7500 St. Moritz
Tel. +41 (0)81 838 38 38
Fax +41 (0)81 838 30 00
www.kempinski-stmoritz.ch
reservations.grandhoteldesbains@kempinski.com
Anfang Dezember bis Anfang April und Anfang Juni bis Mitte Oktober geöffnet

Gesamtwertung: **43**/60

Ambiente
★★★★★☆

Ein modernes Haus, auch wenn das von aussen zunächst einmal nicht gleich erkennbar ist. Die renommierte deutsche Luxushotelgruppe Kempinski hat hier im Winter 2003 ihre Flaggen gehisst und lebt den Engadiner Traditionsbetrieben sowohl eine gewisse Dynamik als auch die Abkehr vom formellen Glamour alter Schule vor, der manchen Hotelpalästen im Ort noch immer anhaftet. Der junge Hoteldirektor Rupert Simoner wirbt mit dem Slogan »Fünf Sterne, nur ungezwungener« und meint damit die kosmopolitische Einstellung seiner Gäste und das entsprechend entspannte Hotelgefühl. »Unser Gast ist sehr versatil im Umgang mit Luxus, mit fünf Sternen, will sich aber nicht unbedingt den alten Zwängen unserer historischen Vorstellung unterwerfen.« Simoner zeigt, wie man aus einem Haus an vergleichsweise unvorteilhafter Lage das Maximum herausholen und die altehrwürdige Konkurrenz in punkto Serviceleistungen überstrahlen kann.

Spa-Infrastruktur
★★★★☆☆

2500 Quadratmeter Wellnessbereich mit Hallenbad, Saunas, Dampfbädern, separater Lady-Abteilung, Fitnessraum, Personal Trainer, Behandlungsräumen für Body und Beauty, Entspannungs- und Gymnastiklektionen.

Körperbehandlungen
★★★☆☆☆

Klassische Massagen, ayurvedische Behandlungen, Kräuterstempelmassage.

Beautyanwendungen
★★★☆☆☆

Klassische Gesichtspflege, Entspannungsbäder, Peelings, Packungen, Hand- und Fusspflege.

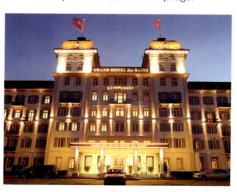

Kulm Hotel St. Moritz 8

CH-7500 St. Moritz
Tel. +41 (0)81 836 80 00
Fax +41 (0)81 836 80 01
www.kulmhotel-stmoritz.ch
info@kulmhotel-stmoritz.ch
Anfang Dezember bis Mitte April und Ende Juni bis Mitte September geöffnet

Gesamtwertung: **47**/60

Freizeitangebot
★★☆☆☆☆
Aussen-Tennisplatz, professionelle Kinderbetreuung. Im Westflügel rollen die Kugeln im Casino. Im Winter führt die Langlaufloipe direkt am Hotel vorbei.

Lage und Umgebung
★★★☆☆☆
Am Waldrand, wenige Schritte zur Talstation der Signalbahn.

Zimmer
★★★★★★
136 komfortable Zimmer, 31 Juniorsuiten und 17 Suiten in sanften Sand- und Beigetönen.

Essen und Trinken
★★★★★★
Italienische Gourmetküche im Restaurant »Cà d'Oro«, internationale Menüs im grossen Hotelrestaurant »Les Saisons«, Tapas und Pastagerichte in der »Enoteca«. Grosse Bar-Lounge.

Service
★★★★★★
Auch bei Hochbetriebsstress sicher und charmant. Der Gast spürt, dass man an ihn denkt und sich bemüht, ihn stets aufs Neue zu überraschen.

Preise
EZ 290–1220 Fr.
DZ 405–1320 Fr.
Juniorsuite/Suite 555–4300 Fr.
inkl. Frühstück

Preis-Leistungs-Verhältnis
★★★★★☆

Top
Das Frühstücksbuffet ist wohl das lukullischste und grosszügigste in der Schweizer Grandhotellerie.

Flop
Die Lage neben Hauptstrasse und Talstation verdient kaum fünf Sterne.

Anreise
Autobahn bis Chur und weiter Richtung Thusis/San Bernardino bis Ausfahrt Thusis Süd. Dann Landstrasse Richtung Tiefencastel/Julierpass/St. Moritz. In St. Moritz Bad im Kreisel bei der Corviglia-Talstation rechts zum Hotel abbiegen.

Ambiente
★★★★★★
Der imposante ockerfarbene Gebäudekomplex erinnert den Erstbesucher eher an eine Grossbrauerei aus dem Industriezeitalter als an ein Luxushotel. Doch im Innern erwartet den Gast jene gediegene Mischung von Baccarat-Glitzern, üppigen Samtfauteuils und gemütlichem Kaminfeuer, die das »Kulm« zu einem der wohnlichsten Fünfsternehäuser der Bergwelt macht. Alles ist hier auf stilvolle Bequemlichkeit ausgerichtet, und das zeitlos-luxuriöse Ambiente entspricht genau dem lockeren Understatement der Gäste. Hier wird etwas weniger auf Show gesetzt als im benachbarten »Badrutt's Palace«, dafür ist die Stimmung bedeutend unprätentiöser, und seitdem Dominique Godat die Leitung des 150-jährigen Hauses übernommen hat, spielen Tradition, neuzeitlicher Komfort und unaufdringlicher Service bestens zusammen.

Spa-Infrastruktur
★★★★☆☆
1400 Quadratmeter Wellnessbereich mit grossem Hallenbad,

Whirlpool, nach Geschlechtern getrennten Saunas, Dampfbad, Fitnessraum, Personal Trainer, diversen Behandlungsräumen für Body und Beauty, Gymnastik- und Entspannungslektionen.

Körperbehandlungen
★★★☆☆☆
Klassische Massagen, LaStone-Therapie, Lymphdrainage, Fussreflexzonentherapie, Anti-Cellulite-Behandlungen, Bürstenschaummassage.

Beautyanwendungen
★★★★☆☆
Vielfältige Gesichtspflege, Entspannungsbäder, Peelings, Packungen und Wickel, Thalassoanwendungen, Hand- und Fusspflege.

Freizeitangebot
★★★☆☆☆
9-Loch-Golfplatz mit Golf-Academy wenige Schritte vom Hotel entfernt, drei Tennis-Aussenplätze (Sommer), eigener Eislaufplatz/Curlingplatz (Winter). Professionelle Kinderbetreuung.

Lage und Umgebung
★★★★★★
Zentral und doch ruhig, im oberen Dorfteil von St. Moritz.

Zimmer
★★★★★☆
186 komfortable Zimmer und Suiten.

Essen und Trinken
★★★★★☆
Französisch-italienische Gourmetküche in der »Rôtisserie des Chevaliers«, formeller Hauptspeisesaal »Le Grand Restaurant«, italienische Spezialitäten im Restaurant »The Pizzeria«, Engadiner Spezialitäten im rustikalen »Chesa al Parc«. Zwei Bars.

Service
★★★★★★
Wenn Sie einmal hier waren, wird Sie das Hotel nie mehr vergessen. Man geht in allen Bereichen auf individuelle Gästewünsche ein und versucht, diese beim nächsten Besuch ungefragt zu berücksichtigen.

Preise
EZ 265–670 Fr.
DZ 485–1200 Fr.
Juniorsuite/Suite 755–4590 Fr.
inkl. Frühstück

Preis-Leistungs-Verhältnis
★★★★★☆

Top
In diesem Markstein der Schweizer Grandhotellerie kann man sich in eine andere Zeit hineinträumen. Dennoch macht das »Kulm« diskret klar, dass wir im dritten Jahrtausend angekommen sind.

Flop
Die Distanzen, die der Gast vom Zimmer ins Restaurant oder ins Spa zurücklegen muss, sind manchmal recht gross und führen teilweise durch endlose und etwas seltsam anmutende Korridore.

Anreise
Autobahn bis Chur und weiter auf der Autobahn Richtung Thusis/San Bernardino bis Ausfahrt Thusis Süd. Dann Landstrasse Richtung Tiefencastel/ Julierpass/St. Moritz. In St. Moritz das Ortszentrum anpeilen und den Wegweisern zum Hotel folgen.

Suvretta House 9

CH-7500 St. Moritz
Tel. +41 (0)81 836 36 36
Fax +41 (0)81 836 37 37
www.suvrettahouse.ch
info@suvrettahouse.ch
Mitte Dezember bis Mitte April
und Ende Juni bis Mitte September geöffnet

Gesamtwertung: **49**/60

Ambiente
★★★★★★
Das Panorama auf die Oberengadiner Seen- und Berglandschaft ist so gewaltig, dass man kurz das Atmen vergisst. Die herrliche Alleinlage etwas ausserhalb von St. Moritz ist einmalig – im Winter bietet ein Privatskilift direkten Anschluss an die Corviglia-Skipisten. Im Innern des monumentalen Prachtbaus aus dem Jahr 1912 mag der förmliche Pomp etwas unzeitgemäss anmuten, doch gefällt sich das »Suvretta House« so konsequent im konventionellen Konservatismus, dass es in der heutigen lässigen Zeit ein echtes Original mit hohem Erlebniswert ist. Die meisten Zimmer wurden vor kurzem stilvoll renoviert, und das Freizeit- und Sportangebot ist schier phänomenal. Eine sehr gute Kinderbetreuung mit eigener Ski- und Tennisschule macht das Hotel nicht zuletzt auch für Familien zu einem begehrten Ferienziel – allerdings ist der Fünfsternepalast Gästen vorbehalten, die beim Auschecken lässig die Platinkarte zücken können.

Spa-Infrastruktur
★★★★☆☆
Wellnessbereich mit Hallenbad, Aussen-Whirlpool, Saunawelt, Fitnessraum, Personal Trainer.

Körperbehandlungen
★★★☆☆☆
Klassische Massagen, Lymphdrainage, Fussreflexzonenmassage, energetische Breuss-Massage (Wirbelsäulentherapie), Hydrotherapie, ayurvedisch inspirierte Behandlungen.

Beautyanwendungen
★★★★☆☆
Klassische Kosmetik, Entspannungsbäder, Thalassoanwendungen, Peelings, Packungen, Hand- und Fusspflege, Coiffeur.

Freizeitangebot
★★★★★☆
Professionelle Kinderbetreuung mit vielseitigem Spiel- und Sportprogramm. Im Sommer drei Sandtennisplätze mit Tennistrainer, Golf Driving Range, Putting-Green, geführte Wanderungen und Velotouren. Im Winter Eisfeld, vier Curlingrinks, eigene Ski- und Snowboardschule.

Lage und Umgebung
★★★★★★
Freistehend auf dem Plateau Chasellas, etwas ausserhalb von St. Moritz.

Zimmer
★★★★★★
189 komfortable bis luxuriöse Zimmer und Suiten aus verschiedenen Epochen, in verschiedenen Stilen.

Essen und Trinken
★★★★★☆
Klassische Marktküche im sehr formellen »Grand Restaurant«. Bündner und internationale Spezialitäten sowie wechselnde

Buffets in der ungezwungenen »Suvretta Stube«.

Service
★★★★★☆
Durchwegs korrekt und immer zur Stelle, aber steif und zuweilen gequält vornehm.

Preise
EZ 240–690 Fr.
DZ 480–1480 Fr.
Juniorsuite/Suite 1090–3120 Fr.
inkl. Halbpension

Preis-Leistungs-Verhältnis
★★★★★☆

Top
Lage und Ausblick zählen zu den fantastischsten der Schweiz.

Flop
Der monumentale Prachtbau hat leider nicht nur imposante Windungen von schönen Treppenaufgängen, Hallen und Salons, sondern auch nichtenden-wollende Fluchten von etwas düsteren Korridoren.

Anreise
Autobahn bis Chur und weiter auf der Autobahn Richtung Thusis/San Bernardino bis Ausfahrt Thusis Süd. Dann Landstrasse Richtung Tiefencastel/Julierpass/St. Moritz. Kurz nach Silvaplana nach links abbiegen Richtung Champfèr. Das Dorf durchqueren und weiter Richtung St. Moritz bis zum Wegweiser »Suvretta House«.

Fidazerhof 10
CH-7019 Flims-Fidaz
Tel. +41 (0)81 920 90 10
Fax +41 (0)81 920 90 19
www.fidazerhof.ch
info@fidazerhof.ch
Mitte Juni bis Mitte Mai geöffnet

Gesamtwertung: **36**/60

Ambiente
★★★★☆☆
Eine heitere Atmosphäre im traditionellen Bündner Look zieht sich durchs Erdgeschoss mit grossem Restaurant und Salon. Betritt man die Gästezimmer in den oberen Stockwerken, merkt man sofort, dass hier mit der Vergangenheit des »Fidazerhofs« gebrochen wurde. Die Innenarchitektur gibt sich reduziert gestylt und vereint modernes Design und alte rustikale Stücke mit grosser Geschmackssicherheit.

Spa-Infrastruktur
★☆☆☆☆☆
Sauna, Behandlungsräume für Massagen und Ayurvedabehandlungen.

Körperbehandlungen
★★★★☆☆
Klassische Massagen, Shiatsu, Fussreflexzonenmassage,

ayurvedische Behandlungen und Kuren.

Beautyanwendungen
★★☆☆☆☆
Klassische Kosmetik, Gesichtsmassagen, Thalassoanwendungen, Peelings, Coiffeur.

Freizeitangebot
Kein spezifisches Angebot.

Lage und Umgebung
★★★★★★
Am Dorfrand, mit Panoramablick auf Berge und Flimsertal.

Zimmer
★★★★★☆
Zehn helle, nach baubiologischen Kriterien renovierte Zimmer, die meisten mit Balkon. Altes wurde mit Neuem stilsicher kontrastiert.

Essen und Trinken
★★★★☆☆

Gut zubereitete Bündner Spezialitäten mit Schwerpunkt auf Produkten mit Slow-Food-Label und vegetarischen Gerichten.

Service
★★★★☆☆

Unaufdringlich zuvorkommend.

Preise
EZ 120–220 Fr.
DZ 160–340 Fr.
inkl. Frühstück

Preis-Leistungs-Verhältnis
★★★★★☆

Top
Antonia Schärli setzt mit grosser Konsequenz auf Ayurveda – persönliche ayurvedische Typenbestimmung und Ernährungsberatung; Vierhand-Ganzkörpermassagen und der Shirodhara-Stirnguss werden mit grossem Sachverstand ausgeübt und sensibel auf den mitteleuropäischen Gast adaptiert.

Flop
Der »Fidazerhof« hat die Schwäche vieler kleiner Familienbetriebe: die mangelnde Infrastruktur im Wellnessbereich. Abgesehen von den Behandlungsräumen steht nur eine Sauna zur Verfügung.

Anreise
Autobahn bis Chur und auf der Autobahn weiter Richtung Thusis/San Bernardino bis Ausfahrt Reichenau/Flims. Landstrasse nach Flims, dort Abzweigung rechts nach Fidaz. Das Hotel liegt rechts der Strasse am Dorfeingang.

Adula 11
CH-7018 Flims-Waldhaus
Tel. +41 (0)81 928 28 28
Fax +41 (0)81 928 28 29
www.adula.ch
info@adula.ch
Anfang Dezember bis Mitte April und Anfang Mai bis Mitte November geöffnet

Gesamtwertung: **48**/60

Ambiente
★★★★★★

Es gibt spektakulärere Wellnesshotels in der Gegend, etwa das benachbarte Park Hotel Waldhaus oder die Grand Hotels Bad Ragaz, aber kaum eines mit dieser Aura von zeitgemäss gepflegter Ländlichkeit. So benötigt das »Adula« keine gewaltige Windmaschine für seine Werbung, sondern vertraut darauf, dass seine Leistung und die täglich gelebte Ferienatmosphäre für sich sprechen. In der Hotelanlage hat es genug Platz für drei Generationen; die kleinen Gäste sind ganztägig bestens betreut, und die Natur beginnt gleich vor der Haustür. »Zeit für das Echte« ist die Devise des geschäftsführenden Besitzers Peter Hotz. Denn je cooler die Zeiten, desto grösser die Sehnsucht nach Authentischem, Wahrem, Eigenständigem. Das »Adula« erfüllt diesen Anspruch in vielerlei Hinsicht. Das Dekor ist auf zeitgemässe Weise heimelig, die Wahl von warmen Farben und hellem Holz sowie eine besondere Liebe zum Detail verbreiten im ganzen Haus ein ganzheitliches Wohlbefinden. Der grosszügig angelegte Wellnessbereich La Mira ist nach den Leitlinien der Feng-Shui-Philosophie gestaltet und erinnert trotz zenartig schlich-

tem Look immer auch daran, dass man sich in den Bündner Bergen befindet.

Spa-Infrastruktur
★★★★★★

1400 Quadratmeter Wellnessbereich mit Hallenbad, kleinem Aussen-Solebad, attraktiver Saunawelt, sechs Behandlungsräumen für Body und Beauty, Fitnessraum, Personal Trainer, Gymnastik- und Entspannungslektionen.

Körperbehandlungen
★★★★★☆

Breit gefächertes Angebot an Körpertherapien – von klassischen Massagen über Shiatsu und Pantai Luar bis zur kinesiologischen Beratung ist alles in überdurchschnittlicher Qualität zu haben, dazu gibt es Anti-Aging-Therapien und medizinische Check-ups.

Beautyanwendungen
★★★★★

Vielseitige Gesichtspflege, Honig- und Meersalzpeelings, Thalassoanwendungen, Fango, Entspannungsbäder, Packungen, Hand- und Fusspflege.

Freizeitangebot
★★☆☆☆☆

Mountainbikes, drei Sand-Tennisplätze mit eigenem Trainer, geführte Wanderungen und Nordic-Walking-Touren, professionelle Kinderbetreuung, Spielzimmer und Spielplatz.

Lage und Umgebung
★★★★★☆

In einer Gartenanlage am Dorfrand.

Zimmer
★★★★☆☆

93 freundliche Zimmer und 3 Juniorsuiten.

Essen und Trinken
★★★★★☆

Die drei Restaurants setzen auf eine frische Marktküche aus vorwiegend regionalen Zutaten – im Gourmetlokal Barga mit französisch-bündnerischer Prägung, im »La Clav« mit norditalienischer Leichtigkeit und im grossen Halbpensionsrestaurant mit täglich wechselnden Auswahlmenüs.

Service
★★★★★☆

Persönlich und familiär.

Preise

EZ 175–330 Fr.
DZ 300–620 Fr.
Juniorsuite 420–650 Fr.
inkl. Halbpension

Preis-Leistungs-Verhältnis
★★★★★☆

Top

In der Saunawelt erwartet den Besucher eine Atmosphäre, die allen Sinnen mit beruhigenden Düften, sanftem Licht und alpinen Naturmaterialien schmeichelt.

Flop

Das grosse Halbpensionsrestaurant sieht aus wie ein durchschnittliches Halbpensionsrestaurant.

Anreise

Autobahn bis Chur und weiter auf der Autobahn Richtung Thusis/San Bernardino bis Ausfahrt Reichenau/Flims. Landstrasse nach Flims, Ortszentrum durchqueren und im Dorfteil Flims-Waldhaus den Wegweisern zum »Adula« folgen.

Park Hotel Waldhaus   12

CH-7018 Flims-Waldhaus
Tel. +41 (0)81 928 48 48
Fax +41 (0)81 928 48 58
www.parkhotel-waldhaus.ch
info@parkhotel-waldhaus.ch
Mitte Dezember bis Mitte April
und Mitte Juni bis Mitte Oktober
geöffnet

Gesamtwertung: **55**/60

Ambiente
★★★★★★

Herz und Knie sollten in Ordnung sein: Der Gast legt täglich weite Strecken zurück, um vom Zimmer zum Frühstücksraum oder von der Massage zur Winebar zu gelangen. Man bewegt sich (wahlweise unter- oder überirdisch) zwischen zahlreichen Gebäuden diverser Baustile und Zeitepochen hin und her. Historische Architektur kontrastiert mit modernen Akzenten und dem filigranen, mitten im Park stehenden Glaskubus, der wie aus dem Weltraum gefallen zu sein scheint und das Schwimmbad beherbergt. Vieles wurde renoviert in den letzten Jahren, einiges ist noch zu tun.

Spa-Infrastruktur
★★★★★★

2500 Quadratmeter Wellnessbereich mit Hallenbad, Freibad (ganzjährig nutzbar), Saunawelt, Fitness- und Gymnastikraum, Personal Trainer, Bioschwimmteich, betreuten Bewegungs- und Entspannungslektionen, zahlreichen Behandlungsräumen für Body und Beauty. Zwei exklusive Spa-Suiten.

Körperbehandlungen
★★★★★★

Klassische und fernöstliche Massagen, Lymphdrainage, Hamam-Seifenhandschuhmassage, Lymphdrainage, Klangschalenmassage, LaStone-Therapie, Lomi Lomi Nui, Thaimassage, Shiatsu, Fussreflexzonenmassage, sportärztliche Gesundheits-Check-ups, Medical Wellness.

Beautyanwendungen
★★★★★★

Diverse Kosmetikanwendungen (auch speziell für Männer), Thalasso, Entspannungsbäder, Packungen und Wickel, Peelings, botanische Cellulitebehandlung, Hand- und Fusspflege, Medical Beauty.

Freizeitangebot
★★★★★☆

Sechs Aussen- und zwei Hallentennisplätze, Tennisschule, Golftrainingsanlage, Joggingpfade im Park, Curlinghalle, Snowboardschule, Kinderspielplatz mit Kleintier-Streichelzoo, Junior-Club mit Spielzimmer und Cyber-Room, Kids-Restaurant, Hochseilgarten, Hotelmuseum »Belle Epoque«, Olgiati-Architekturmuseum.

Lage und Umgebung
★★★★★★

Die 130-jährige Hotelanlage verdient ihren Namen, sie liegt in einem weitläufigen Park.

Zimmer
★★★★★☆

150 sehr unterschiedlich gestaltete Zimmer und Suiten, verteilt auf 3 unterirdisch verbundene Gebäude.

Essen und Trinken
★★★★★★

Klassisch-französische Menüs im Halbpensionsrestaurant Panorama, mediterrane Spezialitäten im Gourmetlokal La Cena, Fondue-Variationen in der »Mungga Stuba«, asiatisches Restaurant Little China, Pizza und Pasta im »Pomodoro«, Bistro-Café The Lounge mit leichten Wohlfühlgerichten.

Service
★★★★☆☆

Freundlich, aber nicht immer Herr der Lage.

Preise
EZ 240–400 Fr.
DZ 470–840 Fr.
Juniorsuite/Suite 580–2500 Fr. inkl. Frühstück

Preis-Leistungs-Verhältnis
★★★★★☆

Top
Die 37 Zimmer im Viersternegästehaus Villa Silvana, einer schönen Jugendstilvilla im Park, präsentieren sich in heiterer Wohnlichkeit.

Flop
Das riesige Halbpensionsrestaurant entbehrt weitgehend jeder Atmosphäre.

Anreise
Autobahn bis Chur und weiter auf der Autobahn Richtung Thusis/San Bernardino bis Ausfahrt Reichenau/Flims. Landstrasse nach Flims, Dorf durchqueren bis Hoteleinfahrt (rechts), mitten im Dorfteil Flims Waldhaus.

Hotel Therme Vals 13

CH-7132 Vals
Tel. +41 (0)81 926 80 80
Fax +41 (0)81 926 80 00
www.therme-vals.ch
hotel@therme-vals.ch
Mitte Juni bis Ende März geöffnet

Gesamtwertung: **48**/60

Ambiente
★★★★★★

Wer sich der Hotelanlage zum ersten Mal nähert, ist schockiert: Sie ist nicht aus Valser Gneis, im Gegenteil: Die drei Apartmenthaustürme wurden in den sechziger Jahren mit bemerkenswerter Unsensibilität hingeklotzt. Doch beim Betreten des Haupthauses, in dem sich auch das sagenhafte Bauwerk der Therme befindet, spürt man die Zeichen des Wandels. Hier empfängt den Gast eine mondäne Rezeptionshalle mit Bar und Foyer in intensivem Königsblau. Gleich daneben das in kräftigem Rot gehaltene Restaurant Roter Saal, wo eine gute, frische Küche zu einem vorteilhaften Preis-Genuss-Verhältnis geboten wird. Die Zimmer sind sehr unterschiedlich und verteilen sich auf vier Häuser. In schlicht-stilvollem Design präsentieren sich die 23 Zumthor-Zimmer in der Penthouse-Etage des Haupthauses und im Haus Selva. Im Haupthaus sind 35 einfache Zimmer neu eingerichtet. Die Zimmer in den Aussenhäusern Zerfreila und Tombül hingegen sind nicht zu empfehlen, aber dennoch oft ausgebucht – die Therme wirkt als Magnet. Der

Freizeitangebot
★☆☆☆☆☆
Regelmässig Konzerte und Lesungen.

Lage und Umgebung
★★★★☆☆
Am Dorf- und Waldrand.

Zimmer
★★★★☆☆
140 Zimmer, verteilt auf 4 Häuser. Im Haupthaus, in dem sich auch die Therme befindet, gibt es neben den 35 sanft

Vorteil für Hotelgäste: Das Bad ist von 7 bis 11 Uhr morgens ausschliesslich für sie reserviert, ebenso am Mittwoch- und am Donnerstagabend von 22 bis 24 Uhr. Die meditative Stimmung, die man an manchen Nachmittagen vermisst, ist einem in diesen nächtlichen Stunden gewiss.

Spa-Infrastruktur
★★★★★★
Von Architekt Peter Zumthor kompromisslos gestaltete Therme in der Art eines rechtwinklig ausgelegten Höhlenlabyrinths, einer geheimnisvollen Welt aus Stein, Wasser und sanft gesteuertem Licht. Wer das helle Licht sucht, begibt sich ins Aussenbad (Winter 36 Grad, Sommer 30 Grad). Im Innern verweilt, wer Körper, Geist und Seele eine Ruhepause gönnen möchte: Feuerbad (42 Grad), Eisbad (14 Grad), Klangbad (35 Grad), Blütenbad (33 Grad), Sauna, Dampfbad, zahlreiche Behandlungsräume für Body und Beauty, Fitness- und Gymastikraum, fernöstliche Meditationen und Gymnastiklektionen.

Körperbehandlungen
★★★★★★
Klassische und fernöstliche Massagen, Vierhand-Ganzkörpermassage, LaStone-Therapie, Chi Yang (chinesische Akupressurmassage), Lymphdrainage, Shiatsu, Lomi Lomi Nui, Feldenkrais, Kräuterstempelmassage, Fussreflexzonenmassage, Entschlackungsprogramme.

Beautyanwendungen
★★★★★★
Klassische und moderne Gesichtsbehandlungen, Thalassoanwendungen, Peelings, Moorpackungen, Wickel, Hand- und Fusspflege, Entspannungsbäder, Anti-Aging-Programme.

renovierten Zimmern auch 13 bemerkenswerte, von Peter Zumthor gestaltete Designzimmer mit grossen Fensterfronten, schwarzen Wänden, weissen Betonböden, darauf schöne Kelimteppiche und Möbel der klassischen Moderne. Seit dem Sommer 2005 stehen auch im Haus Selva zehn von Peter Zumthor umgebaute Zimmer zur Verfügung. Die Zimmer in den Aussenhäusern Zerfreila und Tombül haben teilweise Schiffskajütengrösse, sind ungemütlich spartanisch und zeugen von den sechziger Jahren, aus denen sie stammen.

Essen und Trinken
★★★★☆
Herausragende, zeitgemässe frische Marktküche.

Service
★★★☆☆
Freundlich, aber nicht immer dem Gästeansturm gewachsen.

Preise
EZ 115–245 Fr.
DZ 198–410 Fr.
inkl. Frühstück

Preis-Leistungs-Verhältnis
★★★★★★

Top
In der Therme wird man zum Entdeckungsreisenden in einer geheimnisvollen Welt aus Stein, Wasser und sanft gesteuertem Licht. Selbst kaum zu beeindruckenden Grossstädtern wird beim Betreten der Thermenanlage ganz andächtig zumute.

Flop
Die Diskrepanz der sehr unterschiedlichen Zimmer (siehe Rubrik »Zimmer«).

Anreise
Autobahn Zürich–Chur–San Bernardino bis Ausfahrt Flims/Laax, dann Landstrasse via Flims und Ilanz nach Vals. Der Thermenkomplex liegt rechts beim Dorfeingang.

Ostschweiz

Grand Hotels Bad Ragaz
CH-7310 Bad Ragaz
Tel. +41 (0)81 303 30 30
Fax +41 (0)81 303 30 33
www.resortragaz.ch
reservation@resortragaz.ch
Ganzjährig geöffnet

Gesamtwertung: **55**/60

Ambiente
★★★★★★
Das weitläufige Hotelresort – bestehend aus dem »Quellenhof« (5 Sterne) und dem »Hof Ragaz« (4 Sterne) – ist im grossen Stil ganz der Entspannung gewidmet und zieht den Gast unmerklich in den ihm eigenen, langsamen Rhythmus hinein. Die Anlage, die sich trotz stark gewachsener Konkurrenz stolz im Wellnessmarkt behauptet, nimmt nicht mit übermütiger Innovation, sondern mit solider Professionalität und bemerkenswerter Vielfalt des Angebots für sich ein. In den grossen Betten schläft man bis spät in den Vormittag. Nach einem »Morgenschwumm« in einem der Thermalbäder freut sich der Gast über eines der am besten bestückten Frühstücksbuffets im Land. Später vermittelt ein Fachvortrag, etwa über Schokolade oder Olivenöl, neue Erkenntnisse. Nachmittags ein paar Abschläge auf der Driving-Range oder eine ganzheitliche Körperbehandlung, vielleicht noch ein Pilates-Training oder ein Beauty-Treatment, und man kommt als neuer Mensch zum Abendessen in eines der fünf

14 Restaurants. Wie in allen Paradiesen geht es nicht darum, die Fülle zu meistern, sondern sich in ihr zu verlieren. Dann wird man den Pulsschlag der Bäder- und Wellnesskultur spüren, die hier schon Jahrhunderte alt ist und sich gerade deshalb seelenruhig dem Glück des Augenblicks widmet.

Spa-Infrastruktur
★★★★★★
3000 Quadratmeter Wellnessbereich mit Sportbad, Thermalbad, Freibad, Aroma-, Dampf- und Sprudelbädern, Saunas, Fitnessraum, Personal Trainer, zahlreichen Behandlungsräumen für Body und Beauty, Gymnastik- und Entspannungslektionen (Tai-Chi, Yoga, Pilates, autogenes Training, Aqua-Walking, Body Forming, Wirbelsäulengymnastik usw.). Medizinisches Zentrum, medizinische Check-ups.

Körperbehandlungen
★★★★★★
Klassische und fernöstliche Massagen, ayurvedische Behandlungen, Fussreflexzonen-

massage, Lomi Lomi Nui, Lymphdrainage, Akupunktmassage, Migränemassage, Shiatsu, Thaimassage, Schlankheits- und Cellulitebehandlungen, Magnetfeldtherapie. Ausgetüftelte Gesundheitsprogramme unter dem Motto »Smart Aging« und »Work-Life-Balance«.

Beautyanwendungen
★★★★★★

Das ganze Spektrum an klassischer und moderner Gesichtspflege, Thalassoanwendungen, Fango, Entspannungsbäder, Packungen und Wickel, Peelings, Hand- und Fusspflege, Coiffeur, medizinische Kosmetik.

Freizeitangebot
★★★★★☆

Tennisanlagen, zwei Golfplätze (18- und 9-Loch), Fahrräder, Nordic Walking, Casino, vielseitiges Unterhaltungs- und Sportprogramm, regelmässig Vorträge und spezielle Events.

Lage und Umgebung
★★★★☆☆

Am Dorf- und Waldrand.

Zimmer
★★★★★☆

Im »Hof Ragaz«: 133 komfortable Zimmer und Suiten.
Im »Quellenhof«: 97 luxuriöse Juniorsuiten und 9 Suiten.

Essen und Trinken
★★★★★★

Restaurant Bel-Air mit internationaler Küche und japanischen Spezialitäten, Gourmetrestaurant Äbtestube, Restaurant Olives (mediterrane Gerichte), »Zollstube« (regionale Küche). Zwei Pianobars.

Service
★★★★★★

Die Hotelmaschinerie läuft auch bei Vollbelegung wie ein süddeutscher Achtzylinder, und wenn sie mal einen Aussetzer hat, dann zumindest auf hohem Niveau.

Preise
Hof Ragaz:
EZ 290–335 Fr.
DZ 520–775 Fr.
Suite 720–1100 Fr.
inkl. Frühstück

Quellenhof:
EZ 500 Fr.
Juniorsuite 740–810 Fr.
Suite 955–2900 Fr.
inkl. Frühstück

Preis-Leistungs-Verhältnis
★★★★★☆

Top
Das Resort liegt da wie eine Insel des Friedens, die zur Entdeckung der Gelassenheit verführt. Die angenehm unaufgeregte Atmosphäre und die schier unendlichen Möglichkeiten, sich aktiv und passiv zu erholen, unterstützen diesen Eindruck. Auch bei vollem Haus kommt niemals Hektik auf.

Flop
Die Zimmer im »Hof Ragaz« bedürfen einer baldigen Renovation. Der Aufholbedarf ist jedoch erkannt und wird bald in die Tat umgesetzt.

Anreise
Autobahn Zürich–Chur bis Ausfahrt Bad Ragaz, durchs Dorfzentrum fahren und immer geradeaus bis zur Hoteleinfahrt.

Panorama Resort & Spa   15

CH-8835 Feusisberg
Tel. +41 (0)44 786 00 00
Fax +41 (0)44 786 00 99
www.panoramaresort.ch
info@panoramaresort.ch
Ganzjährig geöffnet

Gesamtwertung: **51**/60

Ambiente
★★★★☆

Das Hotel liegt eingebettet in eine grüne Hügellandschaft und überblickt den Zürichsee aus seiner schönsten Perspektive. Die Anlage besteht aus zwei Gebäudeteilen: dem älteren Hoteltrakt, der in erster Linie zum Konferieren dient, und dem neuen Erweiterungsbau zum Regenerieren und Entspannen. Im Idealfall hat man eine der 28 Juniorsuiten im Neubau gebucht. Sie blicken alle auf den See, haben eine voll verglaste Fensterfront und sind mit subtilem Flair für japanische Raumgestaltung eingerichtet. Ein Lift führt ins Spa. Auch hier ist die Philosophie des Hauses spürbar: Harmonie der Elemente – Asien trifft Europa. Auf alles Überflüssige wird verzichtet, das Interieur ist schlicht und zurückhaltend. Alles ist hier möglich, auf 2000 Quadratmetern breiten sich neun verschiedene Saunas und Dampfbäder aus; vom Hallenbad kann man direkt nach draussen schwimmen und sich Richtung Horizont davontreiben lassen.

Spa-Infrastruktur
★★★★★★

2000 Quadratmeter Wellnessbereich mit grosser Saunawelt, Innen- und Aussenpool, Whirlpool, hellen Behandlungsräumen für Body und Beauty, Entspannungs- und Gymnastiklektionen, Fitnessraum, Personal Trainer.

Körperbehandlungen
★★★★★★

Klassische und fernöstliche Massagen, ayurvedische Behandlungen, vierhändige Synchronmassagen, Shiatsu, Lymphdrainage, Fussreflexonenmassage, LaStone-Therapie, Akupunktur, Seifenbürstenmassage, Medical Wellness, umfassendes Angebot zur persönlichen Gesundheitsvorsorge.

Beautyanwendungen
★★★★★★

Klassische und moderne Gesichtspflege, Entspannungsbäder, Peelings, Packungen, Wickel, Hand- und Fusspflege.

Freizeitangebot
★☆☆☆☆☆
Fahrräder.

Lage und Umgebung
★★★☆☆☆
Der Horizont weitet sich bei der Anfahrt: Hoch über dem Zürichsee geniesst man eine der atemberaubendsten Aussichten der Deutschschweiz.

Zimmer
★★★★★☆
Die 28 Juniorsuiten und 2 Suiten im neuen Hoteltrakt erfüllen gehobene Feng-Shui-Ansprüche. Die 86 Zimmer im Hauptgebäude präsentieren sich teilweise in einem deutlich banaleren Einrichtungsstil. Spezieller Service: Zwei Kleidungsstücke werden bei Ankunft kostenlos aufgebügelt.

Essen und Trinken
★★★★★☆
Unprätentiöse Gourmetküche im klassisch-gemütlichen »Seasons«, mediterrane Spezialitäten im modern gestalteten Penthouse-Restaurant Cielo di P. Alle Speisen sind hausgemacht und fast ausschliesslich aus biologischem Anbau. Schöne Lounge-Bar.

Hotel Heiden 16
CH-9410 Heiden
Tel. +41 (0)71 898 15 15
Fax +41 (0)71 898 15 55
www.hotelheiden.ch
info@hotelheiden.ch
Ganzjährig geöffnet

Gesamtwertung: **38**/60

Ambiente
★★★☆☆☆
Ein in den achtziger Jahren erbautes Haus mit lichtdurchfluteter Empfangshalle. Nach Norden schweift der Blick zum Bodensee, nach Süden in die Appenzeller Hügel. Hier mischen sich Reha-Patienten mit Tagungsteilnehmern und Wellnessgästen in vorwiegend gesetztem Alter. Letztere fühlen sich vom breiten Spektrum an schul- und komplementärmedizinischen Therapien sowie den attraktiven Präventionsprogrammen angezogen. Das bemerkenswert gastfreundliche Team lässt den leichten Kuranstalt-Groove in den Hintergrund treten.

Spa-Infrastruktur
★★☆☆☆☆
Hallenbad (33 Grad), Sauna, Dampfbad, Fitnessraum, Personal Trainer, Gymnastik- und

Service
★★★★★☆
Man fühlt sich bestens umsorgt. Auf Sonderwünsche wird umgehend eingegangen.

Preise
EZ 250–350 Fr.
DZ 400–460 Fr.
Juniorsuite/Suite 620–820 Fr.
inkl. Frühstück

Preis-Leistungs-Verhältnis
★★★★★★

Top
Das »Panorama Resort« zählt zu den Vorreitern im Bereich »Medical Spa« und hat in der Kombination aus Geniessen und Heilen eine vielversprechende Nische gefunden.

Flop
Individualgäste leiden wochentags manchmal darunter, dass sich ganze Horden von Seminarteilnehmern nach getaner Arbeit ins Spa stürzen.

Anreise
Autobahn Zürich–Chur bis Ausfahrt Pfäffikon, dann Landstrasse Richtung Sattel/Schwyz bis Feusisberg. Das Hotel ist ausgeschildert.

Entspannungslektionen, Behandlungsräume für Body und Beauty. Ärztliche Abteilung, medizinische Check-ups.

Körperbehandlungen
★★★★★★
Klassische und fernöstliche Massagen, ayurvedische Behandlungen, Traditionelle Chinesische Medizin (TCM), Akupunktur, Akupressur, Fussreflexzonenmassage, Kräuterstempelmassage, Heilverfahren für Migränepatienten, LaStone-Therapie, Lymphdrainage, Hydrotherapie, Fastenprogramme, Entschlackungs- und Entgiftungsprogramme.

Beautyanwendungen
★★★★☆☆
Klassische Gesichtsbehandlungen, Entspannungsbäder, Heublumen- und Fangopackungen, Hand- und Fusspflege, Chi-Yang-Gesichtsmassage, LaStone-Gesichtsbehandlung.

Freizeitangebot
★☆☆☆☆
Vorträge über chinesische Medizin. Geführte Wanderungen und Nordic Walking.

Lage und Umgebung
★★★★★☆
Im Dorfzentrum, mit weitem Blick nach Deutschland und Österreich.

Zimmer
★★★☆☆☆
66 sachlich-funktional eingerichtete Zimmer.

Essen und Trinken
★★★★☆☆
Gesunde und vielfältige Küche mit möglichst vielen regionalen Produkten. Gute Auswahl vegetarischer Gerichte. Schlankheitsbewusste Gäste erhalten leichte Diätmenüs.

Service
★★★★★☆
Individuell, unaufdringlich aufmerksam.

Preise
EZ 145–170 Fr.
DZ 250–320 Fr.
inkl. Frühstück

Preis-Leistungs-Verhältnis
★★★★★☆

Top
Die gelungene Kombination aus Schulmedizin und chinesischer Medizin.

Flop
Die Innendekoration ist etwas gar nüchtern. Die Panoramasicht weit über den Bodensee lässt dieses Manko jedoch in den Hintergrund treten.

Anreise
Autobahn St. Gallen–St. Margreten bis Ausfahrt Rheineck, dann Landstrasse Richtung Trogen/Teufen bis Heiden. Das Hotel liegt unweit der weissen Kirche und ist ausgeschildert.

Hof Weissbad 17
CH-9057 Weissbad/Appenzell
Tel. +41 (0)71 798 80 80
Fax +41 (0)71 798 80 90
www.hofweissbad.ch
hotel@hofweissbad.ch
Ganzjährig geöffnet

Gesamtwertung: **46**/60

Ambiente
★★★★★☆
»Lächle – du bist im Hof Weissbad.« In diesem aussergewöhnlich erfolgreichen, unlängst aufgefrischten Gesundheitshotel am Fuss des Alpsteingebirges ist alles darauf ausgerichtet, dass es dem Gast rundum wohl ist. Hier kann man Energie tanken, auch wenn man nur ein, zwei Tage Zeit hat. Der Service unter der Leitung des Gastgeberpaars Christian und Damaris Lienhard ist ein reines Vergnügen – so viel liebenswürdige Zuwendung erfährt man in keinem anderen Hotel der Ostschweiz. Dazu gibt es ein hochkarätiges Therapeutenteam, eine feine Küche auch in der Halbpension,

und das schöne Appenzellerland beginnt gleich vor der Haustür.

Spa-Infrastruktur
★★★★☆☆

Indoor-/Outdoorpool (33 Grad, eigene Quelle), Saunawelt, Fitnessraum, zahlreiche Behandlungsräume für Body und Beauty, spezieller Paar-Behandlungsraum, Gymnastik- und Entspannungslektionen (Yoga, Pilates, Rückengymnastik, Aquagym usw.). Integrierte Privatklinik.

Körperbehandlungen
★★★★★☆

Klassische und fernöstliche Massagen, LaStone-Therapie, Massage mit Appenzeller Kräutersäckchen, Akupunktur, Craniosakralbehandlung, Fussreflexzonenmassage, Hydrotherapie, zahlreiche Gesundheitstherapien, Molkenkur, F. X.-Mayr-Heilfastenkur, Anti-Stress-Wochen, medizinische Check-ups.

Beautyanwendungen
★★★★☆☆

Vielfältige Gesichtspflege (auch speziell für Männer), Thalassoanwendungen, Fango, Entspannungsbäder, Peelings, Packungen, Wickel, Hand- und Fusspflege, Coiffeur.

Freizeitangebot
★★★☆☆☆

Zwei Tennisplätze, Fahrräder, geführte Wanderungen, Nordic Walking, abwechslungsreiches Unterhaltungs- und Sportprogramm. Hauseigene Schaukäserei.

Lage und Umgebung
★★★★★☆

Am Dorf- und Waldrand, inmitten der Appenzeller Natur am Fuss des Alpstein- und Säntisgebiets.

Zimmer
★★★★☆☆

80 modern eingerichtete, eher kleine Zimmer und 4 Juniorsuiten mit Balkon.

Essen und Trinken
★★★★★☆

Ob Normalkost, Trennkost, kalorienreduzierte oder vegetarische Kost – hier kann man sich sein Abendessen selbst zusammenstellen –, und das selbst im Halbpensionsarrangement. Man isst wahlweise in der rustikal-eleganten »Schotte-Sepp-Stube« oder im neu hinzugekommenen Restaurant Flickflauder, das sich durch klare Linien und urbanes Ambiente auszeichnet.

Service
★★★★★★

Die hochmotivierten Mitarbeiterinnen und Mitarbeiter verbreiten gute Laune und sind durchwegs kompetent und aufmerksam.

Preise
EZ 260 Fr.
DZ 480 Fr.
Juniorsuite 700 Fr.
inkl. Halbpension

Preis-Leistungs-Verhältnis
★★★★★☆

Top
Statt der üblichen Minibar gibt es auf jeder Etage ein Buffet mit verschiedenen Teesorten, Säften, Mineralwasser, Früchten und Gebäck – alles rund um die Uhr kostenlos.

Flop
Der Wellnessbereich wirkt etwas nüchtern. Und bei einer 97-prozentigen Auslastung übers ganze Jahr (bedingt durch zahlreiche Kur- und Regenerationsgäste) muss man sein Zimmer lange im Voraus reservieren.

Anreise
Von St. Gallen Landstrasse nach Appenzell, von dort 6 km Richtung Wasserauen bis Weissbad.

Zentralschweiz

Palace Luzern 18
CH-6006 Luzern
Tel. +41 (0)41 416 16 16
Fax +41 (0)41 416 10 00
www.palace-luzern.com
info@palace-luzern.ch
Ganzjährig geöffnet

Gesamtwertung: **49**/60

Ambiente
★★★★★★

Gut geführte Hotels bieten ihren Gästen Kontinuität, sehr gute Hotels zeigen sich auch mal experimentierfreudig, ein Hotel mit höchsten Ansprüchen entwickelt sich hinsichtlich seiner Angebotspalette und der Qualität aller gebotenen Serviceleistungen beständig weiter. Das »Palace Luzern«, seit einigen Jahren im Aufwind, brilliert nach dem Umbau mit unkonventionell wohnlichen Zimmern und einem ästhetisch herausragenden Spa. Die Halle lädt zum Verweilen ein, das puristisch elegante Gourmetlokal Jasper zählt zu den schönsten Restaurants der Schweiz und erheischt durch die kreative Marktküche von Ulf Braunert grosse Aufmerksamkeit. Die liebenswürdige Crew um das Gastgeberehepaar Andrea und Constancia Jörger sorgt dafür, dass man sich im frisch erstrahlten Jugendstilpalast aus dem Jahr 1906 wohl und bestens betreut fühlt.

Spa-Infrastruktur
★★★☆☆☆

Zwei nach Geschlechtern getrennte Spa-Zonen mit Sauna, Dampfbad, Erlebnisdusche und Ruheraum. Exklusives »Private Spa«, diverse Behandlungsräume für Body und Beauty, Fitnessraum, Personal Trainer.

Körperbehandlungen
★★★★★☆

Klassische und fernöstliche Massagen, ayurvedisch inspirierte Behandlungen, LaStone-Therapie, balinesische Massage, Chakra-Balancing, Reflexzonentherapie, Fussreflexzonenmassage, Gesundheitscoaching.

Park Hotel Weggis 19

CH-6353 Weggis
Tel. +41 (0)41 392 05 05
Fax +41 (0)41 392 05 28
www.phw.ch
info@phw.ch
Ganzjährig geöffnet

Gesamtwertung: **48**/60

Beautyanwendungen
★★★★☆

Klassische und moderne Gesichtspflege, Entspannungsbäder, Peelings, Packungen, Wickel, Hand- und Fusspflege.

Freizeitangebot
★☆☆☆☆

Der stets zur Verfügung stehende Freizeitplaner besorgt Festival-Tickets, reserviert Golfabschlagszeiten und weiss über sämtliche Geheimtipps und Ausflugsmöglichkeiten der Region bestens Bescheid.

Lage und Umgebung
★★★★★★

Direkt an der Seepromenade am Ufer des Vierwaldstättersees, fünf Gehminuten von der Luzerner Altstadt entfernt.

Zimmer
★★★★★★

136 modern-elegante Zimmer, Juniorsuiten und Suiten. Spektakuläre »Suite of Arts«.

Essen und Trinken
★★★★★★

Herausragendes Gourmetlokal Jasper, Hotelrestaurant Les Artistes, Terrassenrestaurant Le Maritime. Lobby-Lounge mit Hotelbar.

Service
★★★★★★

Fachlich souverän und ausgesprochen zuvorkommend.

Preise

EZ 200–590 Fr.
DZ 300–690 Fr.
Suite 630–3500 Fr.
ohne Frühstück

Preis-Leistungs-Verhältnis
★★★★★☆

Top
Das einmalige Design des Gourmetrestaurants Jasper würde sich auch in New York oder Barcelona gut machen.

Flop
Die hohen Weinpreise in den Restaurants.

Anreise
Vom Bahnhof über die Seebrücke und via Schweizerhofquai und Haldenstrasse dem See entlang bis zum Parkhaus Casino. Das »Palace« liegt unübersehbar daneben am See.

Ambiente
★★★★★★

Der Innenarchitekt zeigte bei der aufwendigen Renovation zur Jahrtausendwende eine gesunde Respektlosigkeit vor dem spiessigen Einheitslook gängiger Hotelarchitektur. Ein gelungener Mix aus Moderne und Klassik zieht sich seitdem durchs ganze Haus. Die Atmosphäre gelassener Kultiviertheit ist geblieben. Das Team hält mit und besteht ganz offensichtlich aus Menschen, die ihre Arbeit lieben.

Spa-Infrastruktur
★★★☆☆☆

In den sechs luxuriös ausgestatteten und in japanischer Schlichtheit gestalteten »Spa Cottages« (je 70 Quadratmeter) kann man sich allein, zu zweit oder mit der ganzen Familie in vollkommener Privatheit erholen oder massieren lassen. Sie verfügen über Sauna oder Dampfbad, Whirlpool oder Blütenbad, teilweise Erlebnisduschen und Kneippbrunnen, alle mit Stereoanlage und TV. Fitnessraum (7 Tage, 24 Stunden geöffnet), drei Behandlungsräume für Body und Beauty. Im Sommer 2007 kommt ein Badetempel mit schwarzem Naturstein-Aussenpool hinzu.

Körperbehandlungen
★★★★★☆

Klassische und fernöstliche Massagen, Lomi Lomi Nui, LaStone-Therapie, Lymphdrainage, Shiatsu, Fussreflexzonenmassage, Thaimassage, Kräuterstempelmassage, Klangschalentherapie. Im Sommer werden die Massagen auf Wunsch in einem geschützten Bereich am Seeufer durchgeführt.

Beautyanwendungen
★★★★☆☆

Klassische und moderne Gesichtspflege (auch speziell für Männer), Peelings, Packungen, Hand- und Fusspflege, Kopf- und Gesichtsmassage.

Freizeitangebot
★★☆☆☆☆

Privater Badestrand, verschiedene Boote, Wasserski, Fahrräder, Audio- und Videothek, Bibliothek, monatliche Wine-and-Dine-Anlässe, professionelle Kinderbetreuung.

Lage und Umgebung
★★★★★☆

In einer Gartenanlage am Vierwaldstättersee.

Zimmer
★★★★★★

34 heiter stimmende Zimmer, 5 Juniorsuiten, 4 Suiten. Alle Zimmer mit grosszügigen Badezimmern.

Essen und Trinken
★★★★★☆

Schmackhaft-Schwereloses im Gourmetrestaurant »Annex« und im Hotelrestaurant »Sparks«. Das dritte Restaurant »The Grape« mit kalifornisch-italienisch inspirierter Küche sowie Grillspezialitäten liegt drei Gehminuten entfernt im Dorfzentrum.

Service
★★★★★★

Das Team um Gastgeber Peter Kämpfer geht erfrischend unkompliziert, zugleich aber auch kompetent auf die Wünsche der Gäste ein – auch ungeplant und kurzfristig.

Preise

EZ 245–310 Fr.
DZ 330–550 Fr.
Juniorsuite/Suite 640–1130 Fr.
ohne Frühstück

Preis-Leistungs-Verhältnis
★★★★★★

Top

Weinfreaks werden mit Raritäten, Kultweinen und Neuentdeckungen zu unschlagbar tiefen Preisen überrascht. Auch wer schon alles zu kennen glaubt, kann sich vom Sommelier zu neuen Höhenflügen inspirieren lassen.

Flop

Hotelanlage und hauseigenes Seeufer sind durch eine – allerdings wenig befahrene – Strasse getrennt.

Anreise

Autobahn Rotkreuz–Brunnen bis Ausfahrt Küssnacht am Rigi, dann Landstrasse nach Weggis. In Weggis auf der Seestrasse Richtung Hertenstein. Das Hotel ist gut ausgeschildert.

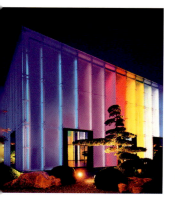

Wellness-Hotel Rössli   20

CH-6353 Weggis
Tel. +41 (0)41 392 27 27
Fax +41 (0)41 392 27 26
www.wellness-roessli.ch
mail@wellness-roessli.ch
Ganzjährig geöffnet

Gesamtwertung: **36**/60

Ambiente
★★★☆☆

Zugegeben, das unscheinbare Äussere dieses Dreisternehotels im Zentrum von Weggis signalisiert keine gastgewerbliche Offenbarung. Erstbesucher sollten sich jedoch dadurch nicht entmutigen lassen. Denn der Empfang ist ausgesprochen herzlich und kompetent, die Küche erfreulich modern und das Restaurant atmosphärisch angenehm. Das Spa-Angebot ist nicht überbordend, doch scheint jedes Detail durchdacht, und die Therapeutinnen und Therapeuten überzeugen mit fachlicher Kompetenz. »In kleinen Dingen gross sein«, heisst das Motto, welches die Gastgeberfamilie Nölly ihrem Haus gegeben hat.

Spa-Infrastruktur
★★

Kleines Aussen-Solebad, Whirlpools, Saunawelt, Fitnessraum, Behandlungsräume für Body und Beauty.

Körperbehandlungen
★★★★

Klassische und fernöstliche Massagen, ayurvedische Behandlungen, Lymphdrainage, Fussreflexzonenmassage, LaStone-Therapie, Anti-Cellulite-Behandlungen.

Beautyanwendungen
★★★★☆☆

Klassische und moderne Gesichtspflege (auch speziell für Herren), Entspannungsbäder, Thalassoanwendungen, Fango, Peelings, Packungen, Hand- und Fusspflege.

Freizeitangebot
★☆☆☆☆☆

Freier Eintritt ins öffentliche Hallenbad und ins Lido Weggis.

Lage und Umgebung
★★★★☆☆
Im Dorfzentrum.

Zimmer
★★★☆☆☆
Eher einfache, aber angenehme und helle Zimmer.

Essen und Trinken
★★★★☆☆
Zeitgemässe mediterrane Marktküche, teilweise mit asiatischen Akzenten.

Service
★★★★★☆
Freundlich und hilfsbereit.

Preise
EZ 120–150 Fr.
DZ 200–260 Fr.
inkl. Frühstück

Preis-Leistungs-Verhältnis
★★★★★★

Top
Ausgezeichnetes Preis-Leistungs-Verhältnis, insbesondere sonntags bis mittwochs (zahlreiche spezielle »Midweek«-Angebote an diesen Tagen).
Flop
Die Architektur des »Rössli« wird weder aussen noch innen jemals einen Schönheitspreis gewinnen.

Anreise
Autobahn Rotkreuz–Brunnen bis Ausfahrt Küssnacht am Rigi, dann Landstrasse nach Weggis. Im Ort der Hotelbeschilderung folgen.

Park Hotel Vitznau 21

CH-6354 Vitznau
Tel. +41 (0)41 399 60 60
Fax +41 (0)41 399 60 70
www.parkhotel-vitznau.ch
info@phv.ch
Mitte April bis Ende Oktober geöffnet

Gesamtwertung: **50**/60

Ambiente
★★★★★★

Der schönste Teil des Vierwaldstättersees liegt wie ein dramatisches Landschaftsgemälde aus dem 19. Jahrhundert vor Ihnen: Bürgenstock und Pilatus zur Rechten, die schneebedeckten Dreitausender zur Linken – Amerikaner nennen so eine Aussicht eine »one million dollar view«. Und selbst landschaftsverwöhnte Schweizer atmen erst mal tief durch, wenn sie im »Park Hotel Vitznau« ankommen. Es zählt zum letzten Dutzend jener Schweizer Grandhotels, die sich mit allen Attributen der Vornehmheit in die Gegenwart gerettet haben. Seit dem Direktionswechsel im Herbst 2004 hat das während Jahrzehnten wie ein Luxusinternat geführte Haus spürbar an Leichtigkeit und Durchschlagskraft gewonnen: Der aus Süddeutschland zugezogene Thomas Kleber ist mit Schwung und Spass dabei, die steife Vornehmheit früherer Tage durch zeitgemässe Eleganz zu ersetzen. Die Atmosphäre ist wohltuend gedämpft; im Privatpark kann man in aller Ruhe seinen Gedanken nachhängen; Vögel zwitschern, eine leichte Brise fächelt, und von der Terrasse her ertönt fröhliches Gelächter und Gläserklirren. Und wenn dann bei einem sommerlichen Diner die Lichterketten am gegenüberliegenden Ufer zu funkeln beginnen und der Bürgenstock über dem Abenddunst zu schweben scheint, wird es einem ganz leicht ums Herz und schwindelig vor Glück.

Spa-Infrastruktur
★★★☆☆☆

Indoor-/Outdoorpool, Sauna, Dampfbad, sehr schöne Behandlungsräume im Asienlook, Fitnessraum, Gymnastik- und Entspannungslektionen.

Körperbehandlungen
★★★★★★

Klassische und fernöstliche Massagen, Fussreflexzonenmassage, Thaimassage, tibetanische Klangmassage, Akupressur, Chakra Balancing, LaStone-Therapie, Hot-Chocolate-Harmony-Massage, Lomi Lomi Nui, Meersalz-Lavendel-

Stempelmassage, Reiki, asiatische Seifenschaummassage, Hydrotherapie, Lymphdrainage.

Beautyanwendungen
★★★★☆
Klassische und moderne Gesichtspflege, Entspannungsbäder, Hand- und Fusspflege, Peelings, Packungen, Thalassoanwendungen.

Freizeitangebot
★★☆☆☆
Motorboot für Ausflüge auf dem See, Wassersportarten, zwei Tennisplätze, Kinderspielplatz.

Lage und Umgebung
★★★★★★
In einem herrlichen privaten Park direkt am Vierwaldstättersee und am Fuss der Rigi.

Zimmer
★★★★★☆
96 luxuriöse, ausgesprochen geräumige Zimmer und 7 Suiten.

Essen und Trinken
★★★★★☆
Französisches Gourmetrestaurant Quatre Cantons mit herrlicher Terrasse. Gut gemachte Halbpensionsmenüs im grossen Hotelrestaurant. Pool-Grill (mittags).

Service
★★★★★★
Empfang und Service sind kaum zu überbieten: Keine Spur von Massenabfertigung, keine einstudierte Servilität – hier könnten Hotelfachschüler lernen, was individuelle Gastlichkeit mit traditionellem Hintergrund ist.

Preise
EZ 380–550 Fr.
DZ 530–700 Fr.
Juniorsuite/Suite 850–1300 Fr.
inkl. Frühstück

Preis-Leistungs-Verhältnis
★★★★★★

Top
Nicht nur die öffentlichen Räume im Parterre, sondern auch die Zimmer im ersten und zweiten Stockwerk verfügen über herrlich grosszügige Raumhöhen.

Flop
Einige Zimmer sind etwas gar plüschig eingerichtet.

Anreise
Autobahn Rotkreuz–Brunnen bis Ausfahrt Küssnacht am Rigi, dann Seestrasse via Weggis nach Vitznau. Das Hotel liegt unübersehbar am See.

Berner Oberland

Parkhotel Bellevue 22

CH-3715 Adelboden
Tel. +41 (0)33 673 80 00
Fax +41 (0)33 673 80 01
www.parkhotel-bellevue.ch
info@parkhotel-bellevue.ch
Anfang Juni bis Mitte April geöffnet

Gesamtwertung: **46**/60

Ambiente
★★★★★★
Der Körper will etwas erleben, der Kopf will ruhen. Im »Parkhotel Bellevue« kann man seinen Körper auf angenehme Weise in Form bringen und sich frei von Stress erholen. Das Spa erfreut durch optisch edles Understatement und erfreut durch zeitgemässe Versionen zum Thema Wasser, Wärme und Wohlgefühl. Im Frühjahr 2006 wurde ein grösserer Umbau des Hotels realisiert, bei dem das Restaurant, sämtliche Korridore und zahlreiche Zimmer renoviert wurden. Dem Architekten gelang es dabei, einen gewissen Fortschrittsgedanken mit einem Gefühl von Geborgenheit zu paaren. Der geschäftsführende Besitzer Andreas Richard setzt das um, was in unserer Zeit vom Selbstverständlichen zum Aussergewöhnlichen geworden ist: Er fühlt sich als erste Servicekraft in seinem Hotel, ohne jemals an Würde zu verlieren.

Spa-Infrastruktur
★★★★★☆

Auf 1300 Quadratmetern verteilen sich Aussen-Solebad (34 Grad), Hallenbad, Saunawelt, Aussensauna, Whirlpool, grosszügige Ruhepavillons und helle Behandlungsräume für Body und Beauty. Fitnessraum, Personal Coaching, täglich Entspannungs- und Gymnastiklektionen (Aquagym, Fünf Tibeter, Qigong, Yoga usw.).

Körperbehandlungen
★★★★☆☆

Klassische Massagen, Fussreflexzonenmassage, Hydrotherapie, Shiatsu, Lymphdrainage, LaStone-Therapie, Seifenbürstenmassage.

Beautyanwendungen
★★★★☆☆

Klassische Gesichtsbehandlungen (auch speziell für Herren), Thalassoanwendungen, Peelings, Hand- und Fusspflege, Fango, Entspannungsbäder, Algen- und Aromablütenpackungen.

Freizeitangebot
★★☆☆☆☆

Geführte Wanderungen und Velotouren, Fahrräder.

Lage und Umgebung
★★★★★☆

In einer Gartenanlage am Dorf- und Waldrand. Drei Gehminuten vom Ortszentrum.

Zimmer
★★★★☆☆

50 sehr verschieden eingerichtete Zimmer, Juniorsuiten und Suiten.

Essen und Trinken
★★★★☆☆

Gut gemachte Marktküche.

Service
★★★★★★

Individuell, persönlich, in jeder Hinsicht überdurchschnittlich.

Preise
EZ 165–245 Fr.
DZ 320–480 Fr.
Juniorsuite/Suite 410–540 Fr.
inkl. Halbpension

Preis-Leistungs-Verhältnis
★★★★★★

Top
Der Weinkeller ist gespickt mit interessanten Spezialitäten und Raritäten aus aller Welt – und der önologisch versierte Gastgeber Andreas Richard empfiehlt seinen Gästen nicht die teuerste, sondern die beste Flasche.

Flop
Das Hotel ist Opfer seines eigenen Erfolgs und meist ausgebucht.

Anreise
Autobahn bis Ausfahrt Frutigen/Kandersteg, dann Landstrasse via Frutigen nach Adelboden. Im Ort der Beschilderung zum Hotel folgen.

Lenkerhof 23

CH-3775 Lenk
Tel. +41 (0)33 736 36 36
Fax +41 (0)33 736 36 37
www.lenkerhof.ch
welcome@lenkerhof.ch
Mitte Juni bis Mitte April geöffnet

Gesamtwertung: 53/60

Ambiente
★★★★★★

Am schönsten ist es im »Lenkerhof«, wenn man direkt vor dem Hotel auf die Skier steigen kann. Vielleicht auch, wenn rund um das verschlafene Berner Oberländer Bergdorf Lenk die ersten Krokusse blühen oder wenn eine sommerliche Mountainbiketour die Sinne wachkitzelt. Und schön ist es auch, wenn Herbststürme um das frisch strahlende Alpinresort pfeifen. Also immer. Vor wenigen Jahren war der »Lenkerhof« noch ein von Mief und Tristesse bestimmtes Kurhotel. Heute fühlt man sich gleich nach der Ankunft in einer heiter stimmenden, unkomplizierten Ferienwelt. Jeder Weg im Haus führt vorbei an der grossen Lobby, die man eigentlich als Lounge bezeichnen muss. Was zunächst etwas wunderlich anmutet, ist ein stilvoller Mix, der von alpenländisch bis marrokanisch reicht. Der wuchtige Kamin scheint einem Loire-Schloss zu entstammen; die Deckenlampen würden sich auch in einem tibetanischen Kloster gut machen; die Sitzgruppen an der breiten Fensterfront sind exzentrisch modern – auf einigen Sofas liegen Kuhfelle. Und auch die Ecke mit der Bibliothek oder der Cigar-Bereich im Kolonialstil fügen sich in die Lounge ein, als hätten sie schon immer zum »Lenkerhof« gehört. Es sind unterschiedliche Kulissen, in denen sich der Gast je nach Lust und Befinden in den Vordergrund spielen oder auch zurückziehen kann. Abends leuchten unzählige Kerzen. Den sportlichen Vater mit dem Kleinkind trifft man hier ebenso an wie den prominenten deutschen Nighttalkmaster, der mal für zehn Tage ausspannt.

Spa-Infrastruktur
★★★★★★

Ästhetisch herausragendes Spa auf 2000 Quadratmetern mit Schwefel-Freibad, Hallenbad, weitläufiger Saunawelt, Fitnessraum, Personal Trainer, Gymnastik- und Entspannungslektionen, zahlreichen Behandlungsräumen für Body und Beauty.

Körperbehandlungen
★★★★★☆

Klassische und fernöstliche Massagen, Reflexzonenbehandlung, LaStone-Therapie, Lomi Lomi Nui, Kräuterstempelmassage, traditionelle Thaimassage, Hydrotherapie, diverse Massagen in der Partnerkabine.

Beautyanwendungen
★★★★★★

Klassische und moderne Schönheitspflege, Entspannungsbäder, Peelings, Packungen und Wickel, Hand- und Fusspflege, Coiffeur.

Freizeitangebot
★★★☆☆☆

Fahrräder, geführte (Schneeschuh-)Wanderungen, Mountainbiketouren, professionelle Kinderbetreuung, Aussenerlebnispark, Beach-Volleyball-Platz, vielfältiges Aktivitätenprogramm drinnen und draussen.

Grand Hotel Bellevue 24

CH-3780 Gstaad
Tel. +41 (0)33 748 00 00
Fax +41 (0)33 748 00 01
www.bellevue-gstaad.ch
info@bellevue-gstaad.ch
Ganzjährig geöffnet

Gesamtwertung: **54**/60

Lage und Umgebung
★★★★☆
An schöner Panoramalage über dem Dorf. Im Winter direkter Pistenanschluss.

Zimmer
★★★★☆
82 heiter stimmende Zimmer, Juniorsuiten und Suiten.

Essen und Trinken
★★★★★★
Der Gast kann im Halbpensionsarrangement zwischen zwei kulinarisch herausragenden Restaurants wählen und ohne Aufpreis à la carte essen. Belebte Hotelhalle mit Livemusik, Cigar-Lounge.

Service
★★★★★☆
Gut gelaunt und aufmerksam.

Preise
EZ 350–450 Fr.
DZ 530–630 Fr.
Juniorsuite/Suite 600–1000 Fr.
inkl. Halbpension

Preis-Leistungs-Verhältnis
★★★★★★

Top
Kids werden professionell betreut und wie in einem alpinen Wunderland unterhalten, während sich die Eltern etwa im Spa-Bereich entspannen.

Flop
Die Qualität der Therapeutinnen und Therapeuten schwankt.

Anreise
Autobahn bis Ausfahrt Zweisimmen, dann Landstrasse durchs Simmental via Zweisimmen nach Lenk. Im Ort den Wegweisern zum Hotel folgen.

Ambiente
★★★★★★
Manchmal fangen gelungene Hotelgeschichten so an: Es war einmal ein erfolgreicher Unternehmer, der ständig um die Welt reiste, mehr in Hotelbetten auf allen fünf Kontinenten nächtigte als zu Hause. Er sah, was funktioniert, erlebte oder besser erlitt, was stört. Und schliesslich ergriff er die Chance, die sich ihm zu Hause bot. Thomas Straumann hat sich den Traum vom eigenen Traumhotel erfüllt. Sein »Bellevue« ist der Rebell unter den Gstaader Nobelabsteigen: Während die lokale Konkurrenz in Ambiente

und Innenausstattung auf »Chalet toujours« setzt, hat sich das »Bellevue« mit grosser Konsequenz von der folkloristischen Schweizer Bergromantik gelöst und überrascht mit Avantgarde-Design, kleinen Hightech-Wundern und jenem wahren architektonischen Luxus, der Platz heisst. Trotz hohem Designanspruch fehlen die Zumutungen der ausgekühlten Moderne, und das Spa bietet fernöstliche Wellness und Entspannung auf höchstem Niveau. Hinzu kommen Aha-Erlebnisse aus Küche und Keller sowie ein unaufdringlich-effizienter Service.

Spa-Infrastruktur
★★★★★★
In japanischer Schlichtheit gestaltetes Spa auf 2500 Quadratmetern mit Hallenbad und spektakulärer Saunawelt, Fitnessraum, Personal Trainer, Gymnastik- und Entspannungslektionen, zahlreichen Behandlungsräumen für Body und Beauty.

Körperbehandlungen
★★★★★★
Klassische und fernöstliche Massagen, Shiatsu, Reiki, Breuss-Massage (Wirbelsäulentherapie), Klangschalenmassage, Lomi Lomi Nui, LaStone-Therapie, Lymphdrainage, Fussreflexzonenmassage, Osteopathie.

Beautyanwendungen
★★★★★★
Klassische und moderne Kosmetik, Entspannungsbäder, Peelings, Packungen, Wickel, Hand- und Fusspflege.

Freizeitangebot
★★☆☆☆☆
Fahrräder, Privatkino, Kinderspielzimmer, Guide für Velotouren und Wanderungen.

Lage und Umgebung
★★★★☆☆
In einer Parkanlage mit alten Bäumen am Dorfeingang. Zur Gstaader Fussgängerzone sind es wenige Schritte.

Grand Hotel Park 25

CH-3780 Gstaad
Tel. +41 (0)33 748 98 00
Fax +41 (0)33 748 98 08
www.grandhotelpark.ch
info@grandhotelpark.ch
Mitte Dezember bis Mitte
März und Mitte Juni bis Mitte
September geöffnet

Gesamtwertung: **50**/60

Zimmer
★★★★★★
57 geräumige, zen-artig gestaltete Doppelzimmer, Juniorsuiten und Suiten.

Essen und Trinken
★★★★★★
Internationale, regionale und thailändische Spezialitäten im Hotelrestaurant Coelho. Kreative Fine-Dining-Küche im schicken Gourmetrestaurant Prado. Stimmige Pianobar mit Smoker's Lounge, Live-Jazz-Bar 911.

Service
★★★★★★
Von Grund auf gut. Sonderwünsche haben beste Chancen.

Preise
EZ und DZ 380–720 Fr.
Juniorsuite/Suite 720–1900 Fr.
ohne Frühstück

Preis-Leistungs-Verhältnis
★★★★★★

Top
Zwei Aspekte stechen hervor: die zeitlos schlichte Innenarchitektur, die sich klar von der kurzlebigen Mainstream-Ästhetik und der Déjà-vu-Coolness vieler Designhotels unterscheidet, und das Spa, das zu den schönsten im Alpenraum gehört und die besten Therapeuten im Land beschäftigt. »In punkto Wellness kann man den Gästen nichts mehr vormachen«, ist Direktor Michel Wichman überzeugt. »Der Vielreisende kann heute die Qualität einer Behandlung einschätzen und professionelle Gesundheitsprogramme von faulem Wellness-Zauber unterscheiden.«

Flop
In einem Haus dieser Klasse könnte man Badezimmer mit separaten Toiletten erwarten.

Anreise
Autobahn bis Ausfahrt Zweisimmen, dann Landstrasse durchs Simmental via Zweisimmen und Saanen nach Gstaad. Das Hotel liegt gleich beim Dorfeingang links.

Ambiente
★★★★★★
Ein sehr gepflegtes Haus, das nicht mit übermütiger Innovation, sondern mit dezentem Luxus, solider Professionalität und ausgesprochen gastfreundlichen Mitarbeitern für sich einnimmt. Die Zimmer und Aufenthaltsräume sind grosszügig dimensioniert und wirken durch die warmen Farben und Materialien sehr gemütlich. Hoteldirektor Thomas Brugnatelli gibt jedem Gast das Gefühl, ein Freund des Hauses zu sein. Das im Sommer 2006 eröffnete Spa wurde in eleganter Schlichtheit gestaltet – die Hauptfarbe Lila ver-

bindet sich harmonisch mit den einheimischen Hölzern und silberfarbenen Mosaiksteinen.

Spa-Infrastruktur
★★★★★
1000 Quadratmeter Wellnessbereich mit Sole-Hallenbad (32 Grad), Freibad, nach Geschlechtern getrennter Sauna und Dampfbad, zehn Behandlungsräumen für Body und Beauty, Fitnessraum mit Personal Trainer, Entspannungs- und Gymnastiklektionen.

Körperbehandlungen
★★★★★☆
Klassische und fernöstliche Massagen, Lymphdrainage, Shiatsu, Tiefengewebsmassage, Hydrotherapie, Fussreflexzonenmassage, Gesundheits-Coaching, Anti-Aging-Programme.

Beautyanwendungen
★★★★★☆
Klassische und moderne Gesichtspflege, Packungen und Wickel, Peelings, Hand- und Fusspflege, Anti-Cellulite-Behandlungen.

Freizeitangebot
★☆☆☆☆☆
Begleitete Sportaktivitäten.

Lage und Umgebung
★★★★★★
In einer Gartenanlage oberhalb des Dorfzentrums, mit schönem Ausblick in die Bergwelt.

Zimmer
★★★★★☆
99 komfortable Zimmer und Suiten im edel-rustikalen Stil.

Essen und Trinken
★★★★★★
Moderne Marktküche und Klassiker der französischen Haute Cuisine im stilvoll-behagli-

chen Hotelrestaurant sowie im Gourmetlokal Le Grill.

Service
★★★★★★
Tadellos. Das hochmotivierte Team verbindet Professionalität mit Liebenswürdigkeit.

Preise
EZ und DZ 560–1140 Fr.
Suite 980–2180 Fr.
inkl. Frühstück

Preis-Leistungs-Verhältnis
★★★★★☆

Top
Der langjährige Concierge Luciano Ferrigolo zählt zu den besten seiner Zunft und müsste unter Denkmalschutz gestellt werden. Er ist die personifizierte Diskretion, seine Beziehung zu den Gästen basiert auf Respekt und Vertrauen. Die Gäste wissen, dass sie hier ihre Ruhe haben und nicht einen Tag nach ihrer Ankunft in den Klatschspalten stehen.

Flop
In der Hauptsaison im Winter eignet sich das »Grand Hotel Park« besser zum Träumen als zum Bezahlen.

Anreise
Autobahn bis Ausfahrt Zweisimmen, dann Landstrasse durchs Simmental via Zweisimmen und Saanen nach Gstaad. Beim Dorfeingang in den Umfahrungstunnel und den Wegweisern zum Hotel folgen.

Berner Oberland

Ermitage-Golf 26

CH-3778 Schönried-Gstaad
Tel. +41 (0)33 748 60 60
Fax +41 (0)33 748 60 67
www.ermitagegolf.ch
ermitagegolf@gstaad.ch
Ganzjährig geöffnet

Gesamtwertung: **51**/60

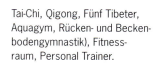

Ambiente
★★★★★★

Heiner Lutz und Laurenz Schmid gehören zu den wenigen visionären Hoteliers in der Schweiz, die mit Herzblut, Charme und rastlosem Perfektionsstreben vorleben, dass auch Hotels, die sich aus eigener Kraft rechnen müssen, konkurrenzfähige Häuser sein können. Seit Jahren rüsten sie ihr »Ermitage-Golf« kontinuierlich und aus erwirtschafteten Eigenmitteln auf. Das Ergebnis ist ein stolzes Chalethotel, das geprägt ist von leicht verspieltem, aber dennoch stilsicherem Alpen-Ambiente und einem sehr persönlichen Service. Die nachmittäglichen Kuchenbuffets und die gemütlich-komfortablen Gästezimmer lassen ebenso wenig Wünsche offen wie das breite Spektrum an Verwöhnbehandlungen. Zur täglich gelebten Wellnesskultur gehört hier, dass keine Kompromisse in Richtung Allerweltsbetrieb gemacht werden und das Haus auch in der Nebensaison nicht mit Heerscharen von Konferenz- und Workshop-Gästen gefüllt wird. Die ausgesprochen freundliche Crew ist bereit zu agieren und nicht bloss zu reagieren. Wer der inneren Ruhe näher kommen will, ist hier in besten Händen.

Spa-Infrastruktur
★★★★★★

1500 Quadratmeter Wellnessbereich mit Indoor-/Outdoor-Solbad (35 Grad), Freibad (28–31 Grad), Saunawelt, Serailbad, Rasulbad, Whirlpool, diversen Behandlungsräumen für Body und Beauty, Gymnastik- und Entspannungslektionen (Yoga, Tai-Chi, Qigong, Fünf Tibeter, Aquagym, Rücken- und Beckenbodengymnastik), Fitnessraum, Personal Trainer.

Körperbehandlungen
★★★★★☆

Klassische und fernöstliche Massagen, LaStone-Therapie, Lomi Lomi Nui, Lymphdrainage, Watsu, Shiatsu, Pantai Luar, Fussreflexzonenmassage, Hydrotherapie.

Beautyanwendungen
★★★★☆☆

Klassische Kosmetik, Entspannungsbäder, Peelings, Hand- und Fusspflege, Thalassoanwendungen, Packungen, Wickel, Coiffeur.

Freizeitangebot
★★★☆☆☆

Sandtennisplätze, Squashhalle, Beach-Volleyballplatz. Drei Ferien- und Sportbetreuer organisieren täglich sportliche Programme, Wanderungen und Ausflüge. Nordic Walking.

Lage und Umgebung
★★★★★☆

In einer Gartenanlage im Dorf, mit schönem Blick in die Bergwelt. Die Bergbahnen liegen fünf Gehminuten nah.

Zimmer
★★★★☆

Die 78 Zimmer, Juniorsuiten und Suiten bieten von alpinem Charme bis zu modernem Komfort heile Welt von gestern und heute.

Essen und Trinken
★★★★☆

Halbpensionsrestaurant mit schöner Terrasse, italienisches Gourmetlokal Da Capo, regionale Käsespezialitäten im »Fondue-Spycher«. Pianobar.

Service
★★★★★★

Ausgesprochen persönlich und motiviert.

Preise

EZ 155–245 Fr.
DZ 310–610 Fr.
Juniorsuite/Suite 430–980 Fr.
inkl. Halbpension

Preis-Leistungs-Verhältnis
★★★★★★

Top

Die neu renovierten Zimmer im modern interpretierten Saanenländer Landhausstil zählen zu den schönsten der Region.

Flop

Das Solbad ist öffentlich zugänglich, was an verregneten Wochenenden manchmal zu einem Massenandrang führt.

Anreise

Autobahn bis Ausfahrt Zweisimmen, dann Landstrasse durchs Simmental via Zweisimmen nach Schönried. Das Hotel liegt im Dorfzentrum an der Hauptstrasse.

Beatus 27

CH-3658 Merligen
Tel. +41 (0)33 252 81 81
Fax +41 (0)33 251 36 76
www.beatus.ch
info@beatus.ch
Ganzjährig geöffnet

Gesamtwertung: **46**/60

Ambiente
★★★★☆

Das göttlich direkt am Thunersee gelegene »Beatus« überrascht: Denn hinter und unter dem auf den ersten Blick etwas abstossenden Siebziger-Jahre-Betonriegel verbirgt sich ein äusserst angenehmes Hotel; und wenn man den ersten Schreck überwunden und es durch die Tür ins Innere geschafft hat, tut sich einem eine bemerkenswert warme und einladende Welt auf, in der Wasser, Wärme und Düfte Körper, Geist und Seele zum Lächeln bringen. Das »Zweithotel« der beiden engagierten Besitzer Heiner Lutz und Laurenz Schmid vereint die Qualitäten des Mutterhauses »Ermitage-Golf« in Schönried-Gstaad mit einer der schönsten Lagen in der Schweiz, und das weitläufige Spa mit dem spektakulären Aussen-Solbad lädt ebenso zum Wiederkommen ein wie die kulinarische Wellness, für die drei Restaurants mit wunderbarem Ausblick auf den See sorgen. Das »Beatus« ist die richtige Adresse für alle, die lustbetont etwas fürs Wohlbefinden tun und sich dabei nicht ruinieren wollen.

Spa-Infrastruktur
★★★★★★

1400 Quadratmeter Wellnessbereich mit Aussen-Solbad (35 Grad), Hallenbad, Whirlpool, Saunawelt, Fitnessraum, Personal Trainer, diversen Behandlungsräumen für Body und Beauty, Gymnastik- und Entspannungslektionen.

Körperbehandlungen
★★★★☆☆

Klassische und fernöstliche Massagen, LaStone-Therapie, Lymphdrainage, Pantai Luar,

Victoria-Jungfrau 28
CH-3800 Interlaken
Tel. +41 (0)33 828 28 28
Fax +41 (0)33 828 28 80
www.victoria-jungfrau.ch
interlaken@victoria-jungfrau.ch
Ganzjährig geöffnet

Gesamtwertung: **54**/60

Ambiente
★★★★★★

Das legendäre, bald 140-jährige Grandhotel am Fuss der Jungfrauregion paart klassischen Hotel-Glamour mit modernem Elan und bietet verschiedene Stimmungswelten unter einem Dach: Wer es gerne mondän, elegant und theatralisch mag, findet hier ebenso seine Traumwelt wie jene Gäste, die eine Atmosphäre der Leichtigkeit, Balance und Ruhe suchen. Trotz seines Status hat sich das »Victoria-Jungfrau« nie davon abhalten lassen, neue Trends zu setzen. Leistung und Angebot werden ständig ausgebaut. Das unlängst erweiterte Spa ist bereits jetzt ein neuer Klassiker – und was könnte es Besseres geben, als wenn ein Traditionshaus immer wieder neue Klassiker hervorbringt.

Fussreflexzonenmassage, Hydrotherapie.

Beautyanwendungen
★★★★☆☆

Klassische Kosmetik, Entspannungsbäder, Peelings, Hand- und Fusspflege, Thalassoanwendungen, Packungen, Wickel, Coiffeur.

Freizeitangebot
★★☆☆☆☆

Fahrräder, Pedalos, zahlreiche Wassersportarten, geführte Wanderungen.

Lage und Umgebung
★★★★★★

In einer Gartenanlage mit eigenem Hafen am Thunerseeufer.

Zimmer
★★★★☆☆

71 komfortable, etwas banal eingerichtete Zimmer und 4 Suiten. Die meisten Zimmer mit Balkon zum See.

Essen und Trinken
★★★★★☆

Grosses Halbpensionsrestaurant, Gourmetrestaurant Bel-Air, mediterrane Häppchen in der »Orangerie« mit Piano-Bar. Schöne Seeterrasse.

Service
★★★★☆☆

Freundlich, hin und wieder überfordert.

Preise
EZ 140–315 Fr.
DZ 250–620 Fr.
Suite 560–1130 Fr.
inkl. Halbpension

Preis-Leistungs-Verhältnis
★★★★★☆

Top
Der Erlebnisfaktor im dampfenden Aussen-Solbad mit Blick über den See ist sowohl im Sommer wie im Winter ausserordentlich.

Flop
Das etwas abstossende Äussere des Hotels kann für ein leicht beklemmendes Gefühl bei der Ankunft sorgen. Lassen Sie sich nicht abschrecken!

Anreise
Autobahn bis Ausfahrt Thun Nord/Gunten, dann Landstrasse Richtung Interlaken. Das Hotel ist nicht zu verfehlen.

Essen und Trinken
★★★★★★
Französisches Gourmetrestaurant La Terrasse, modern interpretierte Schweizer Küche in der »Jungfrau Brasserie«, italienische Köstlichkeiten in der »La Pastateca«.

Service
★★★★★★
Höchst anspruchsvoll und zugleich ausgesprochen entspannt. Die Philosophie für Gäste und Mitarbeiter: »Be yourself.« Alles ist möglich.

Preise
EZ 300–650 Fr.
DZ 400–760 Fr.
Suite 710–4400 Fr.
ohne Frühstück

Preis-Leistungs-Verhältnis
★★★★★★

Top
Die liebenswerte Crew bringt es fertig, dass der Gast sich vor lauter Glück nur noch wünscht, von hier nicht mehr fort zu müssen.

Flop
Nicht immer kommt man als privater Einzelgast reibungslos an den Grossveranstaltungen im Haus vorbei.

Anreise
Autobahn bis Interlaken. Ortszentrum anpeilen und den Wegweisern zum Hotel folgen. Das »Victoria-Jungfrau« liegt unübersehbar vis-à-vis der Höhenmatte.

Spa-Infrastruktur
★★★★★★
5500 Quadratmeter Wellnessbereich mit Hallenbad, Aussen-Solebad, diversen Saunas und Dampfbädern, Private Spa, Fitness- und Gymnastikraum, Personal Trainer, Gymnastik- und Entspannungslektionen (Tai-Chi, Qigong, Aerobic, Power Yoga, Rückengymnastik usw.), zahlreichen Behandlungsräumen für Body und Beauty.

Körperbehandlungen
★★★★★★
Klassische und fernöstliche Massagen, Shiatsu, balinesische Massage, LaStone-Therapie, Hydrotherapie, ayurvedisch inspirierte Behandlungen, Reflexzonentherapie, Anti-Stress-Rituale, Gesundheits-Coaching.

Beautyanwendungen
★★★★★★
Klassische und moderne Gesichtspflege, Entspannungsbäder, Peelings, Packungen, Wickel, Hand- und Fusspflege, Coiffeur.

Freizeitangebot
★★☆☆☆☆
Tennishalle, Kinderbetreuung, Outdoor-Programme.

Lage und Umgebung
★★★★☆☆
Im Ortszentrum, mit Blick auf das Jungfraumassiv.

Zimmer
★★★★★★
212 luxuriöse Zimmer, Juniorsuiten und Suiten in verschiedenen Varianten und Stilen.

Westschweiz und Wallis

La Réserve 29

CH-1293 Genf-Bellevue
Tel. +41 (0)22 959 59 59
Fax +41 (0)22 959 59 60
www.lareserve.ch
info@lareserve.ch
Ganzjährig geöffnet

Gesamtwertung: **52**/60

Ambiente
★★★★★★

Am Eingangstor zur Hotelzufahrt weist nur ein diskreter Schriftzug darauf hin, dass hinter den hohen Mauern und alten Bäumen nicht eine alte Genfer Familie im Ruhestand logiert, sondern betuchte Hotelgäste aus aller Welt. Genauso »sophisticated« ist das Interieur, das vom französischen Innenarchitekten Jacques Garcia (»Costes«, Paris) in verführerischer Opulenz durchgestaltet wurde und moderne Grossstadtmenschen in eine eklektisch gestaltete Szenografie voller exzentrischer Accessoires entführt. Wohin man blickt, stehen kupferne Elefanten, Jagdtrophäen, Lampen in Form von Vögeln und Nilpferden. An den Wänden hängen ganze Schmetterlingssammlungen, und die Büsche im Park wurden in Form von Giraffen geschnitten. Alles, was als hoteltypisch auffallen könnte, wurde vermieden. Schon die Lobby-Lounge sagt dem Eintretenden höflich, aber bestimmt: Ich bin kein normales Hotel, und du bist hoffentlich auch kein normaler Gast! Der kostenlose Schiffs-Shuttle ins Stadtzentrum ist ein Hit; die beiden Restaurants sind bevölkert mit einheimischen Trendsettern und dienen als Schnittstelle zur grossen, weiten Welt.

Spa-Infrastruktur
★★★★★★

Ästhetisch herausragendes, 2000 Quadratmeter grosses Spa mit Hallenbad, Freibad, Sauna, Dampfbad, zahlreichen Behandlungsräumen für Body und Beauty, Fitnessraum, Personal Trainer, Gymnastik- und Entspannungslektionen (Pilates, Yoga, Aquagym, Stretching usw.).

Körperbehandlungen
★★★★★☆

Klassische und fernöstliche Massagen, ayurvedische Behandlungen, Shiatsu, balinesische Massage, Tuina, Anti-Cellulite-Behandlungen, Lymphdrainage, Akupunktur.

Beautyanwendungen
★★★★★★

Umfangreiches Beautyangebot mit der ganzen Palette an Gesichtsbehandlungen, Entspannungsbädern, Packungen, Peelings, Hand- und Fusspflege, Coiffeur.

Freizeitangebot
★★★☆☆☆

Diverse Wassersportarten am Privatstrand, zwei Tennisplätze, grosser Kinderspielplatz, Kinderbetreuung.

Lage und Umgebung
★★★★☆☆

In einem vier Hektar grossen Park mit hundertjährigen Zedern und Blick auf den Genfersee. Der Privatstrand ist durch eine

Grand Hôtel des Bains 30

CH-1400 Yverdon-les-Bains
Tel. +41 (0)24 424 64 64
Fax +41 (0)24 424 64 65
www.grandhotelyverdon.ch
reservation@grandhotel-yverdon.ch
Ganzjährig geöffnet

Gesamtwertung: **33**/60

Ambiente
★★★☆☆☆

Von aussen strahlt die teilweise aus historischen Gebäuden bestehende Anlage eine gewisse Grandezza aus, im Innern dominieren die achtziger Jahre. Die Stimmung ist locker, der Gästemix vielfältig: von der Oma auf Reha-Urlaub über junge Pärchen bis zum Kongressteilnehmer ist alles vertreten.

Spa-Infrastruktur
★★★☆☆☆

Kleines Aussen-Thermalbad im Hotel (34 Grad), private Spa-Suite. Direkte Verbindung zum öffentlichen Thermalzentrum mit zwei Aussenbädern, Sauna, Dampfbädern, Fitnessraum, Gymnastiklektionen, medizinischem Zentrum und physikalischer Therapie.

Körperbehandlungen
★★★★★☆

Im »Centre Thermal« (im Bademantel vom Hotelzimmer zu erreichen): klassische und fernöstliche Massagen, Lymphdrainage, Akupressur, Shiatsu, LaStone-Therapie, Fussreflexzonenmassage, Hydrotherapie, medizinische Check-ups.

Unterführung unter der Seestrasse erreichbar. 5 km vom Genfer Stadtzentrum entfernt.

Zimmer
★★★★★★

85 stilsicher modern gestaltete Zimmer und 17 Suiten, die meisten mit Balkon oder Terrasse.

Essen und Trinken
★★★★★★

Trendig im Kolonialstil gestaltetes Restaurant Le Loti mit italienisch-französischer Gourmetküche. Schickes chinesisches Restaurant Le Tse Fung. Die Bar-Lounge (wochenends mit hoteleigenem DJ) ist ein Treffpunkt der Genfer Schickeria und ersetzt eine Woche Trendforschung.

Service
★★★★★★

Ein legeres Lebensgefühl mit herausragendem Service zu verbinden ist ungefähr so leicht, wie Wasser und Öl zu mischen.

Der »Réserve«-Crew gelingt dies scheinbar mühelos.

Preise

EZ 450–590 Fr.
DZ 620–990 Fr.
Juniorsuite/Suite 890–7500 Fr.
ohne Frühstück

Preis-Leistungs-Verhältnis
★★★★☆☆

Top
Einladende Bibliothek mit grosser Auswahl an Bildbänden über Kunst, Architektur, Tierwelt und ferne Länder.

Flop
Die vielbefahrene Seestrasse vor der Hotelanlage ist ziemlich laut.

Anreise
Vom Zentrum von Genf auf der Seestrasse Richtung Lausanne. Bei der Abzweigung (Ampel) Versoix/Aéroport links. Die Hoteleinfahrt befindet sich nach wenigen Metern rechts.

Beautyanwendungen
★★★★
Im »Centre Thermal«: klassische Kosmetik, Entspannungsbäder, Peelings, Packungen, Thalassoanwendungen, Fango, Hand- und Fusspflege.

Freizeitangebot
Kein spezifisches Angebot.

Lage und Umgebung
★★★
In einem kleinen Park fünf Gehminuten vom Ortszentrum entfernt.

Zimmer
★★★
120 eher einfache, teilweise renovationsbedürftige Zimmer. Neu hinzugekommen sind 20 Zimmer im historischen Stil (im Château-Teil des Hotels).

Essen und Trinken
★★★
Französisch inspirierte Gerichte im Restaurant Pavillon und in der Brasserie. Lounge-Bar in der Kuppel des historischen Empfangsgebäudes.

Service
★★★★
Routiniert freundlich.

Preise
EZ 200–280 Fr.
DZ 280–480 Fr.
inkl. Frühstück

Preis-Leistungs-Verhältnis
★★★★★

Top
Die professionelle Betreuung bei Rückenproblemen, Erkrankungen des Bewegungsapparates, Abnutzung der Gelenke und der Wirbelsäule sowie traumatischen Sportverletzungen.

Flop
Atmosphärisch erinnert zu viel an ein Seminarhotel, zu wenig an Ferien.

Anreise
Autobahn Bern–Lausanne bis Ausfahrt Yverdon Süd, dann 2 km Richtung Zentrum Yverdon-les-Bains bis zur gut signalisierten Einfahrt des »Grand Hôtel des Bains«.

54 Westschweiz

Beau-Rivage Palace   31

CH-1000 Lausanne 6
Tel. +41 (0)21 613 33 33
Fax +41 (0)21 613 33 34
www.brp.ch
reservation@brp.ch
Ganzjährig geöffnet

Gesamtwertung: **55**/60

Ambiente
★★★★★★

Im nostalgischen Hotelbau aus dem 19. Jahrhundert muss man nicht in Erinnerungen schwelgen, will man sich zu entspannenden Tagen inspirieren lassen. Wie es scheint, hat sich die Hotel-Diva kurzerhand selbst in den Jungbrunnen plumpsen lassen, und das hatte im Wesentlichen zwei Antriebe: eine Eigentümerfamilie, die bereit ist, auf die Zukunft zu setzen, und einen jungen Direktor, der klare Vorstellungen davon hat, wie Grandhotel-Glamour modern zu interpretieren ist. Die Eröffnung des schlicht modern gestalteten »Cinq Mondes Spa« im Herbst 2005 hat viel dazu beigetragen, dass man heute in diesem Weltklassehaus einen ganz zeitgemässen Energiefluss spüren kann.

Spa-Infrastruktur
★★★★★★

1500 Quadratmeter im puristischen Asienstil: Hallenbad, Freibad, grosses Sprudelbecken, Dampfbad und Sauna (jeweils getrennt für Damen und Herren), acht Behandlungsräume für Body und Beauty, Fitnessraum mit Blick auf den See, Personal Trainer. Exklusive Spa-Suite mit eigenem Aroma-Hamam, japanischem Duftblütenbad und Privatgarten.

Körperbehandlungen
★★★★★★

Das Entspannungskonzept des jungen Spa-Labels »Cinq Mondes« vereint traditionelle Körperbehandlungen aus verschiedenen Regionen der Welt. Gut geschulte Mitarbeiter sorgen für Entspannung bei klassischen Teil- und Ganzkörpermassagen, Shiatsu, ayurvedischen Massagen, balinesischen Massagen, Thaimassagen usw.

Beautyanwendungen
★★★★★★

Spezialität sind die von anderen Kulturen inspirierten Schönheitsanwendungen. Dazu steht das ganze Beauty-ABC zur Verfügung: individuelle Hautdiagnose, Maniküre und Pediküre, orientalische Epilation, Entspannungsbäder, Coiffeur. Alle »Cinq Mondes«-Pflegeprodukte sind silikon- und mineralölfrei und enthalten keine tierischen Inhaltsstoffe oder künstlichen Farbstoffe.

Freizeitangebot
★★☆☆☆☆

Kinderspielplatz, zwei Aussen-Tennisplätze, Tennisunterricht, Yoga- und Aquagym-Lektionen.

Lage und Umgebung
★★★★★★

In einer vier Hektar grossen Parkanlage an der Seestrasse, mit herrlichem Blick auf Genfersee und Berge. Mit der Métro fünf Minuten ins Stadtzentrum.

Zimmer
★★★★★★

169 luxuriöse, sehr unterschiedlich gestaltete Zimmer, Juniorsuiten und Suiten.

Essen und Trinken
★★★★★★

Moderne französische Gourmetküche im Restaurant La Rotonde, gut gemachte Brasserie-Küche im »Café Beau-Rivage«. Beide Lokale mit sehr schönen Sommerterrassen. Zwei Bars.

Service
★★★★★★

Alles läuft mit selbstverständlicher Professionalität ab. Eine Bewegung geht so perfekt in

Lausanne Palace 32

CH-1002 Lausanne
Tel. +41 (0)21 331 31 31
Fax +41 (0)21 323 25 71
www.lausanne-palace.com
reservation@lausanne-palace.ch
Ganzjährig geöffnet

Gesamtwertung: **49**/60

die andere über, als blicke man ins Werk einer »Grande Complication« von Patek Philippe.

Preise
EZ 440–780 Fr.
DZ 470–780 Fr.
Juniorsuite/Suite 990–6000 Fr.
Frühstück 39 Fr. pro Person

Preis-Leistungs-Verhältnis
★★★★★☆

Top
Das »Cinq Mondes Spa« ist bei der Auswahl der Therapeuten sehr selektiv. Engagiert werden nur Menschen mit einer gesunden Intuition und dem »toucher juste«, dem guten Druck an den richtigen Stellen.

Flop
Die Kalkulation der formidablen Weinkarte regt nicht unbedingt zu Ausschweifungen an.

Anreise
Autobahnausfahrt Lausanne Süd, dann der Richtung Maladière/Ouchy. Am Kreisel von La Maladière erste Strasse rechts Richtung Ouchy. Ca. 2 km der Avenue de la Rhodanie folgen und beim schlossartigen Gebäude links in die Avenue d'Ouchy einbiegen. Dann gleich die erste Strasse rechts (beschildert).

Ambiente
★★★★★★

Das Grandhotel im Herzen von Lausanne gibt sich einerseits traditionsbetont, zeigt aber andererseits Ambitionen auf das gewisse Etwas. Die hochfrequentierten Restaurants und Bars sind lebhafte Orte des Sehens und Gesehenwerdens. Das Publikum, halb Hotelgäste aus aller Welt und halb Einheimische, weiss sich in Szene zu setzen. Atmosphärisch aufgemuntert von »Maître de plaisir« Jean-Jacques Gauer und seinem motivierten Team, bekommt man stets das Gefühl, es gelte etwas zu feiern.

Spa-Infrastruktur
★★★★★☆

Einladender Wellnessbereich mit Hallenbad, Sauna, Dampfbad, Whirlpool, zahlreichen Behandlungsräumen für Body und Beauty, Fitnessraum, Personal Trainer, Gymnastik- und Entspannungslektionen.

Körperbehandlungen
★★★★★★

Klassische und fernöstliche Massagen, ayurvedische Behandlungen, Reiki, Akupunktur, LaStone-Therapie, Thaimassage, Shiatsu, Lymphdrainage, Rasul.

Beautyanwendungen
★★★★★★

Klassische und fernöstliche Schönheitspflege in vielen Varianten (auch speziell für Männer), Gesichtsakupunktur, Entspannungsbäder, Hand- und Fusspflege, Peelings, Packungen, Anti-Cellulite-Behandlungen, Thalassoanwendungen, Medical Beauty.

Freizeitangebot
★☆☆☆☆☆

Sehr stimmige (und sehr angesagte) Diskothek Red Club.

Lage und Umgebung
★★★★☆☆

Im Stadtzentrum, mit Blick auf den Genfersee.

Zimmer
★★★★☆☆

122 komfortable, sehr unterschiedliche Zimmer, 15 Juniorsuiten und 15 Suiten.

Essen und Trinken
★★★★★★

Gourmetrestaurant La Table d'Edgard (1 Michelin-Stern), mediterrane Spezialitäten im

Top
Für ein gutes Spa braucht es zum einen eine ästhetische und technisch herausragende Infrastruktur, zum anderen den richtigen menschlichen »Touch«. Emeline Gauer beseelt die hohen Investitionen mit persönlicher Leidenschaft und beeindruckender Sachkenntnis. Mit ausgetüftelten Regenerationsprogrammen für Körper und Seele beschreitet sie neue Wege in Sachen Wellness, Beauty und ganzheitlicher Wohlfühlkultur. Ihr Faible für feinfühlige Therapeuten trägt dazu bei, dass das »Lausanne Palace« in Sachen Wellness fit für die Zukunft ist.

Flop
Manche Zimmer bedürfen einer baldigen Renovation.

Anreise
Lausanne-Cité/Place Saint-François anpeilen und in die Rue du Grand-Chêne einbiegen. Das Hotel liegt 50 m westlich der Place Saint-François.

»Coté Jardin« mit hübscher Terrasse, Brasserie. Klassische Hotelbar, trendige Bar-Lounge mit Livemusik.

Service
★★★★★★
»Man dient nicht im Gastgewerbe, man will Freude bereiten.« Die Philosophie des Hoteldirektors Jean-Jacques Gauer ist im ganzen Haus spürbar.

Preise
EZ 410–620 Fr.
DZ 515–725 Fr.
Juniorsuite/Suite 775–2905 Fr.
Frühstück 38 Fr. pro Person

Preis-Leistungs-Verhältnis
★★★★★

Trois Couronnes 33
CH-1800 Vevey
Tel. +41 (0)21 923 32 00
Fax +41 (0)21 923 33 99
www.hoteldestroiscouronnes.com
info@hotel3couronnes.ch
Ganzjährig geöffnet

Gesamtwertung: **48**/60

Ambiente
★★★★★★
Das als historisches Monument klassierte Grandhotel blickt seit dem Jahr 1842 über den Lac Léman – länger als alle anderen Hotelpaläste in der tourismushistorisch geadelten Region. Und obwohl es nicht leicht ist, sich neben Lausannes nahe gelegenen Glamourhäusern »Montreux Palace« und »Beau-Rivage Palace« zu behaupten, haben viele neue Gäste das »Trois Couronnes« für sich entdeckt. Es erfüllt alle Ansprüche an ein Fünfsternehotel, die Zimmer präsentieren sich in einer ungewöhnlichen Verknüpfung von Tradition und Moderne, und der Wellnessbereich mit Hallenbad und Fitnessraum ist wunderbar schlicht gestaltet und verfügt über feinsinnige Therapeuten für Beauty und Body. Keine Extravaganz. Aber alles ist da und nichts, wirklich kein Detail geschmacklos. Stattdessen: durchgehend klassisch-moderne Eleganz und eine souveräne Gelassenheit im Service, die man in den überall spriessenden, oft etwas angestrengt wirkenden Konzepthotels vergeblich sucht. Auch das Restaurant strahlt eine atmosphärische Ruhe aus, die sich auf die Gäste

überträgt. Die Küche – marktfrisch französisch – spricht alle Sinne an, ohne sie zu überreizen und zu bestürmen. Hier ist das Gute im Gleichmass. Und vielleicht ist das der Grund, warum man sich im »Trois Couronnes« eben buchstäblich wie zu Hause fühlt.

Spa-Infrastruktur
★★★★☆☆

In japanischer Schlichtheit gestaltetes Spa mit Hallenbad, Sprudelbad, Dampfbad, Sauna, vier Behandlungsräumen für Body und Beauty, Fitnessraum, Personal Trainer, Gymnastikkurse, Aquagym, Aquajogging, Pilates- und Yoga-Lektionen.

Körperbehandlungen
★★★★☆☆

Klassische und fernöstliche Massagen, Fussreflexzonenmassage, LaStone-Therapie, Thaimassage, Rasul.

Beautyanwendungen
★★★★★☆

Klassische und moderne Gesichtsbehandlungen, Hand- und Fusspflege, Entspannungsbäder, Wickel, Packungen und Peelings.

Freizeitangebot
★☆☆☆☆☆

Tanzkurse.

Lage und Umgebung
★★★★★★

An fantastischer Panoramalage hinter der (wenig befahrenen) Uferpromenade.

Zimmer
★★★★★☆

53 geräumige Zimmer und Suiten, edel und dennoch gemütlich.

Essen und Trinken
★★★★★

Fein zubereitete französische Marktküche, serviert in sehr schönen historischen Räumen oder auf der herrlichen Terrasse. Einladende Bar-Lounge.

Service
★★★★★★

Das Hotelteam strahlt ungezwungene Spontaneität aus.

Preise
EZ 295–395 Fr.
DZ 395–495 Fr.
Suite 790–1790 Fr.
inkl. Frühstück

Preis-Leistungs-Verhältnis
★★★★★★

Top
Die grosse Panoramaterrasse zählt zu den schönsten am ganzen Genfersee. In bequemen Fauteuils sitzend, sieht man links die Walliser Bergriesen und rechts die steil zum See abfallenden Weinberge des Lavaux. Im Rücken liegt die hübsche Altstadt von Vevey; vor einem breitet sich der Genfersee in fast seiner gesamten Länge aus. Evian grüsst auf der gegenüberliegenden Seeseite; zum Schiffsanlegesteg sind es wenige Schritte.

Flop
Manche Korridore in Randregionen des historischen Gebäudes sind etwas grenzwertig.

Anreise
Autobahn Lausanne–Simplon bis Ausfahrt Vevey, die Stadt auf der Hauptstrasse Richtung Montreux durchqueren und beim Rondell am See Richtung »Centre« bzw. in die Rue d'Italie einbiegen.

Le Mirador Kempinski 34

CH-1801 Mont-Pèlerin
Tel. +41 (0)21 925 11 11
Fax +41 (0)21 925 11 12
www.lemirador.com
mirador@attglobal.net
Ganzjährig geöffnet

Gesamtwertung: **50**/60

Ambiente
★★★★★☆

Das 1910 erbaute »Mirador« bietet die Ambiance eines eleganten Landsitzes und eine der atemberaubendsten Aussichten der Schweiz. Es bietet sich als Hotel zum Regenerieren – mit einem edlen Spa – und zum Konferieren – mit 19 Konferenzräumen und exklusiven Boardrooms – an, was in der Regel zum schwierigen Spagat wird. Baulich ist die Anlage jedoch so konzipiert, dass Wellness- und Businessgäste gut aneinander vorbeikommen. Kontinuierliche Erneuerungen in allen Bereichen sorgen dafür, dass nichts angestaubt wirkt.

Spa-Infrastruktur
★★★★☆☆

1400 Quadratmeter Wellnessbereich mit Indoor-/Outdoorpool, Sauna und Dampfbad (jeweils getrennt für Damen und Herren), Whirlpools, Fitnessraum (28 Trainingsmaschinen), Personal Trainer, Wassergymnastik, Entspannungslektionen, neun Behandlungsräumen für Body und Beauty (alle mit Blick auf See und Alpen). Ebenfalls in der Hotelanlage: auf Biomolekularmedizin spezialisiertes Zentrum und Zentrum für Diäten.

Körperbehandlungen
★★★★★★

Klassische und fernöstliche Massagen, LaStone-Therapie, Lomi Lomi Nui, Lymphdrainage, Ylang-Ylang-Massage mit vier Händen, Anti-Stress-Programme, Hydrotherapie, Fussreflexzonenmassage.

Beautyanwendungen
★★★★★★

Breite Palette an Schönheitspflege, Anti-Aging-Behandlungen, Algen-, Kräuter- und Schlammpackungen, Entspannungsbäder, Hand- und Fusspflege, Peelings, Wickel, Coiffeur.

Raffles 35
Le Montreux Palace
CH-1820 Montreux
Tel. +41 (0)21 962 12 12
Fax +41 (0)21 962 17 17
www.montreux-palace.com
emailus.montreux@raffles.com
Ganzjährig geöffnet

Gesamtwertung: **54**/60

Freizeitangebot
★☆☆☆☆
Tennis- und Volleyballplätze, Indoor-Golf, Nordic Walking.

Lage und Umgebung
★★★★★★
Auf dem Mont-Pèlerin ob Vevey. Mit sagenhaftem Blick auf die Alpen und über den Genfersee, auf 800 Metern über Meer.

Zimmer
★★★★★☆
73 komfortable Zimmer, Juniorsuiten und Suiten. Fast alle Zimmer haben Seeblick.

Essen und Trinken
★★★★★★
Mediterrane Gourmetküche im festlichen »Le Trianon« (1 Michelin-Stern), leichte mediterrane Gerichte im legeren Zweitrestaurant Le Patio mit grosser Terrasse, Schweizer Käsespezialitäten im rustikalen »Chalet«. Pianobar.

Service
★★★★★★
Der Service unter Hoteldirektor Eric Favre erfreut mit Herzlichkeit, Aufmerksamkeit und kaum zu überbietender Professionalität.

Preise
EZ 280–690 Fr.
DZ 380–790 Fr.
Juniorsuite/Suite 990–4600 Fr.
Frühstück 35 Fr. pro Person

Preis-Leistungs-Verhältnis
★★★★★

Top
Küchenchef Peter Knogl kocht entschlossener denn je gegen das erhabene Panorama an. Seine mediterran inspirierten Menüs kann man nur anders, aber nicht besser machen.

Flop
Die für Tagungsteilnehmer konzipierten Zimmer im Neubau präsentieren sich im international austauschbaren Kettenhotel-Look.

Anreise
Autobahn Lausanne–Simplon bis Ausfahrt Vevey, links abbiegen zum Kreisverkehr und immer den braunen Wegweisern »Plein Ciel/Mont-Pèlerin« folgen.

Ambiente
★★★★★★
Mangelnde »Frischzellenzufuhr« lässt Hotels schneller altern als fast jedes andere Produkt. Ein ausgezeichnetes Beispiel, wie sich umgekehrt die stete Pflege eines feinen Domizils mit grandioser Geschichte auszahlt ist das »Montreux Palace«. Der junge Hoteldirektor Michael Smithuis behält die Tradition des strahlenden Belle-Epoque-Palasts aus dem Jahr 1906 immer im Auge und befördert sie mit wachem Sinn für Modern und Trends in die Gegenwart. Nach der konsequenten Verjüngung der letzten Jahre punktet das

Haus mit besten Noten in allen relevanten Bereichen. Smithuis polierte den gastronomischen Bereich auf und begeistert mit Einfallsreichtum, Gastfreundlichkeit und klugem Kalkül. Der Erlebnischarakter der weitläufigen Gesamtanlage ist ausserordentlich, die 235 Zimmer und Suiten sind durchwegs renoviert und mit modernsten Hightech-Einrichtungen ausgestattet; der Wellnessbereich zählt zu den besten im Land.

Spa-Infrastruktur
★★★★★★
2000 Quadratmeter Wellnessbereich mit Hallenbad, Freibad, Whirlpool, Saunawelt, betreutem Fitnessraum, Personal Trainer, zehn Behandlungsräumen für Body und Beauty, Yogakurse, Wassergymnastik, Gymnastiklektionen.

Körperbehandlungen
★★★★★★
Klassische und fernöstliche Massagen, ayurvedische Behandlungen, Hydrotherapie,

Anti-Cellulite-Behandlungen, LaStone-Therapie, Lomi Lomi Nui, Thaimassage, Shiatsu, Entspannungsrituale.

Beautyanwendungen
★★★★★★
Komplettes Schönheitspflegeprogramm, Entspannungsbäder, Hand- und Fusspflege, Peelings, Packungen, Wickel.

Freizeitangebot
★☆☆☆☆☆
Outdoor-Programme.

Lage und Umgebung
★★★★★☆
Majestätisch an der Seestrasse.

Zimmer
★★★★★★
235 geräumige, heiter stimmende Zimmer, Juniorsuiten und Suiten.

Essen und Trinken
★★★★★★
Gourmetrestaurant Jaan (1 Michelin-Stern), gute Marktküche in der »Brasserie du Palace«, leichte Sommergerichte auf der grossen Seeterrasse des »Petit Palais«. »Harry's New-York-Bar« mit Livemusik, Pianobar.

Service
★★★★★★
Die hoch motivierte Crew ist bereit zu agieren und nicht bloss zu reagieren.

Preise
EZ 350–610 Fr.
DZ 470–730 Fr.
Juniorsuite/Suite 900–3500 Fr.
ohne Frühstück

Preis-Leistungs-Verhältnis
★★★★★★

Top
Die Gesamtästhetik ist einmalig. Selten ist ein Grandhotel in einem so einheitlichen Stil durchgestaltet wie hier.

Flop
Die viel befahrene Seestrasse vor dem ansonsten wunderbar gelegenen Hotel.

Anreise
Autobahn Vevey–Simplon bis Ausfahrt Montreux, zur Seestrasse hinunter und dort links. Das Hotel liegt unübersehbar an der Seestrasse im Ortszentrum.

Hôtel des Bains de Saillon 36

CH-1913 Saillon
Tel. +41 (0)27 743 11 12
Fax +41 (0)27 744 32 92
www.bainsdesaillon.ch
hoteldesbains@zghotels.ch
Ganzjährig geöffnet

Gesamtwertung: **35**/60

Ambiente
★★★☆☆
Trotz Bustourismus und hohem Anteil an Krankenkassengästen sowie banaler Aussen- und Innenarchitektur im Stil der achtziger Jahre herrscht hier eine angenehm entspannte Atmosphäre. Das unprätentiöse Hotel will nicht mehr scheinen, als es ist, und einfach ein gutes Kurerlebnis mit breitem Angebot an Bädern und professionellen Therapien in schöner Natur bieten.

Spa-Infrastruktur
★★★★☆
Innen- und Aussen-Thermalbad (beide 34 Grad), zwei Freibäder (28 und 34 Grad), drei Dampfbäder, zwei Saunas, Whirlpool, Fitness- und Gymnastikraum, Aerobic- und Entspannungslektionen, Wassergymnastik, Behandlungsräume für Body und Beauty. Medizinalzentrum mit spezialisierten Ärzten, Abmagerungskuren, Rückenschule, Ernährungsberatung.

Körperbehandlungen
★★★★☆
Klassische Massagen, Shiatsu, Hydrotherapie, Lymphdrainage, Anti-Cellulite-Behandlungen, Medical Wellness.

Beautyanwendungen
★★☆☆☆
Schönheitsfarm mit klassischen Kosmetikanwendungen, Fango, Hand- und Fusspflege, Coiffeur.

Freizeitangebot
★★☆☆☆
Fahrradverleih, Kinderspielplatz, geführte Rebwanderungen und Weindegustationen.

Lage und Umgebung
★★★★★☆
Freistehend im offenen Walliser Rhonetal, umgeben von Obstgärten und Rebbergen auf 460 Metern über Meer. Das Hotel ist ein idealer Ausgangspunkt für Wanderer und Velofahrer: Beim Haus führt der 50 Kilometer lange, fast ebene »Weg durch den Weinberg« (von Leuk im oberen Teil bis Fully am Rhoneknie) vorbei.

Zimmer
★★★☆☆
71 unspektakuläre Zimmer und Suiten. Vermietung von Ferienwohnungen und Studios.

Essen und Trinken
★★★☆☆

Walliser und Schweizer Spezialitäten, auf Wunsch Diätmenüs. Pianobar.

Service
★★★★☆☆

Freundlich und hilfsbereit, mit kleinen Nachlässigkeiten.

Preise
EZ 145–180 Fr.
DZ 205–255 Fr.
Suite 345 Fr.
inkl. Frühstück

Preis-Leistungs-Verhältnis
★★★★★☆

Top
Landschaftsanbeter kommen hier voll auf ihre Kosten – allein schon der Anblick der Weinberge ist spektakulär.

Flop
Die Seminarveranstaltungen im Haus sind dem Wellbeing-Gefühl nicht zuträglich.

Anreise
Autobahn Lausanne–Simplon bis Ausfahrt Saxon/Fully, dann Landstrasse Richtung Chamoson bis Saillon. Das rosafarbene Hotel liegt unübersehbar in der Reblandschaft.

Les Sources des Alpes   37
CH-3954 Leukerbad
Tel. +41 (0)27 472 20 00
Fax +41 (0)27 472 20 01
www.sourcesdesalpes.ch
sources@relaischateaux.com
Mitte Dezember bis Anfang November geöffnet

Gesamtwertung: **43**/60

Ambiente
★★★★★★

So stellt man sich einen Ort zum Kurieren von Burnout-Symptomen vor: Das alpine Stilleben und die absolute Ruhe sind Kraftspender für Kopf und Gefühl. Wenn die Kunst des Loslassens die Vorstufe zur Kunst der Veränderung ist, dann liesse es sich hier beweisen. Das kleinste Grandhotel der Schweiz, mit 30 geräumigen Zimmern und weitläufigem Bade-, Therapie- und Schönheitsbereich, hat seine Anlage genau darauf ausgerichtet. Gäste, die sich auf luxuriöse Art von der Alltagshektik erholen und die Langsamkeit genussvoll wiederentdecken wollen, sind die wichtigste Klientel des Hauses.

Kein Zufall, dass das »Les Sources des Alpes« nicht von üppigen Dekorationen und Scheinwelten lebt, sondern von zeitlos schlichter Ästhetik und einer in Vollendung abgestimmten Materialkultur. Kein Zufall auch, dass die Therapeuten herausragend sind und die Massagen jenseits der leider so verbreiteten dilettantisch ausgeführten »Ölstreicheleien«. Man kann hier aber auch einfach eine Runde in der Natur drehen und dabei einen tiefen Zug von der frischen Bergluft und der für die meisten so ungewohnten Stille nehmen.

Spa-Infrastruktur
★★★★☆☆

Eleganter Wellnessbereich mit Innen- und Aussenthermalbad, Sauna, Dampfbad, Fitnessraum, diversen Behandlungsräumen

Lindner Hotels & Alpentherme 38

CH-3954 Leukerbad
Tel. +41 (0)27 472 10 00
Fax +41 (0)27 472 10 01
www.lindnerhotels.ch
info@lindnerhotels.ch
Ganzjährig geöffnet

Gesamtwertung: **35**/60

für Body und Beauty, Wassergymnastik, Tai-Chi-Lektionen.

Körperbehandlungen
★★★★☆☆
Klassische und fernöstliche Massagen in konstanter überdurchschnittlicher Qualität, LaStone-Therapie, Lomi Lomi Nui, Lymphdrainage, Reiki, ayurvedische Behandlungen.

Beautyanwendungen
★★★★☆☆
Beauty-Farm Maria Galland mit klassischen Gesichtsbehandlungen, Entspannungsbädern, Packungen und Wickel, Hand- und Fusspflege, Fango- und Thalassoanwendungen.

Freizeitangebot
Kein spezifisches Angebot.

Lage und Umgebung
★★★★★☆
In einer Gartenanlage im oberen Dorfteil.

Zimmer
★★★★★☆
22 komfortable Zimmer (ab 34 Quadratmeter), 4 Juniorsuiten und 4 Suiten (bis 70 Quadratmeter) in sanften Pastelltönen.

Essen und Trinken
★★★★☆☆
Zeitgemässe Marktküche im eleganten Hotelrestaurant.

Service
★★★★★★
Ebenso persönlich und herzlich wie kompetent und aufmerksam.

Preise
DZ 490–720 Fr.
Juniorsuite/Suite 580–920 Fr.
inkl. Halbpension

Preis-Leistungs-Verhältnis
★★★★★☆

Top
Auf Wunsch wird der dampfende Aussenpool nach dem Abendessen geöffnet. Ein Erlebnis für romantische Paare, umso mehr, als das Bad dann von Kerzen umgeben ist.

Flop
Die gepflegte Beschaulichkeit lässt einen leichten Altersresidenzeffekt anklingen.

Anreise
Autobahn bis Ausfahrt Susten, dann Landstrasse über Leuk nach Leukerbad. Im Ort den Hotelwegweisern folgen.

Ambiente
★★★☆☆☆
Das Hotelensemble am historischen Dorfplatz von Leukerbad besteht aus der 1625 erbauten »Maison Blanche« und dem gegenüberliegenden 1845 errichteten »Hotel de France« und ist mit der öffentlich zugänglichen Alpentherme, der grössten Thermalbadanlage der Schweiz, unterirdisch verbunden. Historisches Exterieur verbindet sich mit verhalten modernen Interieurs. Die Gästestruktur ist sehr heterogen – das Alter der Besucher liegt zwischen 20 und 99, und sie kommen aus dem ganzen deutschsprachigen Europa hierher.

Spa-Infrastruktur
★★★★☆☆

Zum Hotel gehörendes kleines Innen- und Aussenthermalbad sowie Sauna, Dampfbad und Fitnessraum. Direkte Verbindung zur öffentlichen Alpentherme mit riesigen Innen- und Aussenbecken, römisch-irischem Bad und zahlreichen Behandlungsräumen für Körpertherapien.

Körperbehandlungen
★★★★★☆

In der Alpentherme: fünfköpfiges Fachärzteteam für Medical Wellness, Traditionelle Chinesische Medizin mit Akupunktur, Ayurveda, Sportmedizin, Osteopathie, Physiotherapie, Anti-Aging und medizinische Check-ups, dazu indonesische Wellnessanwendungen und ScenTao (Kombination von LaStone-Therapie und Shiatsu).

Beautyanwendungen
★★★☆☆☆

Clarins-Beauty-Center mit klassischen Gesichtsbehandlungen, Packungen und Wickel, Thalasso- und Naturfangoanwendungen, Coiffeur.

Freizeitangebot
★★☆☆☆☆

Zwei Aussentennisplätze, geführte Wanderungen, Weindegustationen, Literatur-Lounge, grosse Auswahl an Gesellschaftsspielen.

Lage und Umgebung
★★★☆☆☆

Direkt am historischen Dorfplatz und gegenüber der Alpentherme (unterirdischer Zugang).

Zimmer
★★★☆☆☆

140 funktionelle Zimmer, Juniorsuiten und Suiten, verteilt auf das Hauptgebäude »Maison Blanche« und das gegenüberliegende »Hotel de France«.

Essen und Trinken
★★★☆☆☆

Erlebnisbuffets mit »Live Cooking«-Stationen im Halbpensionsrestaurant der »Maison Blanche« (mittwochs jeweils Raclette-Abend), hübsches A-la-carte-Restaurant Sacré Bon mit regionalen und internationalen Gerichten im »Hotel de France«. Lobby mit Hotelbar und Pianounterhaltung.

Service
★★★★☆☆

Routiniert freundlich.

Preise
EZ 110–220 Fr.
DZ 220–450 Fr.
Juniorsuite/Suite 300–750 Fr.
inkl. Frühstück

Preis-Leistungs-Verhältnis
★★★★★☆

Top
Im römisch-irischen Bad (314 Quadratmeter), dem schön gestalteten Herzstück der Alpentherme, lebt die alte Badekultur mit unterschiedlich warmen Thermal- und Heissluftbädern wieder auf. An elf verschiedenen Stationen wird der Körper erwärmt, abgekühlt und gereinigt. Eine Seifenbürstenmassage gehört ebenso dazu wie das abschliessende Entspannen und Träumen, eingewickelt in wohlig-warmen Tüchern.

Flop
Die Einrichtung vieler Zimmer ist deprimierend banal.

Anreise
Autobahn Lausanne–Simplon bis Ausfahrt Susten, Landstrasse über Leuk nach Leukerbad. Im Ort der Hotelbeschilderung folgen.

Ferienart Resort & Spa   39

CH-3906 Saas Fee
Tel. +41 (0)27 958 19 00
Fax +41 (0)27 958 19 05
www.ferienart.ch
info@ferienart.ch
Mitte Juni bis Mitte April geöffnet

Gesamtwertung: **53**/60

Ambiente
★★★★★★

Wellness, sagt Gastgeber Beat Anthamatten, könne man nicht machen, man müsse sie leben. Eine Philosophie, die schon zu spüren ist, wenn man das frisch-fröhliche Wellness- und Ferienhotel betritt. Der Gast wird mit einem Willkommensdrink am flackernden Kamin in der Lobby begrüsst, im Zimmer warten Kerzen und Düfte sowie teilweise offene Bäder mit grossen Whirlwannen. Die romantisch-verspielte und dennoch sehr gepflegte Innenarchitektur zaubert mit augenzwinkernden Details ein harmonisches Spannungsfeld herbei, das sich auch im Angebot findet: Vom Fondue-Abend bis zum Galadiner, von der Yogawoche bis zum Gleitschirm-Weekend machen unzählige Attraktionen den Aufenthalt zum Erlebnis. Die auffallend junge Gästeschaft trägt viel zur heiteren Stimmung bei, aber natürlich auch die Grundhaltung des Hotels: keine Regeln und Zwänge. Jeder kann frühstücken und abendessen und wellnessen, wann er will. Null Steifheit, kein zur Schau gestellter Protz, keine steife Vornehmheit und keine streng blickenden Concierges. Zu den »Essentials« zählt das kaum zu übertreffende Indoor- und Outdoor-Aktivitätenprogramm, das sinnlich gestaltete Spa, die abwechslungsreiche Kulinarik in vier Restaurants sowie die Pflege der Details, die den grossen Unterschied ausmacht.

Spa-Infrastruktur
★★★★★☆

Grosses Hallenbad, Whirlpool, Saunapark, Rasul, Fitnessraum, betreute Gymnastik- und Entspannungslektionen von Yoga über Aqua-Well bis Bodyshaping.

Körperbehandlungen
★★★★★★

Klassische und fernöstliche Massagen, LaStone-Therapie, Pantai Luar. Ayurvedaanwendungen durch einen Therapeuten aus Sri Lanka, der die ganze Palette vom Shirodhara-Stirnguss bis zur Abhyanga- oder Padabhyangamassage mit grossem Sachverstand ausübt.

Beautyanwendungen
★★★★★☆
Klassische und orientalische Gesichtsbehandlungen, Entspannungsbäder, Hand- und Fusspflege, Peelings und Wickel, Heida-Weintresterpackung.

Freizeitangebot
★★★★★☆
Breites, ständig erweitertes Aktivitätenprogramm für drei Generationen. Zur Erkundung der Natur stehen versierte Sportguides für Berg-, Ski-, Langlauf- und Mountainbiketouren bereit. In der 600 Quadratmeter grossen Event- und Indoorsporthalle sind zahlreiche Ballsportarten von Hallenfussball über Plauschtennis bis Badminton möglich. Golfsimulator, Mini-Trampolin, fachgerechte Kinderbetreuung.

Lage und Umgebung
★★★★☆☆
Mitten im autofreien Dorf.

Zimmer
★★★★★☆
73 Zimmer, 5 Juniorsuiten und 6 Suiten im gemütlichen Alpen-Country-Stil, verteilt aufs Haupthaus und den Neubau. Zahlreiche Zimmer mit offenen Bädern und grossen Whirlwannen.

Essen und Trinken
★★★★★★
Vier Restaurants bieten Höhenflüge aus Küche und Keller.

Service
★★★★★☆
Vor und hinter den Kulissen geht es heiter und entspannt zu – entsprechend unverkrampft begegnen sich Mitarbeiter und Gäste.

Preise
DZ 386–620 Fr.
Suite 636–1408 Fr.
inkl. Halbpension

Preis-Leistungs-Verhältnis
★★★★★★

Top
Beat Anthamatten ist ein Fan seines eigenen Hotels. Das sieht man dem fitten Endvierziger schon von weitem an. Mit Mut zum Risiko, Innovationsfreude und Durchhaltewillen erdachte, gestaltete und belebt er ein Musterstück zeitgemässer Hotellerie, in dem Wellness keine Mode, sondern Gesamtkunstwerk ist. Anthamatten weiss, dass es nicht reicht, gut zu sein. Es gilt, immer besser zu werden. Seit Jahren legt er ein bewundernswertes Tempo hin und sorgt dafür, dass sein Fünfsternehaus nicht nur ihn überrascht, sondern auch seinen Gästen eine unvergessliche Freude bereitet.

Flop
Die weitläufige Saunalandschaft ist viel zu hell ausgeleuchtet.

Anreise
Autobahn bis Ausfahrt Visp, Landstrasse über Stalden nach Saas Fee. Am Dorfeingang das Auto im Parkhaus abstellen und mit dem Elektromobil ins Hotel fahren.

Alpenhof 40
CH-3920 Zermatt
Tel. +41 (0)27 966 55 55
Fax +41 (0)27 966 55 56
www.alpenhofhotel.com
info@alpenhofhotel.com
Anfang Dezember bis Ende April und Mitte Juni bis Ende September geöffnet

Gesamtwertung: **35**/60

Ambiente
★★★★★☆
Es gibt Menschen mit Seele, und es gibt Hotels mit Seele. Das Hotel Alpenhof ist ein solches. Das Gastgeberpaar Annelise und Hans Peter Julen hat es über die letzten Jahrzehnte kontinuierlich erweitert und verschönert. Der unverwechselbare Charme des Familienbetriebes aber ist geblieben. Zwar orientiert sich das Wohlfühl-Design im ganzen Haus stark an Österreich, doch ist die Atmosphäre in den weitläufigen Aufenthalts- und Restauranträumen ungezwungen gepflegt, und man trifft hier auf ein alters- und nationenmässig gut durchmischtes Publikum, das dem »Alpenhof« die Treue hält.

Spa-Infrastruktur
★★★☆☆

1500 Quadratmeter Wellnessbereich mit Hallenbad, Saunawelt, Erlebnisduschen, grosszügig konzipierter Blockhaussauna und Whirlpool im Freien, Fitnessraum.

Körperbehandlungen
★★★☆☆

Klassische Teil- und Ganzkörpermassagen, Fussreflexzonenmassage, Shiatsu, Reiki, Lymphdrainage, fernöstliche Druckpunktmassage.

Beautyanwendungen
★★★☆☆

Breite Palette an Gesichtsbehandlungen, Hand- und Fusspflege, Entspannungsbädern, Thalassoalgenbad, Peelings, Heublumenpackung.

Freizeitangebot

Kein spezifisches Angebot.

Lage und Umgebung
★★★☆☆

Im unteren Dorfteil von Zermatt. Gegenüber der Talstation Sunnegga/Rothorn.

Zimmer
★★★★☆

60 komfortable Zimmer und geräumige Suiten (bis zu 120 Quadratmeter), die meisten mit Balkon, einige mit Matterhornblick.

Essen und Trinken
★★★★★★

Küchenchef Heinz Rufibach überzeugt im kleinen Gourmetrestaurant ebenso wie im grossen Halbpensionsrestaurant mit kulinarischer Vielfalt

und Sorgfalt im Umgang mit Gewürzen, Garzeiten und Präsentationen. Attraktive Weinkarte. Pianobar-Lounge.

Service
★★★★☆

Okay. Das Gastgeberpaar Annelise und Hans Peter Julen verhält sich sehr zurückhaltend, was den Kontakt zu den Gästen und die Führung der Mitarbeiter betrifft.

Preise

EZ 210–346 Fr.
DZ 338–542 Fr.
Suite 484–872 Fr.
inkl. Halbpension

Preis-Leistungs-Verhältnis
★★★★☆

Top

Im Winter kann man sich direkt vor der Blockhaussauna in den Schnee werfen und danach in den dampfenden Aussen-Whirlpool springen.

Flop

Empfang und Service bewegen sich auf der Ebene von sachlich-korrekt bis freundlich-informativ und könnten hinsichtlich natürlich strahlender Gastlichkeit von anderen Hotels im Matterhorndorf lernen.

Anreise

Autobahn bis Ausfahrt Visp, Landstrasse nach Täsch. Dort das Auto im Parking abstellen und mit der Bahn ins autofreie Zermatt fahren. Transfer ins Hotel mit dem Elektromobil.

Mirabeau 41
Alpine Residence

CH-3920 Zermatt
Tel. +41 (0)27 966 26 60
Fax +41 (0)27 966 26 65
www.hotel-mirabeau.ch
info@hotel-mirabeau.ch
Anfang November bis Mitte April und Anfang Juni bis Mitte September geöffnet

Gesamtwertung: **40**/60

Ambiente
★★★★☆

Verhaltene Rustikalität und Moderne treffen hier aufeinander, seit das Stammhaus »Mirabeau« durch den Neubau »Alpine Residence« ergänzt wurde. Letzterer erfreut im Innern mit schlicht-schönem Dekor in warmen Naturmaterialien und einladenden Bädern. Das Hotel kann zudem mit Spitzenleistungen aus Küche und Keller aufwarten und muss auch sein Spa nicht verstecken. Das geschäftsführende Besitzerehepaar Sepp und Rose Julen schenkt seinen Gästen viel Aufmerksamkeit und ist sehr darum bemüht, keine Routine aufkommen zu lassen.

Spa-Infrastruktur
★★★☆☆☆

Hallenbad, Saunawelt, diverse Behandlungsräume für Beauty und Body, Private Spa.

Körperbehandlungen
★★★☆☆☆

Klassische Massagen, Fussreflexzonenmassage, Seifenschaum-Reinigungsritual auf dem heissen Granitstein.

Beautyanwendungen
★★★★☆☆

Gesichtsanwendungen ausschliesslich mit Naturprodukten aus der Gebirgswelt, Vinotherapie (Weintresterbad in der Kupfer-Whirlwanne, Chardonnay-Weintrester-Packung), Buttermilch-Molke-Bad, Honig-Steinsalz-Peeling, Hand- und Fusspflege.

Freizeitangebot
Kein spezifisches Angebot.

Lage und Umgebung
★★★★☆☆

Ruhig im untersten Dorfteil, mit schönem Ausblick aufs Matterhorn.

Mont Cervin Palace   42
CH-3920 Zermatt
Tel. +41 (0)27/966 88 88
Fax +41 (0)27/966 88 99
www.zermatt.ch/montcervin
montcervin@zermatt.ch
Ende November bis Mitte April
und Mitte Juni bis Mitte Oktober
geöffnet

Gesamtwertung: **48**/60

Zimmer
★★★★☆
38 komfortable Zimmer, 12 Juniorsuiten und 2 Suiten, verteilt auf Stammhaus (★★★★☆☆) und »Alpine Residence« (★★★★★★). Die meisten Zimmer mit Balkon.

Essen und Trinken
★★★★★★
Herausragende Cuisine du marché im Gourmetlokal Corbeau d'Or wie auch im Halbpensionsrestaurant. Neue Wine-Lounge.

Service
★★★★★☆
Familiär und ungezwungen aufmerksam.

Preise
Preis-Leistungs-Verhältnis
★★★★★☆
EZ 158–335 Fr.
DZ 280–580 Fr.
Juniorsuite/Suite 370–580 Fr.
inkl. Halbpension

Top
Küchenchef Alain Kuster konkurrenziert im Halbpensionsrestaurant sein Gourmetlokal Corbeau d'Or, weil er es einfach nicht übers Herz bringt, mittelmässig zu kochen.

Flop
Die Zimmer und Korridore im Stammhaus wirken im Vergleich zum Interieur der neuen »Alpine Residence« etwas fad.

Anreise
Autobahn bis Ausfahrt Visp, Landstrasse nach Täsch. Dort das Auto im Parking abstellen und mit der Bahn ins autofreie Zermatt fahren. Transfer ins Hotel mit dem Elektromobil oder drei Minuten zu Fuss (erste Strasse unterhalb des Bahnhofs rechts).

Ambiente
★★★★★★
Eine Legende zu sein, hat auch seine Tücken – wer kennt nicht das eine oder andere historische Hotel mit grossem Namen, in dem sich vor lauter Geschichtsbewusstsein niemand um die Gegenwart zu kümmern scheint? Nicht so im »Mont Cervin Palace«. Es hat sich genügend verändert, um den Ansprüchen moderner Gäste zu genügen, aber nicht so viel, dass es seinen Charakter eingebüsst hätte. Der schwierige Balanceakt zwischen Erhaltung und Erneuerung ist hier geradezu exemplarisch gelungen. Wer das elegante Gebäude betritt, spürt sofort: Das ist ein Hotel mit Herz. Egal, wo man ist, ob in der Halle, im

Speisesaal oder im Zimmer, man hört und fühlt es schlagen.

Spa-Infrastruktur
★★★★★☆
1700 Quadratmeter Wellnessbereich mit Hallenbad, zwei Whirlpools, warmem Aussenbad, Kinderplanschbecken, Saunawelt, elf Behandlungsräumen für Body und Beauty, Fitnessraum, Personal Trainer.

Körperbehandlungen
★★★★☆☆
Klassische Massagen, Fussreflexzonenmassage, LaStone-Therapie, Aromamassage, indische Kopfmassage, Vierhandmassage. Erstklassig geschulte Therapeutinnen und Therapeuten.

Beautyanwendungen
★★★★★★
Ästhetisch herausragendes »Daniela Steiner Beauty Spa« mit diversen Gesichtsbehandlungen, Anti-Cellulite-Treatment, Peelings, Packungen, Entspannungsbädern, Hand- und Fusspflege.

Freizeitangebot
★★☆☆☆☆
Kindergarten, Skivermietung und -service.

Lage und Umgebung
★★★★★☆
Im Dorfzentrum von Zermatt, mit schönem Blick aufs Matterhorn.

Zimmer
★★★★★☆
104 sehr unterschiedliche, durchwegs komfortable Zimmer und 29 Suiten.

Essen und Trinken
★★★★☆☆
Grosses Halbpensionsrestaurant. Internationale Klassiker und auf dem Grill zubereitete Fleischstücke im gemütlichen Grill-Restaurant. Schöne Pianobar.

Service
★★★★★★
Die freundlichen Mitarbeiter vertreiben jede Schwellenangst mit ihrer unkomplizierten Zuvorkommenheit.

Preise
EZ 205–585 Fr.
DZ 450–990 Fr.
Juniorsuite/Suite 750–2500 Fr. inkl. Halbpension

Preis-Leistungs-Verhältnis
★★★★★☆

Top
Trotz traditionellem Fünfsterne-Standard strahlt das 150-jährige Hotel so etwas wie unendliche Geborgenheit aus, und auch bei Vollbelegung mit rund 300 Gästen ist alles sehr familiär, fast wie in einem Ferienlager für die oberen Zehntausend. Gäste mit klingenden Namen – es sind deren viele – sind hier inkognito. »Wir verkaufen unsere Gäste nicht«, verspricht Direktor Wolfgang Pinkwart, der das Haus zusammen mit seiner Frau Claire seit über zwei Jahrzehnten mit höflicher Diskretion und unauffälliger Allgegenwart dirigiert.

Flop
Bei der Küchenleistung im Halbpensionsrestaurant besteht noch Spielraum nach oben.

Anreise
Autobahn bis Ausfahrt Visp, Landstrasse nach Täsch. Dort das Auto im Parking abstellen und mit der Bahn ins autofreie Zermatt fahren. Transfer ins Hotel mit dem Elektromobil.

Riffelalp Resort 43

CH-3920 Zermatt
Tel. +41 (0)27 966 05 55
Fax +41 (0)27 966 05 50
www.riffelalp.com
reservation@riffelalp.com
Mitte Dezember bis Mitte April und Mitte Juni bis Ende September geöffnet

Gesamtwertung: **47**/60

Ambiente
★★★★★★

Die auf 2222 Meter Höhe eindrücklichste Edel-Lodge bietet ihren Gästen nicht nur absolute Abgeschiedenheit und Ruhe und das Alpenpanorama der Schweiz, sondern auch eine wohltemperierte Mischung von Luxus, Behaglichkeit und vollendetem Service. Hoteldirektor Hans Jörg Walther sorgt mit unermüdlicher Vitalität dafür, dass kein Wunsch der Gäste unerfüllt bleibt. Die Lage mit Blick aufs Matterhorn ist weltweit einmalig, und wenn man nachmittags vom Wandern oder Skifahren zurückkommt, prasselt ein gemütliches Feuer im Cheminée, während der Pianist im Salon sanft in die Tasten greift. Die Zimmer präsentieren sich in jener frischen Gemütlichkeit, die internationale Gäste gern wiederkommen lässt; und das Spa mit dampfendem Aussenbad macht das Ferienhotel zu einem perfekten Ort der Entspannung und Erholung.

Spa-Infrastruktur
★★★★

Sehr schöne Schwimmbadhalle mit flackerndem Kamin, Kinderbecken, 35 Grad warmem Aussenpool mit Blick aufs Matterhorn, Saunawelt, Massageduschen.

Körperbehandlungen
★★★☆☆☆

Klassische Massagen in konstant hoher Qualität.

Beautyanwendungen
★☆☆☆☆☆

Entspannungsbäder, Thalassoanwendungen, Softpacks.

Freizeitangebot
★★★☆☆☆

Eisbahn im Winter, Tennisplatz im Sommer. Kino, Billard, Kegelbahn, Kinderspielzimmer, Ski- und Snowboardvermietung im Haus. Die Skipisten führen direkt am Resort vorbei.

Lage und Umgebung
★★★★★★

20 Bahnminuten oberhalb von Zermatt, auf 2222 Meter Höhe, mit sagenhaftem Blick aufs Matterhorn.

Zimmer
★★★★★★

65 bemerkenswert wohnliche Zimmer, 5 Suiten und 2 Appartments.

Essen und Trinken
★★★★★★

Fein zubereitete Marktküche im grossen Halbpensionsrestaurant Alexandre, regionale Spezialitäten im rustikalen »Walliserkeller«. Pavillon-Terrasse, stimmige Pianobar.

Service
★★★★★★

Die hochmotivierte Hotelcrew sorgt mit Stil, Herz und Geschmack dafür, dass man auf der »Riffelalp« nicht bedient, sondern betreut wird. Selbst Neulingen wird das Gefühl vermittelt, schon seit längerem

gern gesehene Gäste zu sein. Hier checkt man nicht ein, hier kommt man an.

Preise
EZ 200–620 Fr.
DZ 320–1120 Fr.
Juniorsuite/Suite 640–2430 Fr.
inkl. Halbpension im Winter, inkl. Frühstück im Sommer

Preis-Leistungs-Verhältnis
★★★★★★

Top
Im »Riffelalp Resort« steckt nicht nur viel investiertes Geld, sondern auch viel Herz.

Flop
Keine Kosmetikanwendungen, keine Fitnesseinrichtungen.

Anreise
Autobahn bis Ausfahrt Visp, Landstrasse nach Täsch. Dort das Auto im Parking abstellen, mit der Bahn ins autofreie Zermatt und gegenüber dem Bahnhof Zermatt mit der Gornergratbahn bis zur Station Riffelalp fahren (20 Minuten). Von dort fünf Gehminuten ins Hotel. Angemeldete Gäste werden samt Gepäck am Bahnhof Zermatt vom Hotelportier in Empfang genommen.

Romantik Hotel Julen 44
CH-3920 Zermatt
Tel. +41 (0)27 966 76 00
Fax +41 (0)27 966 76 76
www.julen.com
info@julen.com
Ganzjährig geöffnet

Gesamtwertung: 35/60

Ambiente
★★★★★★
Das Alpenchalet präsentiert sich im »Folklorekleid light«; es verbindet die heimelige Romantik vergangener Tage mit zeitgemässer Dienstleistungsqualität und verwöhnt den Gast mit guter Küche und schöner Wellnesslandschaft. Dass höchstes Wohlbefinden hier ein ganz normaler Zustand ist, wissen leider auch andere: Hier kann man nicht einfach so hereinschneien, sondern muss lange im Voraus buchen.

Spa-Infrastruktur
★★★
Das Spa, das sich mit hübschem Hallenbad auf drei Etagen verteilt, macht gestalterisch dezente Anleihen beim alten Ägypten. Ausserdem: finnische Trockensauna mit Blick aufs Matterhorn, Tepidarium mit osmanischem Dampfbad, Eisgrotte, Erlebnisdusche, Aromagrotte, Solarium, Kneippbecken, Fitnessraum.

Körperbehandlungen
★★☆☆☆☆
Klassische Massagen, Fussreflexzonenmassage, LaStone-Therapie.

Beauty-Angebot
★☆☆☆☆☆
Algenpackungen, Thalassoanwendungen, Entspannungsbäder.

Freizeitmöglichkeiten
Kein spezifisches Angebot.

The Omnia Mountain Lodge — 45
CH-3920 Zermatt
Auf dem Fels
Tel. +41 (0)27 966 71 71
Fax +41 (0)27 966 71 00
www.the-omnia.com
info@the-omnia.com
Mitte Juni bis Mitte April geöffnet

Lage und Umgebung
★★★☆☆
Im Dorfzentrum.

Zimmer
★★★★★☆
32 durchwegs gemütliche, mit hundertjährigem Fichtenholz ausgestattete Zimmer. Die Suiten verbinden bodenständige Tradition mit modernem Wohnkomfort. Die meisten Zimmer mit kleinem Balkon.

Essen und Trinken
★★★★★☆
Halbpensionsmenüs und Walliser Köstlichkeiten in verschiedenen holzgeprägten Stuben, diverse Fondues und Lammspezialitäten aus eigener Zucht im urchigen Restaurant Schäferstube. Gemütliche Lounge-Bar.

Service
★★★★☆☆
Herzlich und hilfsbereit, mit kleinen Nachlässigkeiten.

Preise
EZ 149–234 Fr.
DZ 298–540 Fr.
Juniorsuite/Suite 352–714 Fr.
inkl. Halbpension

Preis-Leistungs-Verhältnis
★★★★★★

Top
In diesem authentischen Walliserhaus ist einfach alles echt. Die Mauern sind schief, die Holzböden knarren, und das Lächeln der Gastgeber kommt von Herzen.

Flop
Die Kundschaft der gegenüberliegenden Après-Ski-Bar Papperla Pub (im selben Besitz wie das »Romantik Hotel Julen«) hat zu nächtlicher Stunde oft andere Prioritäten als die schlafenden Hotelgäste, die am nächsten Morgen fit für den Berg sein möchten.

Anreise
Autobahn bis Ausfahrt Visp, Landstrasse nach Täsch. Dort das Auto im Parking abstellen und mit der Bahn ins autofreie Zermatt fahren. Transfer ins Hotel mit dem Elektromobil.

Gesamtwertung: **41**/60

Ambiente
★★★★★★
»The Omnia« überzeugt mit einer unaufgeregten Interpretation von Designhotel und legt die Messlatte für zeitlos guten Geschmack hoch. Kein Designhotel in der Schweiz ist ebenso konsequent in einem einheitlichen Stil durchgestaltet, keines ist so ästhetisch und praktisch zugleich. Die Materialien stammen mehrheitlich aus dem Wallis, die Inneneinrichtung des New Yorker Architekten Ali Tayar orientiert sich an der schnörkellosen Ästhetik des amerikanischen Modernismus und besteht zum grössten Teil aus Spezialanfertigungen von Tayar. Wie das aussieht? Gut. Grauer Granit und weisse Eiche bilden das Leitmotiv, ergänzt durch weitere natürliche Materialien wie Leder, Filz und Seide. Das »Omnia« formuliert bereits mit seiner markanten Glas- und Holzfassade seinen eigenen Anspruch, den es drinnen bis zur Auswahl des edlen Duschgels erfüllt. Aber zugleich wirkt es so natürlich und gelassen, dass der Gast sich nicht fragen muss, ob er nun selbst zum Ambiente passt.

Spa-Infrastruktur
★★★★☆☆
Spektakulärer Indoor-/Outdoorpool, Outdoor-Whirlpool, Saunawelt, Fitnessraum, Personal Trainer, zwei Massage-Räume, Yoga- und Pilates-Lektionen.

Körperbehandlungen
★★☆☆☆☆
Klassische Massagen, Fussreflexzonenmassage, Lymphdrainage.

Beautyanwendungen
Kein spezifisches Angebot.

Freizeitangebot
★☆☆☆☆☆
Gut sortierte Bibliothek.

Lage und Umgebung
★★★★★★
Auf einem Felsplateau 45 Meter über dem Dorfzentrum, mit Blick aufs Matterhorn.

Zimmer
★★★★★★
Die 18 Zimmer und 12 Suiten mit ihren raumhohen Fensterfronten und der luxuriösen Ausstattung, teilweise mit Kamin, sind Oasen der Entschleunigung. Man schläft auf einer ergonomischen Tempur-Matratze, über dem Balkonstuhl liegt ein Schaffell, in der Minibar locken herrliche Fruchtsäfte, die es sonst nirgends gibt.

Essen und Trinken
★★★★☆☆
Unkomplizierte, gut gemachte Marktküche.

Service
★★★★★★
Sehr persönlich und aufmerksam.

Preise
DZ 250–680 Fr.
Suite 500–1600 Fr.
inkl. Frühstück
Dachsuite 1750 Fr. im Sommer, 3500 Fr. im Winter (inkl. Ski-Guide und Ski-Equipment)

Preis-Leistungs-Verhältnis
★★★★★★

Top
Das Schwimmbad ist eine Sensation: Man schwimmt wortwörtlich über den Dächern von Zermatt. Vom Outdoor-Whirlpool blickt man zudem direkt aufs Matterhorn.

Flop
Die Aussenterrasse vor dem Hotel lädt kaum zum Verweilen ein.

Anreise
Autobahn bis Ausfahrt Visp, Landstrasse nach Täsch. Dort das Auto im Parking abstellen und mit der Bahn ins autofreie Zermatt fahren. Transfer ins Hotel mit dem Elektromobil.

Tessin

Albergo Giardino 46
CH-6612 Ascona
Tel. +41 (0)91 785 88 88
Fax +41 (0)91 785 88 99
www.giardino.ch
welcome@giardino.ch
Mitte März bis Anfang November geöffnet

Gesamtwertung: **49**/60

Ambiente
★★★★★★

Ein paar Tage im »Giardino« – und die Welt sieht wieder ganz anders aus. Im theatralisch inszenierten Landhaus mit dem exotisch duftenden Zaubergarten kann man in exquisite Trägheit verfallen oder sich von der kommunikativen Grundstimmung anstecken lassen und neue Bekanntschaften schliessen. Das Gastgeberpaar Philippe und Daniela Frutiger versteht die Hotellerie nicht als Beherbergungsindustrie, sondern als Entertainment-Business. Die beiden schaffen den schwierigen Spagat, einerseits ein romantisch-mediterranes Ambiente zu kreieren und andererseits für Leben zu sorgen. Vom »Giardino«-Gründer, dem legendären Hotelier Hans C. Leu, haben sie gelernt, dass es nicht reicht, bequeme Betten in die Zimmer zu stellen und schöne Stühle ins Restaurant; die Gäste müssen spüren, dass da eine Seele ist, eine Kraft, eine Philosophie, die gelebt und perfektioniert wird. Im »Giardino« wird denn auch exemplarisch vorgelebt, wie für den Gast eine Atmosphäre geschaffen werden kann, die er zu Hause nicht hat.

Spa-Infrastruktur
★★★★★☆

Einladender Wellnessbereich im Stil eines römischen Badetempels mit Hallenbad, Freibad, Saunawelt, Fitnessraum, Personal Trainer, diversen Behandlungsräumen für Body und Beauty, Gymnastik- und Entspannungslektionen.

Körperbehandlungen
★★★★☆☆

Klassische und fernöstliche Massagen, Fussreflexzonenmassage, Hydrotherapie, LaStone-Therapie.

Beautyanwendungen
★★★★★☆

Vielfältige Gesichtspflege (auch speziell für Herren), Thalassoanwendungen, Hand- und Fusspflege, Entspannungsbäder. Peelings und Packungen, Coiffeur.

Freizeitangebot
★★★☆☆☆

Geführte Wanderungen und Ausflüge, Fahrräder, Weindegustationen, regelmässig kulinarische und kulturelle Events, abwechslungsreiches Wochenprogramm, professionelle Kinderbetreuung im Kinderhaus Giardinetto.

Lage und Umgebung
★★★★☆☆

Auf dem Maggiadelta im Villenviertel von Ascona.

Zimmer
★★★★★☆

54 komfortable Zimmer, 2 Juniorsuiten und 16 Suiten in sonnigen Farben. Alle Zimmer mit privaten Loggias.

Essen und Trinken
★★★★★★

Mediterrane Gourmetküche im »Ristorante Aphrodite«, traditionelle italienische Köstlichkeiten

in der »Osteria Amici«. Mittags verführerisches Antipasti-Buffet sowie leichte Sommergerichte im Pool-Café. Pianobar.

Service

★★★★★★

Heiter und kompetent. Selbst Neulingen wird das Gefühl vermittelt, schon seit längerem gern gesehene Gäste zu sein.

Preise

DZ 545–730 Fr.
Juniorsuite/Suite 695–915 Fr. inkl. Frühstück

Preis-Leistungs-Verhältnis

★★★★★☆

Top

Die Massagen im diskret abgeschirmten Kräutergarten unter freiem Himmel.

Flop

Die Hotelanlage um den wunderschönen Garten herum ist als Ganzes zwar sehr romantisch, bietet aber wenig Auslauf und kann deshalb auf den einen oder anderen Gast beengend wirken.

Anreise

Gotthardautobahn bis Ausfahrt Bellinzona Süd, Hauptstrasse Richtung Locarno/Ascona bis Ausfahrt Ascona. Haupteinfallstrasse nach Ascona und im Ort den Wegweisern »Albergo Giardino« folgen.

Castello del Sole 47

CH-6612 Ascona
Tel. +41 (0)91 791 02 02
Fax +41 (0)91 792 11 18
www.castellodelsole.com
info@castellodelsole.ch
Ende März bis Ende Oktober geöffnet

Gesamtwertung: 50/60

Ambiente

★★★★★★

Das »Castello del Sole« bietet mehr als die perfekt inszenierten Lifestyle-Bühnen anderer Fünfsternehotels. Luxus wird hier als grosser Freiraum mit fast unbegrenzten Möglichkeiten definiert. Die nächsten Nachbarn sind mehrere hundert Meter entfernt, durch die absolute Alleinlage inmitten der eigenen Ländereien mit Landwirtschaftsbetrieb im Maggiadelta erfüllt die Nähe zur Natur hier nicht blosse Dekorationsaufgaben, sondern macht sich allen fünf Sinnen bemerkbar. Der riesige Hotelpark ist wie ein Wohnzimmer im Freien – mit Ecken zum Lesen, Essen, Arbeiten, Spielen, Entspannen. Der Gast kann sich auch bei einem längeren Aufenthalt immer neue Perspektiven verschaffen. Die Energie der hundertjährigen Bäume ist enorm, der schilfgesäumte Privatstrand ein Traum, und beim Abendessen freut man sich, dass Risotto, Spargeln, zahlreiche Gemüse- und Obstsorten, Kräuter und Beeren sowie ein Dutzend Weine aus eigener Produktion in Sichtweite der Restaurantterrasse stammen. Die Küche von Othmar Schlegel hat nichts von jener mediterranen Frische eingebüsst, die seit Jahren zum Markenzeichen der Nobelherberge gehört. Dem Gastgeberpaar Simon V. und Gabriela Jenny ist es gelungen, die Anlage mit gezielten Eingriffen effizient zu erneuern und ihr eine schöne Lebensfreude und Natürlichkeit zu verleihen.

Spa-Infrastruktur

★★★★☆☆

Wellnessbereich mit grossem Indoor-/Outdoorpool, Bewegungsbecken mit diversen Düsen (34 Grad), Whirlpool,

Sauna, Thermarium, Fitnessraum, drei Behandlungsräumen für Body und Beauty.

Körperbehandlungen
★★☆☆☆
Klassische Massagen, LaStone-Therapie.

Beautyanwendungen
★★☆☆☆
Klassische Gesichtspflege, Thalassoanwendungen, Hand- und Fusspflege, Peelings und Packungen.

Freizeitangebot
★★★★☆
5 Aussen- und 2 Innen-Tennisplätze, Tennistrainer, Driving Range mit Golf-Pro, Putting- und Pitching Green, Finnenbahn, Boccia, diverse Boote, Privatstrand, Kinderspielplatz, Kinderbetreuung im Juli und August, Fahrräder.

Lage und Umgebung
★★★★★★
Inmitten eines elf Hektar grossen Privatparks, der direkt an den See grenzt.

Zimmer
★★★★★☆
81 Zimmer und Suiten. Die Juniorsuiten und Suiten im »Pavillon« sind von besonderer Frische und Grosszügigkeit, mit leicht erhöhten Loggias, die einen wunderbaren Blick über die Parkanlage bieten.

Essen und Trinken
★★★★★★
Italienisch-französische Gourmetküche in der »Locanda Barbarossa« und im Halbpensionsrestaurant – beide Lokale mit schönen Terrassen. Leichte Sommergerichte und Antipasti-Buffet im »Ristorante Parco Saleggi«. Naturgerecht angebaute Produkte und Weine aus eigener Produktion.

Service
★★★★★★
Très classique. Tadellos.

Preise
EZ 375 Fr.
DZ 550–710 Fr.
Juniorsuite/Suite 800–1510 Fr.
inkl. Frühstück

Preis-Leistungs-Verhältnis
★★★★★★

Top
Die Hotelanlage vermittelt eine Ruhe und einen weiten Atem, wie man sie in der Schweiz nur selten antrifft. Der Gast kann aus ungezählten Plätzen und Möglichkeiten seine eigene Traumwelt kreieren – jeder wird sein individuelles »Castello« entdecken und aus verschiedenen Puzzleteilen zusammensetzen.

Flop
Die innenarchitektonische Diskrepanz zwischen dem ästhetisch herausragenden Pavillontrakt und dem teilweise bieder eingerichteten Hauptgebäude. Diesem Manko soll jedoch Abhilfe geschaffen werden.

Anreise
Gotthardautobahn bis Ausfahrt Bellinzona Süd, Hauptstrasse Richtung Locarno/Ascona bis Ausfahrt Ascona. Haupteinfallstrasse nach Ascona und im Ort den Wegweisern »Castello del Sole« folgen.

Eden Roc 48

CH-6612 Ascona
Tel. +41 (0)91 785 71 71
Fax +41 (0)91 785 71 43
www.edenroc.ch
info@edenroc.ch
Ganzjährig geöffnet

Gesamtwertung: **50**/60

Ambiente
★★★★★★
»Wenn man in ein Hotel tritt, sollte es sein, als hebe man auf einem fliegenden Teppich ab«, ist die Devise des Hoteldirektors Daniel Ziegler. Und genau das passiert einem im »Eden Roc« – nach zehn Minuten vergisst man hier die Zeit und nach zwanzig Minuten die Welt. Der strahlende Luxustempel direkt am Lago Maggiore überrascht immer wieder von neuem mit dem reibungslosen Zusammenspiel von prickelnd-glamourösem Ambiente, von äusserst zuvorkommendem Service, bester mediterraner Küche und eben jenem bestimmten Etwas, das durch das leidenschaftliche Engagement eines Gastgebers entsteht, der kompromisslos für seine persönliche Vision von dem, was Hotellerie ist und sein kann, einsteht. Alles läuft hier mit selbstverständlicher Professionalität ab, und Daniel Ziegler sorgt mit Stil, Herz und Geschmack dafür, dass man in seinem Reich nicht nur bedient wird, sondern sich auch und vor allem sehr wohl fühlt.

Spa-Infrastruktur
★★★★☆☆
Grosses Freibad, Indoor-/Outdoorpool, kleines Hallenbad, Whirlpool, Sauna, Dampfbad, Fitnessraum, vier Behandlungsräume für Body und Beauty. Für den Wellnessbereich des »Eden Roc« stehen grosse Ausbaupläne an: Derzeit entsteht hinter dem Haus ein von Stararchitekt Mario Botta gestaltetes Spa der Superlative.

Körperbehandlungen
★★★★☆☆
Klassische und fernöstliche Massagen.

Beautyanwendungen
★★★★☆☆
Die ganze Palette an Gesichtspflegebehandlungen, Entspannungsbädern, Peelings, Wickel und Packungen, Hand- und Fusspflege, Coiffeur.

Freizeitangebot
★★☆☆☆☆
Fahrräder, Kinderbetreuung, Wassersportschule für Kinder und Erwachsene, Luxus-Hotelboot mit Skipper. In den Wintermonaten High-Tea und Lesungen.

Lage und Umgebung
★★★★★★
Paradiesisch direkt am Ufer des Lago Maggiore.

Parkhotel Delta 49

CH-6612 Ascona
Tel. +41 (0)91 785 77 85
Fax +41 (0)91 785 77 35
www.parkhoteldelta.ch
hotel@delta-ascona.ch
Ganzjährig geöffnet

Gesamtwertung: **45**/60

Zimmer
★★★★★★

50 Zimmer und 32 Suiten. Farbenfrohe Mischung aus Chic und Glamour im Stammhaus, luxuriöser Purismus im Erweiterungsbau.

Essen und Trinken
★★★★★★

Klassische französische Küche im Hauptrestaurant, mediterrane Spezialitäten im »Ristorante La Brezza« mit Bar und Lounge, Grillgerichte auf der »Casetta«-Terrasse direkt am See.

Service
★★★★★★

In einer Zeit, in der die Luxushotels die Grenze des materiellen Wettbewerbs erreichen, gewinnt die menschliche Seite immer mehr an Bedeutung. »Ein Hotel ist doch nichts anderes als ein grosser Haushalt«, betont Gastgeber Daniel Ziegler. »Deshalb versuche ich, alle Mitarbeiter darauf zu sensibilisieren, immer so zu handeln, als würden sie Gäste bei sich zu Hause verwöhnen und sich um sie sorgen.«

Preise

EZ 260–685 Fr.
DZ 330–820 Fr.
Juniorsuite/Suite 720–2000 Fr.
inkl. Frühstück

Preis-Leistungs-Verhältnis
★★★★★★

Top

Ein unvergessliches Erlebnis sind die exklusiv vom »Eden Roc« angebotenen Outdoor-Massagen bei Sonnenuntergang auf der Brissagoinsel (nachdem alle Touristen die tagsüber überlaufene Insel verlassen haben).

Flop

Die etwas unvorteilhafte Architektur erinnert an ein Luxuskrankenhaus. Doch dieser Nachteil ist schnell vergessen, sobald man die Halle betritt und die atemberaubende Kulisse von See, Bergen und Himmel erblickt.

Anreise

Gotthardautobahn bis Ausfahrt Bellinzona Süd, Hauptstrasse Richtung Locarno/Ascona bis Ausfahrt Ascona. Haupteinfallstrasse nach Ascona und im Ort den Wegweisern »Eden Roc« folgen.

Ambiente
★★★★★★

Der Süden ist nah, mediterranes Ambiente in heiter-luxuriöser Ausstattung allgegenwärtig. Das in einer subtropischen Parkanlage gelegene Ferien- und Familienhotel mit den vielen sportlichen Möglichkeiten (8 Tennisplätze, Golf Driving Range, Minigolf usw.) strahlt eine für das Tessin untypische Grosszügigkeit aus. Hier kann man in exquisites Dolcefarniente verfallen oder sich beim breiten Sport- und Freizeitprogramm auf Touren bringen. Sowohl Kinder als auch Erwachsene kommen im »Parkhotel Delta« voll auf ihre Kosten und

Körperbehandlungen
★★☆☆☆
Klassische Massagen.

Beautyanwendungen
★★★★☆
Klassische und moderne Kosmetikanwendungen, Entspannungsbäder, Hand- und Fusspflege, Coiffeur.

Freizeitangebot
★★★★☆
Golf Driving Range, 8 Tennisplätze (davon 4 Hallenplätze), Tennistrainer, Fahrräder, geführte Wanderungen, professionell betreuter Kinderclub (ab 3 Jahren) mit abwechslungsreichem Wochenprogramm. Kostenloser Shuttlebus zur Piazza Ascona und zur (ebenfalls zum Hotel gehörenden) »Delta Beach Lounge« beim Lido Ascona.

Lage und Umgebung
★★★★★
In einer acht Hektar grossen Parklandschaft mit mediterranem Pflanzenbestand.

Zimmer
★★★★★
37 komfortable Zimmer, 5 Juniorsuiten, 8 Suiten (Letztere verteilt auf Hauptgebäude und die benachbarten Häuser »Villa Delta« und »Villa Favorita«).

Essen und Trinken
★★★★★
Im Hotelrestaurant Triangolo mit hübscher Sommerterrasse wird eine ausgezeichnete Marktküche mit mediterraner Note serviert. Leichte Lunchgerichte und Pastaspezialiäten im »Delta Blu« am Pool. Abends Pianobar in der Hotelhalle.

verlieren schnell das Interesse, die weitläufige Anlage zu verlassen oder sich die an landschaftlichen Attraktionen reiche Gegend anzuschauen.

Spa-Infrastruktur
★★★☆☆
Kleiner Wellnessbereich mit grossem Freibad, Hallenbad, Whirlpool, Sauna, Dampfbad, Fitnesspavillon im Park, Gymnastik- und Entspannungslektionen, zwei Behandlungsräumen für Body und Beauty.

Service
★★★★☆
Aufmerksam entspannt.

Preise
EZ 350–514 Fr.
DZ 525–730 Fr.
Juniorsuite/Familienapartment/Suite 750–1100 Fr.
inkl. Halbpension

Preis-Leistungs-Verhältnis
★★★★★★

Top
Das Angebot für Kinder ist attraktiv: Abenteuerspielplatz, Ponyreiten, Kinderolympiade, Kinderpool, Tennisschnupperstunden, Minigolf, Tischtennis, Trampolin, Kindervelos, Fussball- und Volleyballwiese, Tarzan-Lodge, Tierpark im hinteren Teil des Parks, Kniggekurse.

Flop
Einige Familienapartments in der »Villa Delta« haben keine Park-, sondern eine weniger berauschende Parkplatzsicht.

Anreise
Gotthardautobahn bis Ausfahrt Bellinzona Süd, Hauptstrasse Richtung Locarno/Ascona bis Ausfahrt Ascona. Haupteinfallstrasse nach Ascona und im Ort den Wegweisern »Parkhotel Delta« folgen.

Wellnesshotel 50
Kurhaus Cademario
CH-6936 Cademario
Tel. +41 (0)91 610 51 11
Fax +41 (0)91 610 51 12
www.swisswellnesshotel.com
info@swisswellnesshotel.com
Ganzjährig geöffnet

Gesamtwertung: **35**/60

Ambiente
★★★☆☆☆
Nach zahlreichen Kurven und dem sich leise breit machenden Gedanken, man habe sich verfahren, steht man plötzlich vor dem hundertjährigen Kurhaus, das sich vor ein paar Jahren zum »Wellnesshotel« umgetauft hat. Ein gewisser Rekonvaleszenten-Groove ist zwar immer noch zu spüren, aber der spektakuläre Ausblick auf den Luganersee und bis weit in die Po-ebene entschädigt für vieles.

Spa-Infrastruktur
★★★★☆☆
Erlebnishallenbad (33 Grad), Freibad (Sommer), Saunawelt, Whirlpool, Fitnessraum, diverse Behandlungsräume für Body und Beauty, Gymnastik- und Entspannungslektionen (Atem- und Rückengymnastik, Tai-Chi, Yoga, Qigong, Bodyforming, Aquafit, Theraband, Stretching). Arztabteilung mit präventivmedizinischer Beratung, ganzheitlicher Medizin und ergänzenden Alternativtherapien.

Körperbehandlungen
★★★★★★
Klassische Massagen, Lymphdrainage, Fussreflexzonenmassage, Shiatsu, LaStone-Therapie, Lomi Lomi Nui, Akupunktur, Akupressur, Anti-Stress-Programme, Unterwasserstrahlmassage, Kinesiologie, Atemtherapie, Hydrotherapie.
Wer zur Rekonvaleszenz nach Krankheiten und operativen Eingriffen, zur Rehabilitationsbehandlung des Bewegungsapparates oder mit psychoscmatischen Erkrankungen und Erschöpfungszuständen anreist, findet hier die passenden Heilanwendungen in herrlicher Naturumgebung.

Hotel Serpiano 51
CH-6867 Serpiano
Tel. +41 (0)91 986 20 00
Fax +41 (0)91 986 20 20
www.serpiano.ch
info@serpiano.ch
Mitte März bis Mitte November geöffnet

Gesamtwertung: **36**/60

Beautyanwendungen
★★☆☆☆☆
Klassische Kosmetik, Entspannungsbäder, Packungen und Wickel, Hand- und Fusspflege, Fango.

Freizeitangebot
★★☆☆☆☆
Fahrräder, geführte Wanderungen, Boccia, Lektionen in Bogenschiessen.

Lage und Umgebung
★★★★★★
In einem kleinen Park an schönster Panoramalage auf 850 Metern über Meer, 12 Kilometer von Lugano entfernt.

Zimmer
★★☆☆☆☆
Die 110 Zimmer, Juniorsuiten und Suiten strahlen den sterilen Wartezimmer-Charme einer Arztpraxis aus. Alle Südzimmer und Suiten mit Balkon.

Essen und Trinken
★★★☆☆
Kantinenähnliches, aber aussichtsreiches Hotelrestaurant mit wahlweise Normalmenü, Vitalmenü, vegetarischer Kost, Reduktionsdiät, Diabetes- oder anderen Diäten. Pianobar.

Service
★★★☆☆☆
Freundlich, aber in mancher Hinsicht entwicklungsfähig.

Preise
EZ 138–225 Fr.
DZ 235–490 Fr.
Suite 520 Fr.
inkl. Halbpension

Preis-Leistungs-Verhältnis
★★★★☆☆

Top
Der hoteleigene botanische Garten mit einer der grössten privaten Kakteensammlungen der Schweiz.

Flop
Die altertümliche Inneneinrichtung entfacht keine Begeisterungsstürme.

Anreise
Gotthardautobahn bis Ausfahrt Lugano Nord, dann Landstrasse Richtung Ponte Tresa. Über Bioggio und Bosco Luganese nach Cademario.

Ambiente
★★★☆☆☆
Das Kurhaus auf der Beletage des Monte San Giorgio hat sich in den letzten Jahren unauffällig und still zum Wellnesshotel gemausert. Etwas mehr Sinnlichkeit in der Innenarchitektur, und man würde das gastfreundliche Haus ohne leise Bedenken weiterempfehlen. Das Hotel Serpiano folgt dem Trend des »Downshifting« – der bewussten Verlangsamung. Nicht der Luxus zählt, sondern der Abstand von Stress und permanenter Erreichbarkeit. Die Atmosphäre ist angenehm unprätentiös, der Service untadelig und freundlich, die Innenraumgestaltung allerdings unbedarft.

Spa-Infrastruktur
★★★☆☆☆
Hallenbad, Whirlpool, Sauna, Dampfbad, Fitnessraum, diverse Behandlungsräume für Body und Beauty, Gymnastik- und Entspannungslektionen (Aquatraining, japanische Atemgymnastik, Theraband, Stretching, Rückengymnastik usw.).

Körperbehandlungen
★★★★★☆
Klassische und fernöstliche Massagen, Akupunktur, Aku-

pressur, LaStone-Therapie, Shiatsu, Lomi Lomi Nui, Pantai Luar, Fussreflexzonenmassage, Bachblütentherapie, Diät- und Relaxprogramme, Klangschalentherapie, Cellulitebehandlungen. Auf Wunsch ärztliche Betreuung.

Beautyanwendungen
★★★☆☆☆
Klassische Kosmetik, Entspannungsbäder, Thalassoanwendungen, Packungen und Wickel, Hand- und Fusspflege, Coiffeur.

Freizeitangebot
★☆☆☆☆
Nordic Walking, geführte Wanderungen, klassische Konzerte. Herrliche Spazier- und Wanderwege von der Haustür weg.

Lage und Umgebung
★★★★★★
Ruhig an sagenhafter Aussichtslage hoch über dem Luganersee auf 650 Metern über Meer.

Zimmer
★★★☆☆☆
Die 116 renovierten, jedoch ziemlich banal eingerichteten Zimmer verteilen sich aufs Haupthaus und das nostalgische Kurhaus Bellavista mit einfacherer Unterkunft.

Essen und Trinken
★★★☆☆☆
Die beiden atmosphärisch etwas morbiden Restaurants setzen auf gesunde Küche mit Produkten aus vorwiegend eigenem Anbau. Jeden Donnerstag- und Samstagabend Livemusik im Restaurant Locanda.

Service
★★★★☆☆
Freundlich und hilfsbereit, mit kleinen Nachlässigkeiten.

Preise
EZ 110–135 Fr.
DZ 200–250 Fr.
inkl. Frühstück

Preis-Leistungs-Verhältnis
★★★★★☆

Top
Der Ausblick lässt die hässliche Architektur aus den Siebzigern vergessen.

Flop
Der Halbpensionsspeisesaal mit straffer Sitzordnung verbreitet eine ziemlich triste Kurhausatmosphäre. Das A-la-carte-Restaurant ist meist leer.

Anreise
Autobahn Lugano–Chiasso bis Ausfahrt Stabio/Varese, von dort Richtung Stabio. Abzweigung nach Arzo/Rancate nehmen und hinauf nach Serpiano.

Österreich

Vorarlberg

Gesundheits- 52
zentrum Rickat-
schwende

A-6850 Dornbirn
Tel. +43 (0)5572 253 50
Fax +43 (0)5572 253 50 70
www.rickatschwende.com
office@rickatschwende.com
Anfang Januar bis Mitte
Dezember geöffnet

Gesamtwertung: **46**/60

Ambiente
★★★★☆

»Es gibt Augenblicke in unserem Leben, in denen Zeit und Raum tiefer werden und das Gefühl des Daseins sich unendlich ausdehnt.« Das Zitat von Charles Baudelaire steht hier als Leitspruch für die Regenerations- und Entschlackungskuren nach F. X. Mayr. In der »Rickatschwende« vermittelt man erfolgreich und lustbetont eine Lebensweise, in der Anspannung und Entspannung, Aktivität und Besinnlichkeit, Bewegung und Pausieren, Geniessen und Fasten in harmonischer Balance sind. Mit Augenmass für das Persönliche und Gefühl für das Zeitgemässe entwickelt sich das Haus kontinuierlich weiter. In allen vier Stockwerken wird das Raumerlebnis von der spektakulären Fernsicht mitbestimmt. Der Empfang ist herzlich, der Komfort zeitlos gediegen; die Materialien in den Zimmern liefert die Natur: Holz, Schafwolle, Baumwolle, Federn und Daunen.

Spa-Infrastruktur
★★★★☆

Hallenbad mit eigenem Quellwasser, Warmwasserbecken, finnische Panorama-Blocksauna, Biosauna mit Farblichttherapie, Dampfbad mit ätherischen Ölen, Whirlpool, betreuter Fitnessraum, Personal Trainer, Behandlungsräume für Body und Beauty, tägliches Entspannungs- und Bewegungstraining (Morgengymnastik, Aquajogging, Stretching, Qigong, Atemübungen, Therabandgymnastik usw.). Ärztliche Abteilung mit kinesiologischer Austestung auf Nahrungsmittelunverträglichkeiten und Allergien, Neuraltherapie, Manual-Chirotherapie, Osteopathie, medizinische Check-ups.

Körperbehandlungen
★★★★★

Klassische Massagen, Shiatsu, Watsu, Lymphdrainage, Tuina-Akupunktmassage, Magnetfeldtherapie, Akupunktur,

Fussreflexzonenmassage, AntiCellulite-Behandlungen. Regenerations- und Entgiftungskuren nach F. X. Mayr, Anti-Aging- und Anti-Stress-Programme, Gesundheits-Coaching.

Beautyanwendungen
★★★★★☆
Kosmetikabteilung mit östlicher und westlicher Schönheitspflege, naturnaher Kosmetik, Entschlackungslifting, Thalassoanwendungen, Fango, Sole-, Molke-, Moorschwefel- und Kräuterbädern, Heublumenwickeln, Peelings, Hand- und Fusspflege, Gesichtsmassage.

Freizeitangebot
★★☆☆☆☆
Aussen-Tennisplatz, geführte Wanderungen und Nordic Walking, Arztvorträge, Kochkurse.

Lage und Umgebung
★★★★★★
Ruhig im Grünen oberhalb von Dornbirn, mit fantastischem Blick aufs Rheintal und den Bodensee auf 1000 Metern über Meer.

Zimmer
★★★★☆☆
49 Zimmer, unterteilt in »Basic« (im ersten Stock, gemütlich-ländlich mit modernen Bädern), »Classic« (im dritten Stock, charmant mit modernen Bädern) und »Comfort« (zweiter und vierter Stock in schlicht-modernem Design). In japanischer Schlichtheit und Schönheit präsentiert sich die Zwei-Zimmer-Suite im vierten Stock.

Essen und Trinken
★★★★☆☆
Leichte, milde und natürliche Küche. Auch mit Trenn- und Schonkost kann man sich hier schlank schlemmen.

Service
★★★★★☆
Natürliche Freundlichkeit ist Trumpf.

Preise
EZ 159–186 €
DZ 270–312 €
Suite 402 €
inkl. Halbpension

Preis-Leistungs-Verhältnis
★★★★★★

Top
Sehr gute ganzheitsmedizinische Betreuung mit breitem diagnostischem und therapeutischem Spektrum.

Flop
Wer nicht auf dem Abnehm-, Entschlackungs- und Revitalisierungstrip ist, kann sich an der leicht besinnlichen Atmosphäre stören und wird sich vielleicht in anderen Wellnesshotels wohler fühlen.

Anreise
Autobahn bis Ausfahrt Dornbirn Süd, dann Richtung Stadtzentrum (Lustenauer Strasse). Bei der fünften Ampel links abbiegen (Stadtstrasse), bei der nächsten Ampel rechts (Sägerstrasse), dann den Schildern »Bödele und Rickatschwende« folgen.

Löwen 53
A-6780 Schruns im Montafon
Tel. +43 (0)5556 7141
Fax +43 (0)5556 73553
www.loewen-hotel.com
info@loewen-hotel.com
Mitte Juni bis Mitte April geöffnet

Gesamtwertung: **47**/60

Ambiente
★★★★★☆
Hinter der Jumbo-Chalet-Fassade steckt eine verführerische Mischung aus Luxus und Ländlichkeit. Warme Farben und Materialien sowie die gastfreundlichen Mitarbeiter unter der Regie der omnipräsenten Gastgeberin Irmi-Marie Sachs sorgen für Gemütlichkeit. Der unlängst grosszügig erweiterte Wellness- und Beauty-Bereich im pompejanischen Stil steht unter dem Motto: »Schönheit ist wie die Liebe – je besser man sie pflegt, desto länger bleibt sie erhalten.«

Spa-Infrastruktur
★★★★★★
3000 Quadratmeter Wellnessbereich mit Hallenbad, Freibad,

Aussen-Whirlpool, Saunawelt, separatem »Ladies Spa«, diversen Behandlungsräumen für Body und Beauty, Fitnessraum, Personal Trainer, Gymnastik- und Entspannungslektionen (Yoga, Stretching, Qigong, Wirbelsäulengymnastik, Theraband, Aquafit, Bodyforming usw). Arztpraxis für F. X.-Mayr-Kuren, Burnout- und Anti-Stress-Therapien Homöopathie und Naturheilkunde.

Körperbehandlungen
★★★★★☆

Klassische und fernöstliche Massagen, ayurvedische Behandlungen, Anti-Cellulite-Behandlung, LaStone-Therapie, Lomi Lomi Nui, Klangschalenmassage, Lymphdrainage, Fussreflexzonenmassage.

Beautyanwendungen
★★★★★☆

Klassische und moderne Kosmetik (auch speziell für Männer), Packungen, Peelings, Entspannungsbäder, Hand- und Fusspflege, Gesichtsmassage, Thalassoanwendungen.

Freizeitangebot
★★★☆☆☆

Geführte Wanderungen und Mountainbiketouren, Nordic Walking, vielseitiges Sport- und Unterhaltungsprogramm, professionelle Kinderbetreuung.

Lage und Umgebung
★★★☆☆☆

Im Dorfzentrum, 150 Meter von der Talstation der Hochjochbahn entfernt.

Zimmer
★★★★☆☆

74 rustikal-komfortable Zimmer und 10 Suiten.

Essen und Trinken
★★★★★☆

Gehobene Regionalküche in der »Montafoner Stube«, französische Gourmetküche im A-la-carte-Restaurant Edel-Weiss.

Service
★★★★★☆

Man wird aufmerksam unaufdringlich umsorgt.

Preise
EZ 145–180 €
DZ 250–336 €
Suite 310–480 €
inkl. Vollpension

Preis-Leistungs-Verhältnis
★★★★★★

Top
Täglich zahlreiche Gymnastik-, Sport- und Entspannungslektionen unter fachkundiger Anleitung.

Flop
Es muss kein Nachteil sein, aber an manchen Tagen scheint es hier ausschliesslich Schweizer Gäste zu geben.

Anreise
Ab Feldkirch A14 Richtung Innsbruck bis Ausfahrt Bludenz/Montafon, dann Landstrasse B188 bis Schruns.

Burg Vital Hotel 54

A-6764 Lech am Arlberg
Tel. +43 (0)5583 3140
Fax +43 (0)5583 3140 16
www.burgvitalhotel.at
info@burgvitalhotel.at
Ende Juni bis Mitte Oktober
und Anfang Dezember bis Ende
April geöffnet

Gesamtwertung: **51**/60

Ambiente
★★★★★★

Drei moderne, unterirdisch miteinander verbundene Holzchalets fügen sich zu einem charmanten Ganzen. Warme Farben, edle Materialien, helles Fichtenholz, gediegen geschmackvolle Einrichtung ziehen sich durch die ganze Hotelanlage. Auch Wellness und Küche punkten in diesem schönen, durchwegs empfehlenswerten Haus; und das Gastgeberpaar Thomas und Hannelore Lucian sorgt mit nicht nachlassendem Engagement dafür, dass an dieser Spitzenadresse inmitten des Arlberger Skidorados höchstes Wohlbefinden ein ganz normaler Zustand ist.

Spa-Infrastruktur
★★★★☆☆

1500 Quadratmeter Wellnessbereich mit Hallenbad, Sauna, Dampfbad, diversen Behandlungsräumen für Body und Beauty, Gymnastik- und Entspannungslektionen (Wirbelsäulengymnastik, Yoga, Tai-Chi), Fitnessraum, Personal Trainer.

Körperbehandlungen
★★★★★★

Klassische und fernöstliche Massagen, ayurvedische Behandlungen, Lymphdrainage, Shiatsu, Akupressurmassage, Reflexzonentherapie, LaStone-Therapie, Fussreflexzonenmassage, Phytobiodermie (altchinesische Energiestromtherapie).

Beautyanwendungen
★★★★★☆

Schönheitsfarm mit klassischen und fernöstlichen Gesichtsbehandlungen, Thalassoanwendungen, Entspannungsbädern (Meersalz, Kräuter, Heublumen, Meeresalgen), Peelings, Packungen, Hand- und Fusspflege, Coiffeur.

Freizeitangebot
★★☆☆☆☆

Geführte Wanderungen und Mountainbiketouren. Im Winter Skischule und Skipisten direkt vor dem Haus. Kinderspielzimmer.

Lage und Umgebung
★★★★★☆

Auf der Sonnenterrasse über Lech auf 1700 Metern über Meer.

Zimmer
★★★★★☆

41 wohnliche Zimmer und Suiten.

Essen und Trinken
★★★★★★

Hoch ambitionierte Naturküche (1 Michelin-Stern in der »Griggeler Stube«). Auf Wunsch Ayurvedamenüs, Trenn- und Diätkost. Cocktailbar in der Kaminhalle.

Service
★★★★★★

Tadellos. Für den Gast gibt es kein Nein.

Preise
EZ 105–260 €
DZ 173–482 €
Suite 229–1060 €
inkl. Halbpension

Preis-Leistungs-Verhältnis
★★★★★★

Top
Hannelore Lucian, Kennerin alles Gesunden und Schönen, bietet mit grossem Sachverstand ein breites Spektrum an ayurvedischen Behandlungen an.

Flop
Die Weinauswahl ist berauschend, die Preise sind schwindelerregend.

Anreise
Ab Feldkirch Autobahn Richtung Innsbruck bis Ausfahrt Arlberg. Landstrasse nach Lech, dort zur Bergbahn Lech-Oberlech fahren. Hier erhält man den Garagenschein für die Tiefgarage Anger vis-à-vis der Bergbahn. Von hier mit der Bergbahn nach Oberlech (von 07 bis 01 Uhr in Betrieb) und Gepäcktransport direkt ins Hotel.

Tirol

Wellness-Residenz Schalber 55
A-6534 Serfaus
Tel. +43 (0)5476 6770
Fax +43 (0)5476 6770 35
www.schalber.com
info@schalber.com
Ganzjährig geöffnet

Gesamtwertung: **53**/60

Ambiente
★★★★★★

Der Familienbetrieb erscheint innen und aussen wie aus dem Tiroler Prospekt für »Schöner Wohnen« und erfreut mit einfühlsamer Balance zwischen Eleganz und Nestwärme. Dank des sicheren Geschmacks des Eigentümers Alois Schalber und seiner geradezu obsessiven Aufmerksamkeit für Details ist das Haus ein Eldorado für Leute, die den feinen Unterschied zwischen gewöhnlichen Wellnessadressen und aussergewöhnlichen Relaxoasen kennen. Unter dem Motto »Tue deinem Körper etwas Gutes, damit deine Seele Lust hat, darin zu wohnen« wird ein breites Spektrum an asiatischen, indischen, arabischen, amerikanischen und natürlich auch alpinen Körper- und Beautybehandlungen geboten.

Spa-Infrastruktur
★★★★★★

3000 Quadratmeter Wellnessbereich mit diversen Innen- und Aussenbädern in verschiedenen Temperaturen, attraktiver Saunawelt, Rasulbad, Fitness- und Gymnastikraum, diversen Behandlungsräumen für Body und Beauty, täglichen Gymnastik- und Entspannungslektionen.

Körperbehandlungen
★★★★★★

Klassische und fernöstliche Massagen, ayurvedische Behandlungen, Shiatsu, LaStone-Therapie, Hydrotherapie Fussreflexzonenmassage, Akupunktmassage, Lymphdrainage.

Beautyanwendungen
★★★★★★

Klassische und moderne Gesichtsbehandlungen, Entspannungsbäder, Thalassoanwendungen, Packungen, Wickel, Peelings, Hand- und Fusspflege, Coiffeur.

Freizeitangebot
★★★☆☆☆

Zwei Hallentennisplätze mit Tennislehrer, Squashhalle, betreute Sportprogramme und Bergerlebnisse (Verleih von Rucksack,

Regenschutz, Wanderstöcken), ganztägige Kinderbetreuung (ab 3 Jahren) mit buntem Spiel-, Spass- und Kreativprogramm.

Lage und Umgebung
★★★★★☆
Am Ortseingang des Wintersportorts, mit imposantem Rundumblick auf die Tiroler Bergwelt, auf 1400 Metern über Meer.

Zimmer
★★★★★☆
78 geräumige Zimmer und Suiten im luxuriösen Tiroler Stil.

Essen und Trinken
★★★★☆☆
Gut zubereitete österreichische Spezialitäten aus natürlichen Produkten, die vorwiegend in nächster Umgebung gedeihen.

Service
★★★★★★
Ausgesprochen freundlich und professionell. Es fehlt an nichts für einen erfreulichen Aufenthalt.

Preise
EZ 135–295 €
DZ 244–530 €
Suite 290–610 €
inkl. Vollpension

Preis-Leistungs-Verhältnis
★★★★★★

Top
Im grossen Wellness- und Beautybereich zerfliessen Sorgenfalten und Stress im Nu.

Flop
An manchen Tagen scheint es hier ausschliesslich Schweizer Gäste zu geben.

Anreise
Autobahn bis Ausfahrt Landquart, dann Landstrasse Richtung Davos bis zum Vereinatunnel (Autoverlad). Ab Sagliains Landstrasse via Scuol Richtung Landeck bis Abzweigung Serfaus.

Trofana Royal 56
A-6561 Ischgl
Tel. +43 (0)5444 600
Fax +43 (0)5444 600 90
www.trofana-royal.at
office@trofana.at
Anfang Dezember bis Ende April und Mitte Juni bis Mitte Oktober geöffnet

Gesamtwertung: **49**/60

Ambiente
★★★★☆
Die richtige Mischung machts: ein leicht extravagantes Grandhotel-Ambiente, das Knistern des Kaminfeuers, viel Holz und warme Farben, feinste Darbietungen aus der Küche in behaglichen Stuben, luxuriös ausgestattete Zimmer sowie ein weitläufiges Spa. Dazu strahlend freundliche Mitarbeiter und ein gut gemischtes Publikum, das für eine gepflegte Lebendigkeit sorgt. Das dürfte reichen für einen angenehmen Aufenthalt.

Spa-Infrastruktur
★★★★★★
2450 Quadratmeter Wellnessbereich mit Hallenbad, Sole-Aussenbad, Aussen-Whirlpool, Saunawelt, Serailbad, diversen Behandlungsräumen für Body und Beauty, Fitnessraum, Personal Trainer, Entspannungs- und Gymnastiklektionen.

Körperbehandlungen
★★★★☆
Klassische und fernöstliche Massagen, Anti-Cellulite-Behandlung, Reiki, Klangschalenmassage, LaStone-Therapie, Thaimassage, Fussreflexzonenmassage, Shiatsu, Akupunktmassage, Lymphdrainage, Dorn-Breuss-Massage (Wirbelsäulentherapie).

Beautyanwendungen
★★★★☆☆
Klassische Kosmetikbehandlungen (auch speziell für Männer), Entspannungsbäder, Peelings, Thalassoanwendungen, Wickel, Packungen, Hand- und Fusspflege, Coiffeur.

Freizeitangebot
★★★☆☆☆
Geführte Wanderungen und Biketouren, Fahrräder, Skivermietung, Squashhalle, Indoorgolf, Kinderbetreuung während der Ferienzeiten, vielfältiges Sport- und Unterhaltungsprogramm, Massageakademie, Kochkurse, Diskothek.

Lage und Umgebung
★★★☆☆
Am Dorfrand. Direkt an der Ski-Talabfahrt und wenige Meter von der Silvrettabahn-Talstation.

Zimmer
★★★★★★
82 geräumige, äusserst komfortable und stilsicher eingerichtete Zimmer und Suiten, alle mit Balkon.

Essen und Trinken
★★★★★★
Diverse Restaurants für jeden Anspruch und jedes Budget. Die »Paznauerstube« ist mit einem Michelin-Stern ausgezeichnet.

Service
★★★★★★
Ausgesprochen motiviert und professionell.

Preise
EZ 150–310 €
DZ 280–600 €
Suite 310–760 €
inkl. Halbpension

Preis-Leistungs-Verhältnis
★★★★★☆

Top
Küchenchef Martin Sieberer zählt zu den besten Köchen in Tirol.

Flop
Die etwas pompöse Rustikalität im ganzen Haus mag nicht jedermanns Geschmack sein.

Anreise
Inntalautobahn bis Ausfahrt Landeck/Pians, dann Landstrasse nach Ischgl. Das Hotel liegt im hinteren Ortsteil.

Aqua Dome 57
A-6444 Längenfeld/Ötztal
Tel. +43 (0)5253 6400
Fax +43 (0)5253 6400 480
www.aqua-dome.at
office@aqua-dome.at
Ganzjährig geöffnet

Gesamtwertung: **42**/60

Ambiente
★★★★☆☆
»A Mordsschwimmbad« nennen die Einheimischen die spektakuläre Thermenwelt, die im Herbst 2004 inmitten der Ötztaler Berge eröffnet wurde. Das weitläufige Ensemble beherbergt auch ein grosses Viersternehotel in klassisch-zeitgenössischem Design mit direktem Zugang zur Therme und hoteleigenem Ruhebereich in einem verglasten Panoramaraum. Die Verwendung von natürlichen Materialien und viel Holz verleiht den Innenräumen eine gewisse Wärme; dennoch wirkt die auf dem Reissbrett entworfene Anlage atmosphärisch etwas steril.

Spa-Infrastruktur
★★★★★★
Thermenlandschaft mit diversen Schwimmbecken und einer Wasserfläche von 2200 Quadratmetern innen und aussen. Saunawelt (2000 Quadratmeter), 17 Behandlungsräume für Body und Beauty, Fitnessraum, Personal Trainer, Gesundheitszentrum mit diversen Check-ups und entsprechenden Aufbauprogrammen. Täglich wechselndes Aktivprogramm unter professioneller Anleitung: Yoga, Tai-Chi, Qigong, Aqua-Aerobic, Aqua-Fitness mit Unterwasser-Fitnessgeräten.

Körperbehandlungen
★★★★☆☆
Klassische und fernöstliche Massagen, LaStone-Therapie, Shiatsu, Klangschalenmassage.

Beautyanwendungen
★★★★★☆
Breite Palette an Schönheitsbehandlungen mit diversen Produktlinien. Eine Besonderheit sind die Ajaran-Rituale, die auf den südostasiatischen Weisheiten für Schönheit, Jugend

Central 58

A-6450 Sölden im Ötztal
Tel. +43 (0)5254 2260 0
Fax +43 (0)5254 2260 511
www.central-soelden.at
info@central-soelden.at
Mitte Juli bis Ende April geöffnet

Gesamtwertung: **44**/60

Ambiente
★★★★★☆

Luxuriöses Tiroler Berghotel wie aus dem Bilderbuch. Im ganzen Haus erwartet den Gast ein ehrliches Lächeln und eine freundliche Kompetenz.

Spa-Infrastruktur
★★★★☆☆

1500 Quadratmeter Wellnessbereich mit Hallenbad, Whirlpool, Saunawelt, Fitnessraum, Personal Trainer, diversen Behandlungsräumen für Body und Beauty, Gymnastik- und Entspannungslektionen.

Körperbehandlungen
★★★★★★

Klassische und fernöstliche Massagen, ayurvedische Anwendungen, LaStone-Therapie, Shiatsu, Lomi Lomi Nui, Pantai Luar, Fussreflexzonenmassage, Klangschalenmassage, Thaimassage, Reiki, Lymphdrainage, Akupunktmassage, Dorn-Breuss-Massage (Wirbelsäulentherapie), Anti-Cellulite-Behandlungen, Traditionelle Chinesische Medizin.

Beautyanwendungen
★★★★★☆

Klassische und moderne Gesichtsbehandlungen, Thalassoanwendungen, Hand- und Fuss-

---

und Gesundheit basieren. Entspannungsbäder, Packungen, Wickel, Coiffeur.

Freizeitangebot
★★☆☆☆☆

Sehr gute Kinderbetreuung mit täglichem kostenlosem Animationsprogramm, Spielräumen, Plansch- und Jugendbecken, Kinderrestaurant und 90-Meter-Riesenrutsche. Geführte Nordic-Walking-Touren, Velotouren und (Schneeschuh-)Wanderungen.

Lage und Umgebung
★★★☆☆☆

Am Waldrand, in der Mitte des Ötztals.

Zimmer
★★★★★☆

140 geräumige, in moderner Schlichtheit gestaltete Zimmer, Juniorsuiten und Suiten. Alle mit Balkon, teilweise mit offenem Kamin.

Essen und Trinken
★★★★☆☆

Zeitgemässe Vitalküche und Buffets mit vegetarischen und kalorienarmen Speisen im Hotelrestaurant. Lounge und Bar.

Service
★★★★☆☆

Routiniert freundlich.

Preise
EZ 120–150 €
DZ 240–300 €
Juniorsuite/Suite 290–550 €
inkl. Halbpension und Thermeneintritt

Preis-Leistungs-Verhältnis
★★★★★

Top
Kids geniessen hier unbegrenzte Möglichkeiten, den ganzen Tag zu toben und im Wasser zu tollen, ohne Ruhe suchende Gäste zu stören.

Flop
Die Landschaft in der Mitte des Ötztals kann niemanden so richtig begeistern.

Anreise
Über die Inntalautobahn bis Ausfahrt Ötztal, dann Landstrasse Richtung Sölden bis Längenfeld, Beschilderung »Aqua Dome« folgen.

Zimmer
★★★★☆
118 freundliche, geräumige Zimmer in einem Stilmix aus Toskana und Tiroler Alpenwelt.

Essen und Trinken
★★★★☆☆
Ambitionierte Küche regionaler Prägung. Café mit Kamin. Bar mit Livemusik.

Service
★★★★★☆
Familiär freundlich.

Preise
EZ 137–221 €
DZ 234–420 €
Suite 340–742 €
inkl. Halbpension

Preis-Leistungs-Verhältnis
★★★★★☆

Top
Das Weinangebot lässt das Herz jedes Weinliebhabers höher schlagen – auch das »Who is Who« der österreichischen Edelwinzer ist vollständig vertreten.

Flop
Es ist einfach rätselhaft, warum die Wellnessbereiche österreichischer Hotels einander so ähnlen müssen – als hätten sie alle denselben Spa-Ausstatter.

pflege, Entspannungsbäder, Packungen (Weintrester, Kräuter, Algen, Heublumen), Wickel.

Freizeitangebot
★★☆☆☆☆
Geführte Wanderungen und Outdoor-Aktivitäten, Nordic Walking, Weindegustationen, Kinderbetreuung.

Lage und Umgebung
★★★☆☆☆
Im Dorf.

Anreise
Inntalautobahn bis Ausfahrt Ötztal, dann eine halbe Autostunde bis Sölden. Das Hotel liegt mitten im Dorf und ist ausgeschildert.

Alpenresort Schwarz 59

A-6414 Mieming
Tel. +43 (0)5264 5212 0
Fax +43 (0)5264 5212 7
www.schwarz.at
hotel@schwarz.at
Ganzjährig geöffnet

Gesamtwertung: **55**/60

Ambiente
★★★★★★

Der familiengeführte Musterbetrieb ist aus einem 300-jährigen Herrenhaus herausgewachsen. Mittlerweile sind diverse weitere, unterirdisch damit verbundene Gebäude sowie ein riesiger Wellnessbereich hinzugekommen. Abgesehen vom puristisch gestalteten Spa präsentiert sich das Interieur in rauschender, manchmal fast überbordender Ornamentik; viel Holz und Schnörkel sowie eine ehrliche Rustikalität zählen zu den auffälligsten Ausstattungsmerkmalen. Wer es gerne so richtig österreicherisch mag, für den ist das »Schwarz« kaum zu übertreffen.

Spa-Infrastruktur
★★★★★★

4000 Quadratmeter Wellnessbereich mit Hallenbad, Freibad (34 Grad im Herbst und Winter), Saunawelt, Rasulbad, Naturbadesee, Whirlpool, zahlreichen Behandlungsräumen für Body und Beauty, Entspannungs- und Gymnastiklektionen (Yoga, Pilates, Wirbelsäulengymnastik, Aquafit, Qigong, Stretching, Bodystyling, Dance-Aerobic usw.), Fitnessraum, Personal Trainer. Privatklinik, medizinische Check-ups.

Körperbehandlungen
★★★★★★

Klassische und fernöstliche Massagen, Pantai Luar, Fussreflexzonenmassage, Lymphdrainage, Dorn-Breuss-Massage (Wirbelsäulentherapie), Seifenschaummassage, Shiatsu, LaStone-Therapie, Klangschalenmassage, Akupunktmassage, Anti-Aging-Programme.

Beautyanwendungen
★★★★★★

Klassische und moderne Gesichtsbehandlungen, Thalassoanwendungen, Entspannungsbäder, Peelings, Packungen,

Wickel, Hand- und Fusspflege, Coiffeur. Schönheitschirurgie.

Freizeitangebot
★★★★★★
9-Loch-Golfplatz mit Driving-Range und Golflehrer direkt gegenüber dem Hotel, drei Tennisplätze mit Trainer, Volleyballplatz, Mountainbikes, geführte Langlauf- und Bergwanderungen sowie Velotouren, Nordic Walking, Schneeschuhtouren, vielfältiges Sport- und Unterhaltungsprogramm. Kinderwelt mit täglicher Betreuung, Streichelzoo, im Winter Skikindergarten mit Kinderschule. Hoteleigenes Jagdrevier mit Wildbeobachtung und Pirsch mit dem Jäger.

Lage und Umgebung
★★★★★★
Freistehend auf einem sonnigen Hochplateau, auf 900 Metern über Meer.

Zimmer
★★★★☆☆
118 sehr unterschiedliche, teilweise etwas düstere Zimmer und Suiten im alpenländischen Stil. Sehr schöne Luxussuiten im Haus Obstgartl 3.

Essen und Trinken
★★★★★☆
Fein zubereitete österreichische Spezialitäten. Angeboten wird die »Alles-Inklusive-Verwöhnpension«, was konkret bedeutet, dass man fast den ganzen Tag essen und alkoholfrei trinken kann.

Service
★★★★☆☆
Familiär freundlich, an der Rezeption hin und wieder überfordert.

Preise
EZ 152–246 €
DZ 276–462 €
Suite 324–514 €
inkl. Vollpension

Preis-Leistungs-Verhältnis
★★★★★★

Top
Die grosse Saunalandschaft hat abends täglich bis um 22 Uhr geöffnet.

Flop
Der teilweise wilde Stilmix und das labyrinthartige Geflecht von Korridoren.

Anreise
Nach dem Arlbergtunnel auf der Inntalautobahn Richtung Innsbruck, Ausfahrt Mieming. Das Hotel liegt am hinteren Ortsrand in freier Landschaft.

Astoria Relax & Spa Hotel 60
A-6100 Seefeld
Tel. +43 (0)5212 2272 0
Fax +43 (0)5212 2272 100
www.astoria-seefeld.com
hotel@astoria-seefeld.com
Ganzjährig geöffnet

Gesamtwertung: **45**/60

Ambiente
★★★★★★
Seit der Totalrenovation im Jahr 2003 hat das »Astoria« seinen Platz in der Elitedivision der österreichischen Wellnesshotellerie gefunden. Das Interieur der herausgeputzten Anlage ist in warme Farbtöne getaucht und strahlt Grandeur und trotzdem Heimeligkeit aus. Allenthalben spürt man die Grosszügigkeit eines kultivierten Landhauses. Ein elegantes Refugium, wie es sein muss, wenn man von luxuriöser Erholung in den Tiroler Bergen träumt.

Spa-Infrastruktur
★★★★★☆
2000 Quadratmeter Wellnessbereich mit Indoor-/Outdoorpool, Saunawelt, diversen Behandlungsräumen für Body und Beauty, Gymnastik- und Entspannungslektionen (Qigong, Aquagym, Wirbelsäulengymnastik, Stretching usw.), Fitnessraum, Personal Trainer.

Körperbehandlungen
★★★★☆☆
Klassische Massagen, Fussreflexzonenmassage, Dorn-Breuss-Massage (Wirbelsäulentherapie), Lymphdrainage, Shiatsu, LaStone-Therapie.

Preise
EZ 108–242 €
DZ 186–442 €
Suite 278–638 €
inkl. Vollpension

Preis-Leistungs-Verhältnis
★★★★★☆

Top
Die aufmerksamen Gastgeber sorgen dafür, dass man in ihrem Reich nicht bedient, sondern betreut wird.

Flop
Die Küche ist nicht immer in Höchstform.

Anreise
Inntalautobahn bis Ausfahrt Telfs Ost, dann Richtung Seefeld, dort nach dem Restaurant Emilia Romana rechts abbiegen, vor dem Hotel Central nach links in die Münchner Strasse, nach dem Geschäft »Masshosen« auf der linken Seite links in die Geigenbühelstrasse abbiegen und bis zum »Astoria«.

Beautyanwendungen
★★★★★☆
Klassische und moderne Gesichtsbehandlungen, Entspannungsbäder, Packungen, Peelings, Chocolate-Behandlungen, Hand- und Fusspflege.

Freizeitangebot
★☆☆☆☆
Geführte Wanderungen, Nordic Walking.

Lage und Umgebung
★★★★★☆
Ruhig am oberen Dorfrand, mit schönem Ausblick in die Bergwelt.

Zimmer
★★★★★☆
50 wohnliche Zimmer und Suiten, die meisten mit Balkon und Weitblick.

Essen und Trinken
★★★★☆☆
Atmosphärisch gediegenes Halbpensionsrestaurant mit Fünf-Gang-Auswahlmenü und wechselnden Buffets. Hotelbar.

Service
★★★★★☆
Sehr korrekt. Manchmal geben sich die Mitarbeiter etwas geziert.

Interalpen-Hotel Tyrol 61

A-6410 Telfs-Buchen
Tel. +43 (0)5262 606 0
Fax +43 (0)5262 606 190
www.interalpen.com
reservation@interalpen.com
Anfang Dezember bis Ende März und Anfang Mai bis Ende Oktober geöffnet

Gesamtwertung: **51**/60

Ambiente
★★★★☆☆

Der Koloss in Gestalt eines neo-rustikalen Mega-Chalets der achtziger Jahre schreckt auf den ersten Blick ab. Doch auf den zweiten Blick versöhnen einen das Postkartenpanorama, die ausgesprochen geräumigen Zimmer und die olympischen Dimensionen von Schwimmbad und Wellnessbereich. In der weitläufigen Hotelhalle mit geschwungener Freitreppe im österreichischen Tischlerbarock funkeln Tausende von Kristallen an venezianischen Lüstern, schwere Teppiche liegen auf den Marmorböden, klassische Gobelins, Stuckarbeiten und allerlei optischer Firlefanz runden das Bild ab. »Von allem etwas mehr« heisst die Unternehmensvision des »Interalpen-Hotel Tyrol« – es kann aber gut sein, dass es dem einen oder anderen schlichtweg von allem zu viel wird.

Spa-Infrastruktur
★★★★★★

5000 Quadratmeter Wellnessbereich mit Hallenbad, Freibad, Whirlpool, Saunawelt im Stil eines Tiroler Dorfs, Fitness-

raum, Personal Trainer, 25 Behandlungsräumen für Body und Beauty, Entspannungs- und Gymnastiklektionen. Medical Wellness mit energetischer Medizin, kosmetischer Medizin, Kardiologie, innerer Medizin und Naturheilverfahren.

Körperbehandlungen
★★★★★★

Klassische und fernöstliche Massagen, Akupressur, Akupunktur, Lymphdrainage, Pantai Luar, Shiatsu, Lomi Lomi Nui, Hydrotherapie, Anti-Aging-Programme, medizinische Check-ups.

Beautyanwendungen
★★★★★★

Klassische und moderne Gesichtsbehandlungen, regenerierende und medizinische Bäder, Wickel, Peelings, Fango, Thalassoanwendungen, Packungen.

Freizeitangebot
★★★☆☆☆

Fünf Innen- und Aussen-Tennisplätze, vielfältiges Sport- und Unterhaltungsprogramm, pro-

fessionelle Kinderbetreuung. Im Winter Shuttle-Bus zum nahen Wintersportgebiet.

Lage und Umgebung
★★★★★★
Auf einem Sonnenplateau mit traumhaftem Ausblick auf das Wetterstein- und Karwendelgebirge, auf 1300 Metern über Meer.

Zimmer
★★★★★★
25 geräumige und komfortable Einzelzimmer, 269 Apartments und 6 Suiten.

Essen und Trinken
★★★★☆☆
Sechs Restaurantstuben bieten die ganze kulinarische Bandbreite von internationalen Klassikern über alpenländische Spezialitäten bis zur leichten Vitalküche. Produkte einheimischer Bauern bilden die Basis für eine ausgewogene Vollwerternährung, welche die Wellnessprogramme des Hauses unterstützt.

Service
★★★★☆☆
Routiniert freundlich.

Preise
EZ 152–296 €
DZ 304–482 €
Suite 495–1572 €
inkl. Halbpension

Preis-Leistungs-Verhältnis
★★★★★★

Top
Beim Betreten des Hotelzimmers traut man seinen Augen kaum: Die kleinsten Doppelzimmer sind 45 Quadratmeter gross, von den grösseren Doppelzimmern (68–78 Quadratmeter) oder den Suiten (82–120 Quadratmeter) ganz zu schweigen. Und jedes der Zimmer ist zudem äusserst luxuriös ausgestattet, ohne luxuriös viel zu kosten.

Flop
Für Liebhaber von gemütlichen kleinen Familienbetrieben ist das »Interalpen-Hotel Tyrol« der schiere Alptraum.

Anreise
Inntalautobahn bis Ausfahrt Telfs, dann Landstrasse Richtung Garmisch-Partenkirchen. Kurz nach dem Ort Buchen ist der Abzweiger zum Hotel ausgeschildert.

Quellenhof 62
A-6105 Leutasch
Tel. +43 (0)5214 67820
Fax +43 (0)5214 6369
www.quellenhof.at
info@quellenhof.at
Ganzjährig geöffnet

Gesamtwertung: **46**/60

Ambiente
★★★★★☆
Stil, Komfort und Qualität sind in diesem Tiroler Wellness-Ferienhotel mit Schwerpunkt auf Traditioneller Chinesischer Medizin sozusagen eine Selbstverständlichkeit, und insofern ist der »Quellenhof« nichts Besonderes, sondern einfach eine runde Sache. Das Lebensgefühl ist trotz 84 Zimmern sehr intim; es werden keine Busgruppen, Seminar- oder externen Restaurantgäste angenommen.

Spa-Infrastruktur
★★★★☆☆
1600 Quadratmeter Wellness: Hallenbad, zwei Aussenwhirl-

pools, Saunawelt, Fitnessraum, Gruppenlektionen (Yoga, Pilates, Wassergymnastik, Atemübungen, Nordic Walking, Qigong usw.), zahlreiche Behandlungsräume für Body und Beauty.

Körperbehandlungen
★★★★★☆
Klassische und fernöstliche Massagen, Traditionelle Chinesische Medizin, Shiatsu, Lymphdrainage, Klangschalenmassage, Reiki, Ayurvedabehandlungen, LaStone-Therapie.

Beautyanwendungen
★★★★★☆
Klassische Gesichtsbehandlungen aller Art, Wickel, Packungen, Entspannungsbäder, Thalassoanwendungen.

Freizeitangebot
★★★☆☆☆
Betreutes Outdoor-Aktivprogramm. Direkt vor der Haustür befindet sich der 18-Loch-Golfplatz Wildmoos/Seefeld mit Golf-Academy und angeschlossenem 9-Loch-Übungsplatz. Im Winter Skilift nebenan (einfaches Skigebiet mit Kinderskischule) und Langlaufloipen direkt am Hotel vorbei.

Lage und Umgebung
★★★★★☆
Alleinstehend auf dem sonnigen Leutascher Hochplateau, auf 1130 Metern über Meer.

Zimmer
★★★★☆☆
84 freundliche und geräumige Zimmer.

Essen und Trinken
★★★★☆☆
Vollwertige Naturküche aus vorwiegend regionalen Produkten.

Service
★★★★★☆
Motiviert, hilfsbereit und kompetent.

Preise
EZ 113–128 €
DZ 202–256 €
inkl. Halbpension und Nachmittags-Kuchenbuffet

Preis-Leistungs-Verhältnis
★★★★★★

Top
Der chinesische Arzt Vincent Diao Xi und seine Frau Nan, beide an der Spezialklinik für TCM (Traditionelle Chinesische Medizin) in Tienchin ausgebildet, sind Meister ihres Fachs.

Flop
Um in den Genuss mancher Anwendungen zu gelangen, muss man sie teilweise lange im Voraus reservieren.

Anreise
Inntalautobahn Richtung Innsbruck bis Ausfahrt Telfs Ost, dann Bundesstrasse Seefeld–Leutasch. Ins Leutaschtal, durch die Weiler Ostbach, Platzl, Kirchplatzl und weiter bis Weidach. Hier befindet sich das Hotel Quellenhof.

Jungbrunn 63
A-6675 Tannheim
Tel. +43 (0)5675 62 48
Fax +43 (0)5675 65 44
www.jungbrunn.at
hotel@jungbrunn.at
Mitte Dezember bis Ende
Oktober geöffnet

Gesamtwertung: **52**/60

Ambiente
★★★★☆

Sie träumen von einer Region, die mehr Bauernhäuser als Hotels zählt? Genau das werden Sie im (fast) unberührten, bäuerlichen Tannheimer Hochtal finden. Nichts trübt die Ruhe, nichts die Stimmung. Schon dies vermittelt Wellness pur. Und das »Jungbrunn« besitzt darüber hinaus das Talent, den Gästen diese Wellness auf allen Ebenen zu bieten – mit einem erlebnisreichen Sport- und Freizeitprogramm sowie einem attraktiven Relax- und Beautyangebot. Hier taucht man ein ins heitere Tiroler Lebensgefühl; die Atmosphäre ist ungekünstelt freundlich und entspannt. Das herzliche Team versteht sich auf die Kunst, den Gast mit gelassener Souveränität zu empfangen, mit fürsorglicher Professionalität zu bedienen und überall mit Namen oder zumindest einem offenen Lächeln zu begrüssen.

Spa-Infrastruktur
★★★★★☆

2900 Quadratmeter Wellnessbereich mit Hallenbad, Sole-Freibad, Whirlpool, Badebiotop, Saunawelt, Fitnessraum, täglich Gymnastik- und Entspannungslektionen, zahlreichen Behandlungsräumen für Body und Beauty.

Körperbehandlungen
★★★★★★

Klassische und fernöstliche Massagen, ayurvedische Behandlungen, Thaimassage, Tuina, Akupunktmassage, Fussreflexzonenmassage, Shiatsu, LaStone-Therapie, Lymphdrainage, Rückenschule, Gesundheitsberatung.

Beautyanwendungen
★★★★★★

Schönheitsfarm mit der ganzen Palette an Gesichtsbehandlungen (auch speziell für Männer), Gesichts-Shiatsu, Entspannungsbädern, Packungen und Wickeln, Hand- und Fusspflege.

Freizeitangebot
★★★★☆☆

Badebiotop (Sommer). Zwei Tennishallenplätze mit Tennisschule, geführte Wanderungen, Schneeschuhtouren und Mountainbike-Ausflüge, tägliches Sport- und Unterhaltungsprogramm. Das Haus befindet sich unmittelbar am Einstieg ins Langlaufloipennetz und direkt neben der Gogelhornbahn, die ins Familienskigebiet Neunerköpfle führt.

Lage und Umgebung
★★★★★★

Im offenen Tannheimer Hochtal, alleinstehend etwas oberhalb des Dörfchens Tannheim. Ruhig, sonnig und fern vom Lärm der Welt.

Zimmer
★★★★☆☆

71 komfortable Zimmer und Suiten im dezenten Alpenlook.

Essen und Trinken
★★★★☆☆

Österreichische Spezialitäten im Erlebnisrestaurant Was Guats vom Berg, zahlreiche Buffets von morgens bis abends.

Service
★★★★★★

Das unaufdringlich aufmerksame Serviceteam unter den engagierten »Jungbrunn«-Besitzern Markus und Ulrike Gutheinz scheint in jedem Moment zu wissen, was die Gäste drei Minuten später wünschen.

Preise
EZ 103–188 €
DZ 206–312 €
Suite 380–416 €
inkl. Vollpension

Preis-Leistungs-Verhältnis
★★★★★★

Top
Es werden bis zu 40 Aktiv- und Entspannungsprogramme pro Woche geboten, je nach Wetter und Jahreszeit: Aquafit, Water Balancing, autogenes Trainig, Muskelrelaxation nach Jacobsen, Atmung und Relax, mentale Entspannung, Stretch und Relax, Pilates, Body and Soul Balance, Yoga, Fünf Tibeter, Qigong, Dance und Soft Aerobic, Thai Bo, Bauch-Beine-Po, Bodyforming, Wirbelsäulengymnastik, Nordic Walking usw.

Flop
Der ganze Wellness-, Sauna- und Badebereich schliesst bereits um 19 Uhr.

Anreise
Inntalautobahn Richtung Innsbruck bis Ausfahrt Imst, dann Landstrasse Richtung Füssen bis Abzweigung Haldensee. Von dort Richtung Oberjoch/Sonthofen bis Tannheim.

Liebes Rot-Flüh   64
A-6673 Haldensee bei Grän
Tel. +43 (0)5675 6431 0
Fax +43 (0)5675 6431 46
www.rotflueh.com
traumhotel@rotflueh.com
Ganzjährig geöffnet

Gesamtwertung: **47**/60

Ambiente
★★★★★☆

»Anders als die anderen« (Eigenwerbung) will es die Gastgeberfamilie Huber machen, und diesem Anspruch trägt das Haus mit viel Engagement, grossem Vergnügen an der Inszenierung und einer fast unerträglichen Portion Kitsch Rechnung. Die Mischung aus Bergbauernromantik, Disneyland und Wellnessparadies erfreut sich grosser Beliebtheit bei Schweizer Gästen – ständig wird erweitert und erneuert.

Spa-Infrastruktur
★★★★★★

2500 Quadratmeter Wellnessbereich mit Hallenbad, grossem Freibad, Solebecken, Whirlpools, Saunawelt, Rasulbad, zahlreichen Behandlungsräumen für Body und Beauty, Gymnastik- und Entspannungslektionen (Yoga, Pilates, Stretching, Theraband usw.), Fitnessraum, Personal Trainer, sportwissenschaftlichem Gesundheitszentrum, medizinischen Check-ups.

Körperbehandlungen
★★★★★★

Klassische und fernöstliche Massagen, ayurvedische Behandlungen, Craniosakraltherapie, Pantai Luar, Seifenbürstenmassage, Akupunktmassage, Reflexzonentherapie, Klangschalenmassage, Fussreflexzonenmassage, Lymphdrainage, LaStone-Therapie, Anti-Cellulite-Behandlung.

Beautyanwendungen
★★★★★★

Schönheitsfarm mit modernsten Pflegemethoden, regenerierenden und entschlackenden Bädern (Steinöl, Kräuter, Ziegenbutter, Algen, Heu), Thalassoanwendungen, Packungen (Kräuter, Moor, Sole oder Algen), Peelings, Hand- und Fusspflege, Coiffeur.

Freizeitangebot
★★★☆☆☆

2 Aussen-Tennisplätze, Squashhalle, Indoor-Golf, Kegelbahn, geführte (Schneeschuh-)Wanderungen, Mondschein-Schlittenfahrten, Nordic Walking, vielfältiges Sport- und Unterhaltungsprogramm, Mountainbikes, Weindegustationen, professionelle Kinderbetreuung.

Lanserhof 65

A-6072 Lans bei Innsbruck
Tel. +43 (0)512 386 660
Fax +43 (0)512 378 282
www.lanserhof.at
info@lanserhof.at
Anfang Januar bis Mitte Dezember geöffnet

Gesamtwertung: **50**/60

Ambiente
★★★★★★

Die Architektur ist minimalistisch erlesen und auf das Wesentliche beschränkt. Lichtdurchflutete Räume mit grossen Fenstern holen die gegenüberliegende Gebirgskette des Karwendels ins Haus. In den Räumen dominieren helle Farben und warme Naturtöne: Kirschholzparkett im Speisesaal, grauer Schieferboden im Spa, dazu eigens entworfene Designmöbel aus Holz, sparsam dosierte moderne Kunst und hie und da eine antike japanische Lackkommode. Der klare Stil passt zum Motto: Weniger ist mehr. Im Gesundheitszentrum »Lanserhof« wird die Kunst des Verzichts geübt. Askese auf höchstem Niveau, um Ballast abzuwerfen – körperlich wie

Lage und Umgebung
★★★☆☆☆

Am Dorf- und Waldrand. Wenige Gehminuten vom malerischen See entfernt.

Zimmer
★★★★☆☆

90 edel-rustikale, sehr unterschiedliche Zimmer und Suiten.

Essen und Trinken
★★★★☆☆

Drei Restaurants, die im Rahmen der Halbpension frei gewählt werden können, darunter das Erlebnisrestaurant Via Mala – ein rätoromanisches Bergdorf unter der Erde mit Gebirgsbach, Wasserfall und 300-jährigen Stuben, wo Donner und Gewitter für eine unvergessliche Kulisse sorgen. Tages- und Nachtbars mit Livemusik und Shows.

Service
★★★★★☆

Freundlich und hilfsbereit.

Preise
EZ 128–179 €
DZ 236–408 €
Suite 292–478 €
inkl. Frühstück

Preis-Leistungs-Verhältnis
★★★★★☆

Top
Das grosse, auf 30 Grad geheizte Freibad.

Flop
Stilistisch ist das Ganze eine Achterbahn. Für Liebhaber von schlichtem Design ist das »Liebes Rot-Flüh« die schiere Hölle.

Anreise
Inntalautobahn bis Ausfahrt Mötz, dann über Reutte bis Weissenbach, abbiegen Richtung Tannheimertal und über den Gaichtpass bis Haldensee.

seelisch. Hier unterziehen sich ausgepowerte Topmanager, Politiker und Models modernen Anti-Aging- und Anti-Stress-Therapien, nehmen einen »Ölwechsel« vor und stellen »die Ventile« neu ein, um danach wieder Vollgas zu geben. Der Erfolg spricht für sich: Achtzig Prozent der Gäste kommen wieder.

Spa-Infrastruktur
★★★★☆☆

Hallenbad, Saunas, Fitnessraum, Personal Trainer, zahlreiche Behandlungsräume für Body und Beauty, Gymnastik- und Entspannungslektionen.

Körperbehandlungen
★★★★★★

»Ein Aufenthalt im Lanserhof kann Ihr Leben verändern.« Das profilierte 25-köpfige Ärzte- und Therapeutenteam hat den Anspruch, die Gäste im Idealfall als neue Menschen nach Hause zu entlassen – mit individuellen Regenerations- und Präventionsprogrammen für Körper und Seele, mit einem ausgetüftelten Mix aus schulmedizinischen und naturheilkundlichen Ansätzen nach neustem wissenschaftlichem Stand sowie mit persönlicher Lifestyle-, Ernährungs- und Fitnessberatung, die auf alltagstauglichen Methoden basiert und den Weg zu Gesundheit und erfolgreichem Leben ebnen soll. Zu den Therapien und Vorsorgestrategien zählen: Anti-Aging-, Anti-Stress-Programme, F. X.-Mayr-Kuren, Osteopathie, energetische Massagen, östlich-westliche Physio- und Phytotherapie, Akupunktur, Shiatsu, Lymphdrainage, Aquamotion, Wirbelsäulenbasisausgleich, Neuraltherapie, Orthomolekulartherapie mit Vitaminen, Mineralstoffen und Spurenelementen, komplette Check-ups, Entgiftung, Entschlackung, Entsäuerung, Schlaflabor, Traditionelle Chinesische Medizin.

Beautyanwendungen
★★★★★★

Vielfältige Gesichtspflege, Entspannungsbäder, Cellulitebehandlung, Packungen und Wickel, Hand- und Fusspflege, plastische Chirurgie.

Freizeitangebot
★★☆☆☆☆

Geführte Wanderungen, Mountainbikes, Hauskonzerte, Vorträge über Kultur, Stressmanagement, Ausbau der persönlichen Kommunikationsfähigkeit usw.

Lage und Umgebung
★★★★★☆

An schöner Aussichtslage am Dorf- und Waldrand, auf 900 Metern über Meer. Zehn Fahrminuten mit der nostalgischen Strassenbahn von Innsbruck.

Zimmer
★★★★★☆

Wie im ganzen Haus setzt man auch in den 50 geräumigen Zimmern auf klare Linien, warme Materialien und viel Licht.

Essen und Trinken
★★★☆☆☆

Im Zentrum der Therapie steht der gesunde, entgiftete Darm. Das heisst: weniger essen, gründlicher kauen. Die Gäste sitzen jeweils an Vierertischen, denn geteiltes Leid ist halbes Leid. Die Menüs sind individuell auf jeden Gast abgestimmt (diätetische Verpflegung oder leicht bekömmliche »Energy

Cuisine«). Es werden nur naturbelassene Produkte, frisch von Lanser Bauern, verwendet.

Service
★★★★★★

Das hochmotivierte Team schafft mit ungekünsteltem »Gut-drauf-sein« echte Wohlfühlatmosphäre.

Preise
EZ 124–185 €
DZ 214–268 €
inkl. Vollpension

Preis-Leistungs-Verhältnis
★★★★★★

Top
Der »Lanserhof« praktiziert die perfekte Symbiose aus Naturheilkunde und universitärer Spitzenmedizin und vereinigt chinesische mit europäischer Heilkunst. Die vielen Auszeichnungen als Europas bestes Haus für innovative und kompetente Prävention und Regeneration bestätigen die Qualität der Leistungen und spornen den Geschäftsführer Andreas Wieser an, für seine Gäste weiterhin neue Wege in Sachen Bewegung, Ernährung, Verjüngung und Stressmanagement zu beschreiten.

Flop
Die Tendenz, Gesundheit als etwas absolut Messbares und Objektives zu betrachten.

Anreise
Inntalautobahn bis Innsbruck, dann Brennerautobahn bis Ausfahrt Patsch. Landstrasse via Patsch nach Lans.

Jagdhof 66
A-6167 Neustift
Tel. +43 (0)5226 2666
Fax + 43 (0)5226 2666 503
www.hotel-jagdhof.at
mail@hotel-jagdhof.at
Ganzjährig geöffnet ausser Mai

Gesamtwertung: **50**/60

Ambiente
★★★★★★

Schon bei der Reservation oder beim ersten Gespräch an der Rezeption spürt man: Hier stimmt der Ton genauso wie die Herzlichkeit und die Freude, welche die hochmotivierten Mitarbeiter rund um die Gastgeberfamilie Pfurtscheller ausstrahlen. In jedem Winkel dieses grossen Chalethauses herrscht eine bemerkenswert behagliche Atmosphäre; die elegant-rustikalen Restaurantstuben scheinen vor Gastlichkeit schier zu explodieren, und das Essen schmeckt ausgezeichnet. Der grosse, bis ins letzte Detail durchdachte Wellnessbereich bietet alles, was den Körper auf der Suche nach Wohlgefühl erfreut.

Spa-Infrastruktur
★★★★★★

Weitläufige Bade- und Saunalandschaft, Serailbad, zahlreiche Behandlungsräume für Body und Beauty, Gymnastik- und Entspannungslektionen, Fitnessraum, Personal Trainer.

Körperbehandlungen
★★★★★★

Klassische und fernöstliche Massagen, ayurvedische Behandlungen, LaStone-Therapie, Shiatsu, Lomi Lomi Nui, Thaimassage, Reiki, Lymphdrainage, Fussreflexzonenmassage, Klangschalenmassage.

Beautyanwendungen
★★★★★★

Klassische und moderne Gesichtsbehandlungen, Entspannungsbäder, Thalassoanwendungen, Peelings, Packungen, Wickel, Gesichts-Shiatsu, Hand- und Fusspflege.

Freizeitangebot
★★★☆☆☆

Tennisplatz (Sommer), Eisbahn (Winter), geführte Schneeschuhtouren und Bergwanderungen, Nordic Walking, vielfältiges Sport- und Unterhaltungspro-

gramm, professionelle Kinderbetreuung, kostenloser Hotel-Shuttle zum Stubaier Skigebiet, Diskothek.

Lage und Umgebung
★★★☆☆
Im Dorf.

Zimmer
★★★★☆
70 geräumige Zimmer und Suiten mit komfortablem Landhaus-Ambiente.

Essen und Trinken
★★★★☆
Diverse Restaurants für nahezu sämtliche Essbedürfnisse, von der rustikalen Bauernbratpfanne bis zur subtil abgestimmten Perlhuhnbrust.

Service
★★★★☆
Freundlich und hilfsbereit.

Preise
EZ 135–225 €
DZ 286–485 €
Suite 375–760 €
inkl. Frühstück

Preis-Leistungs-Verhältnis
★★★★☆

Top
Selbst die kleinsten Doppelzimmer sind mit 40 Quadratmetern sehr geräumig, von den riesigen Suiten ganz zu schweigen.

Flop
Das Dekor steuert ganz knapp am Kitsch vorbei. Für Anhänger des Klaren und Nüchternen vielleicht nicht das Richtige.

Anreise
Nach dem Arlbergtunnel Autobahn bis Innsbruck, dann Brennerautobahn bis Ausfahrt Neustift/Stubaital. Das Hotel liegt im Dorf und ist ausgeschildert.

Naturhotel Grafenast 67

A-6130 Schwaz
Tel. +43 (0)5242 63209
Fax +43 (0)5242 63209 99
www.grafenast.at
sehnsucht@grafenast.at
Ganzjährig geöffnet

Gesamtwertung: **37**/60

Ambiente
★★★★★★
Urchiges, sonnenverwöhntes Holzchalet voller Charme und guter Laune. In der Stube hängt ein Schild mit dem Motto »Kemmts eina, seids gmiatlich, lassts den Schmafu – do in der Stuben sein alle per Du.« Die Gastgeber agieren mit gelassener Souveränität und ziehen es vor, Spass mit ihren Gästen zu haben, als bloss von deren Spass zu profitieren. Die Wellness-Infrastruktur ist relativ klein, dafür wird hier das »Wellbeing« gross geschrieben.

Spa-Infrastruktur
★★☆☆☆
Freibad, finnische Sauna, Kräuter-Dampfbad, Fitnessraum, Behandlungsräume für Body und Beauty, Entspannungs- und Gymnastiklektionen.

Körperbehandlungen
★★★☆☆
Klassische Massagen, Shiatsu, Thaimassage, Dorn-Breuss-Massage (Wirbelsäulentherapie), Fussreflexzonenmassage, Lymphdrainage, Akupunktmassage.

Beautyanwendungen
★★☆☆☆
Naturkosmetik, orientalisches

Schlammbad, Molken-Honig-Bad, Moor- und Steinölfango, Packungen, Hand- und Fusspflege.

Freizeitangebot
★★★☆☆☆
Tennisplatz, geführte Berg- und Schneeschuhwanderungen sowie Rad- und Nordic-Walking-Touren, Gratisverleih von Rucksack mit Inhalt, Gratisverleih von Mountainbikes, Gratisverleih von Disc-Playern. Mondrhythmuskunde, Heilkräuterkunde, Brotbacken. Skifahren und Schlitteln von der Haustür weg. Kinderspielzimmer, Kinderspielplatz.

Lage und Umgebung
★★★★★★
»Über allem drüber«, auf 1330 Metern über Meer. Sagenhafter Ausblick aufs Inntal, ringsherum nur Natur pur.

Zimmer
★★★☆☆☆
Zwei Dutzend eher einfache Zimmer mit holziger Wärme, ohne Minibar und Fernseher.

Essen und Trinken
★★★★☆☆
Die Küche setzt auf Vollwert und verwendet überwiegend Produkte von heimischen Biobauern.

Service
★★★☆☆☆
Der Service ist freundlich und hilfsbereit, aber nicht immer zur Stelle, wenn man ihn braucht.

Preise
Preis-Leistungs-Verhältnis
★★★★★☆
EZ 93–148 €
DZ 170–320 €
inkl. Halbpension

Top
Die Massagen werden auf Wunsch in einer geschützten Zone im Freien durchgeführt.

Flop
Das Hotel hat einen leicht esoterischen Touch, der zu manchen Zeiten durch spezifische Themenwochen (Mondrhythmuskunde, Heilkräuterkunde, Acrylmalen, Tai-Chi usw.) mit der entsprechenden Gästeschaft betont wird.

Anreise
Inntalautobahn Innsbruck–Salzburg bis Ausfahrt Schwaz. Landstrasse zum Hochpillberg.

Sporthotel Stock 68
A-6292 Finkenberg
Tel. +43 (0)5285 6775
Fax +43 (0)5285 6775 421
www.sporthotel-stock.com
sporthotel@stock.at
Ganzjährig geöffnet

Gesamtwertung: **51**/60

Ambiente
★★★★★★

Hier weiss man, was man hat: ein Flaggschiff der Tiroler Wellnesskultur, durch und durch auf Fitness, Wellness und Wohlsein getrimmt. Eine Heiterkeit des Seins liegt in der Luft, in den weitläufigen öffentlichen Räumlichkeiten gibt es viel zu schauen – das altersmässig gut gemischte Publikum sorgt für eine gepflegte Lebendigkeit. Rund ein Drittel der Gäste stammt aus der Schweiz, zwei Drittel aus Deutschland. Besonders jüngere Paare zwischen 25 und 45 Jahren, oft auch allein oder mit Freundin anreisende berufstätige Damen gönnen sich hier einige Tage Wellness und Wärme, um in herzerfrischender Natur ihre Akkus aufzuladen. Auch Kindern sichert das familienfreundliche Haus eine abwechslungsreiche Zeit: Einmal im »Stock« angekommen, ist es schwierig, die Familie zusammenzuhalten.

Spa-Infrastruktur
★★★★★★

3000 Quadratmeter Wellnessbereich mit Indoor-/Outdoorpool, Aussen-Whirlpool, grosser Saunawelt, separatem Spa für Frauen, Fitnessraum, zahlreichen Behandlungsräumen für Body und Beauty, Entspannungs- und Gymnastiklektionen (Yoga, Tai-Chi, Stretching, Body-Styling, Qigong, autogenes Training usw.).

Körperbehandlungen
★★★★★☆

Klassische und fernöstliche Massagen, ayurvedische Behandlungen, Seifenschaummassage, Klangschalenmassage, Shiatsu, LaStone-Therapie, Lomi Lomi Nui, Akupunkturmassage, Lymphdrainage.

Beautyanwendungen
★★★★★☆

Klassische Gesichtspflege (auch speziell für Männer), Peelings, Entspannungsbäder, Thalassoanwendungen, Fango, Packun-

Alpenrose 69

A-6212 Maurach am Achensee
Tel. +43 (0)5243 5293 0
Fax +43 (0)5243 5466
www.alpenrose.at
info@alpenrose.at
Mitte Dezember bis Mitte November geöffnet

Gesamtwertung: **52**/60

Ambiente
★★★★★★

Hinter den meisten Erfolgsgeschichten steckt eine starke Persönlichkeit. Denn gute Hoteliers sind wie Regisseure; sie inszenieren auf ihrer privaten Bühne – mit mehr oder weniger aufwendigen Kulissen – ein Stück Lebenskultur. Wolfgang Kostenzer hat weder Kosten noch Mühen gescheut, um die »Alpenrose« zu einem der führenden österreichischen Wellnesshotels zu trimmen. Und es wird ständig weiter investiert und erneuert. Unter dem Leitsatz »Verträume nicht dein Leben, lebe deine Träume« ist alles ein bisschen abgehoben: So wird etwa das Licht in der Sauna von energiespendenden Edelsteinen gefiltert; bei Spe-

gen, Wickel, Hand- und Fusspflege.

Freizeitangebot
★★★☆☆☆

Geführte (Schneeschuh-)Wanderungen, Nordic Walking, Schlittenfahrten, im Winter 6 Tage pro Woche Skifahren mit Haus-Skiguides. Vielfältiges Sport- und Unterhaltungsprogramm, abwechslungsreiche Kinder- und Jugendbetreuung, Skikindergarten, Skiverleih.

Lage und Umgebung
★★★★★☆

Ruhig, an einem sonnigen Südhang hoch über Mayrhofen, umrahmt von den Tiroler Bergen.

Zimmer
★★★★★☆

94 komfortable, geräumige Zimmer und Suiten im modernen Tiroler Landhausstil.

Essen und Trinken
★★★★☆☆

Österreichische, italienische und asiatische Spezialitäten im grossen Hotelrestaurant mit Wellnessbuffet (nachmittags) und Fünf-Gang-Auswahlmenü (abends).

Service
★★★★★★

Gut drauf.

Preise

EZ 145–248 €
DZ 236–406 €
Suite 280–478 €
inkl. Vollpension

Preis-Leistungs-Verhältnis
★★★★★★

Top
Alles scheint hier durchdacht, absolut rund und mit einer durchgehenden Wellbeing-Philosophie untermauert.

Flop
Die benachbarte Kirche dröhnt die Gäste auch wochenends um 8 Uhr morgens aus dem Schlaf.

Anreise
Inntalautobahn Innsbruck–Salzburg bis Ausfahrt Zillertal, in Mayrhofen Richtung Hintertux bis Finkenberg. Dort der Beschilderung zum Hotel am Dorfende folgen.

zialmassagen sollen Körper und Seele im Mondrhythmus abheben, und die Vitaltrainer sprechen etwas gar begeistert von der »Reise ins Ich«. Stilistisch trifft hier Österreich auf Hollywood: Die Vorfahrt mit Brunnen erinnert an ein Märchenschloss; in der Gartenanlage mit grossem Bioteich und Wasserfall legt man den Gästen eine alpenländische Disneywelt zu Füssen; die Wellnesslandschaft könnte unverändert als Kulisse für jede Fernsehromanze dienen.

Spa-Infrastruktur
★★★★★★

3000 Quadratmeter Wellnessbereich mit Hallenbad, Freibad, Bioschwimmteich im Garten, attraktiver Saunaerlebnislandschaft im altrömischen Stil, Fitness- und Gymnastikraum, Entspannungs- und Gymnastiklektionen (Wassergymnastik, Morgenmeditation, Fünf Tibeter, Thai Bo, Step-Aerobic, Bodyforming, Stretching, Qigong usw.).

Körperbehandlungen
★★★★★★

Klassische und fernöstliche Massagen, Thaimassage, Dorn-Breuss-Massage (Wirbelsäulentherapie), LaStone-Therapie, Shiatsu, Lomi Lomi Nui, Reiki, Magnetfeldtherapie, Akupunktmassage, Fussreflexzonenmassage, Anti-Cellulite-Behandlungen, Entspannungsrituale, medizinische Check-ups.

Beautyanwendungen
★★★★★★

Klassische und moderne Gesichtsbehandlungen, Entspannungsbäder, Hand- und Fusspflege, Peelings, Packungen, Wickel, Thalassoanwendungen, Gesichts-Shiatsu, Coiffeur.

Freizeitangebot
★★★☆☆☆

Vielfältiges Sport- und Unterhaltungsprogramm, geführte Wanderungen und Radtouren, Nordic Walking. Kostenloser Verleih von Mountainbikes, Wanderschuhen, Rucksäcken, Regenjacken, Schlitten, GPS-Navigationssystem für Wanderungen. Professionelle Kinder- und Jugendbetreuung.

Lage und Umgebung
★★★★☆☆

In einer gepflegten Gartenanlage am Dorfrand.

Zimmer
★★★★☆
120 Zimmer und Suiten, die sich in Ausstattung, Grösse und Charme sehr unterschieden. Allen gemeinsam ist die Verwendung von viel Holz und warmen Farben.

Essen und Trinken
★★★★☆☆
Österreichische Spezialitäten mit Vollwertelementen. Frühstücks-, Mittags-, Nachmittags- und Abendbuffets in Tiroler Reinkultur. Bar mit Livemusik.

Service
★★★★★★
Ausgesprochen aufmerksam und jederzeit hilfsbereit.

Preise
EZ 160–174 €
DZ 244–302 €
Suite 264–600 €
inkl. Vollpension

Preis-Leistungs-Verhältnis
★★★★★★

Top
Hier ist man in besten Händen, wenn es darum geht, ein Maximum an Schönheit, Vitalität und Pflege zu erhalten.

Flop
Wer sich von edelrustikalem Kitsch – auch in seinem besten Sinn – nicht faszinieren lässt, liegt in der »Alpenrose« falsch.

Anreise
Inntalautobahn Innsbruck–Salzburg bis Ausfahrt Achensee, dann Landstrasse nach Maurach. Das Hotel ist ausgeschildert.

Posthotel Achenkirch 70
A-6215 Achenkirch
Tel. +43 (0)5246 6522
Fax +43 (0)5246 6522 468
www.posthotel.at
posthotel@posthotel.at
Ganzjährig geöffnet

Gesamtwertung: **57**/60

Ambiente
★★★★★★
»Wer gut ist, kann auch besser werden.« Kein leeres Versprechen, sondern gelebte Überzeugung der Gastgeberfamilie Reiter, die ihre heiter stimmende, in vielerlei Hinsicht sinnesberauschende Hotelanlage unermüdlich erneuert und verbessert und damit in Tirol immer wieder neue Massstäbe setzt. Das organisch gewachsene »Posthotel Achenkirch« bietet eine unnachahmliche Mischung aus ungezwungener Landhausgemütlichkeit, trendigem Lifestyle und generationsüberschreitendem Familienurlaub – ein bisschen Wellnessparadies, ein bisschen Wohlfühlhütte, ein bisschen Kinderwunderland. Wenn man einmal hier war, versteht man die vielen Stammgäste, die anderen Hotels nicht mehr viel abgewinnen können.

Spa-Infrastruktur
★★★★★★
Sinnesberauschendes Spa mit einem halben Dutzend Innen- und Aussenschwimmbädern in verschiedenen Temperaturen, attraktiver Saunawelt, Fitnesscenter, Personal Trainer, täglichen Aktiv- und Entspannungsprogrammen, zahlreichen Behandlungsräumen für Body und Beauty.

Körperbehandlungen
★★★★★★
Klassische und fernöstliche Massagen, ayurvedische Behandlungen, Reiki, Lymphdrainage, Fussreflexzonenmassage, Aromaölmassage, Triggerpunktmassage, Akupunktmassage, Tuina, Traditionelle Chinesische Medizin, Sauerstofftherapie, Magnetfeldtherapie.

Beautyanwendungen
★★★★★★
Schönheitsfarm mit der ganzen Palette an Gesichtsbehandlungen (auch speziell für Männer),

Entspannungsbädern, Packungen und Wickeln, Bienenhonig-Meersalzpeeling, Hand- und Fusspflege, Steinöl-Kurabteilung, Coiffeur.

Freizeitangebot
★★★★★★

Hauseigener 9-Loch-Golfplatz mit Golf Academy, Reithalle mit Reitlehrer (Lipizzaner und Haflinger für Ausritte), zwei Innen-Tennisplätze mit Lehrer, Squashhallen, Skiverleih, Fahrräder, geführte Wanderungen, abwechslungsreiches Freizeit- und Sportprogramm, professionelle Kinder- und Jugendbetreuung, Kinderspielplatz, Streichelzoo.

Lage und Umgebung
★★★★☆☆

Im Dorfzentrum, auf 930 Metern über Meer.

Zimmer
★★★★★★

154 geräumige, ausgesprochen geschmackvoll eingerichtete Zimmer und Suiten im Tiroler Landhausstil, verteilt auf das Haupthaus und diverse unterirdisch damit verbundene Trakte.

Essen und Trinken
★★★★★

Frischprodukte aus der unmittelbaren Umgebung werden wohlschmeckend auf den Tisch gebracht. Täglich wechselndes Mittags-/Nachmittagsbuffet in der Halle.

Service
★★★★★★

Hier kann man Anschauungsunterricht in authentischer Gastlichkeit auf höchstem Niveau nehmen.

Preise
EZ 165–218 €
DZ 270–358 €
Suite 394–506 €
inkl. Vollpension

Preis-Leistungs-Verhältnis
★★★★★★

Top
Die Hotelcrew unter dem jungen Gastgeber Karl C. Reiter vermittelt eine so grosse Lust an der Dienstleistung, dass man sich fragt, warum in anderen Hotels so viele unfreundliche und unwillige Leute arbeiten.

Flop
Vor manchen Therapieräumen rauscht der Verkehr auf der Dorfstrasse vorbei.

Anreise
Inntalautobahn Innsbruck–Salzburg bis Ausfahrt Achensee, dann über Maurach nach Achenkirch.

Stanglwirt 71
A-6353 Going am Wilden Kaiser
Tel. +43 (0)5358 2000
Fax +43 (0)5358 2000 31
www.stanglwirt.com
info@stanglwirt.com
Ganzjährig geöffnet

Gesamtwertung: **55**/60

Ambiente
★★★★★★

»Kein Ruhetag seit 250 Jahren« steht im Hausprospekt, und so wird in diesem über Generationen gewachsenen, ideenreich geführten Familienbetrieb Gegensätzliches glücklich vereint: Alt und Neu, Gast- und Landwirtschaft, Tier und Mensch, Natur und Technik findet man in einem harmonischen Nebeneinander unter einem Dach. So ist der Kuhstall durch eine Glasfront vom Restaurant getrennt; und von der Lobby blickt man in die Reithalle, wo die Lipizzaner ihre Runden drehen; der weitläufige Wellnessbereich verfügt über ein Meerwasseraquarium, in dem zwei echte Haie »auf Urlaub« sind. Unter dem Namenszusatz »Biohotel« versteht der Gastgeber Balthasar Hauser »Erholung in einem gesunden Umfeld«. Dazu gehören neben dem Bauernhof die durchgehend biologische Bauweise der Hotelanlage, Möbel aus echtem Holz, Stoffe aus reiner Wolle und Leinen, Schlafen auf Naturmatratzen usw. Auch die Freundlichkeit der Mitarbeiter ist echt. Besonders originell: Auf dem Hotelgelände befinden sich drei Baumhäuser, von denen eines für zwei bis drei Personen für »Übernachtungen auf eigene

Gefahr« reserviert werden kann. Man wünschte sich mehr solcher Individualisten und Querdenker wie Hauser, die sich nicht schubladisieren lassen und vieles anders machen als die anderen. Sein Credo: »Ich möchte meinen Gästen bieten, was auch mir privat zuträglich ist.«

Spa-Infrastruktur
★★★★★★
Hallenbad, Freibad, Whirlpool, Saunawelt, zahlreiche Behandlungsräume für Body und Beauty, Gymnastik- und Entspannungslektionen, Fitnessraum.

Körperbehandlungen
★★★★★☆
Klassische und fernöstliche Massagen, LaStone-Therapie, ayurvedische Behandlungen, Lomi Lomi Nui, vierhändige Synchronmassage, Lymphdrainage, Akupunktmassage, Fussreflexzonenmassage, Seifenschaummassage.

Beautyanwendungen
★★★★★☆
Schönheitsfarm mit breiter Palette an klassischen und modernen Gesichtsbehandlungen, Hand- und Fusspflege, Entspannungsbädern, Peelings, Wickel, Packungen, Coiffeur.

Freizeitangebot
★★★★★★
Innen- und Aussen-Tennisplätze (auf Wunsch mit Trainer), drei Squashhallen, zwei Kegelbahnen, Reithalle/Reitschule, Fahrräder, Golfanlage mit Driving-Range und Golf-Akademie. Erlebnisreiche Kinderbetreuung täglich von 9.30 bis 17 Uhr.

Lage und Umgebung
★★★★★☆
In einer Gartenanlage mit schönem Ausblick auf die offene Bergwelt.

Zimmer
★★★★★★
150 komfortable, holzgeprägte Zimmer und Suiten im Tiroler Landhausstil.

Essen und Trinken
★★★★☆☆
Gut gemachte österreichische Spezialitäten.

Service
★★★★★★
Hier stimmt der Ton genauso wie die Herzlichkeit und die Freude, welche die Mitarbeiter ausstrahlen.

Preise
EZ 144–302 €
DZ 208–564 €
Suite 368–1408 €
inkl. Vollpension

Preis-Leistungs-Verhältnis
★★★★★★

Top
Der Bio-Kinderbauernhof, die Kindertischlerei und die Kinderküche sind tausendmal spannender als jedes Videospiel. Einmal im »Stanglwirt« angekommen, sind die Kids für den Rest der Welt verloren.

Flop
Manche Teppiche in den langen Korridoren wirken abgetreten. Die Qualität der Körpertherapien schwankt.

Anreise
Inntalautobahn Innsbruck–Salzburg bis Ausfahrt Wörgl Ost. Landstrasse Richtung Kitzbühel bis zur unübersehbaren Einfahrt des »Stanglwirts« (Ortseinfahrt Going rechts liegen lassen und weiter Richtung Kitzbühel fahren).

Grand Spa Resort A-ROSA Kitzbühel

72

A-6370 Kitzbühel
Tel. +43 (0)5356 65660 0
Fax +43 (0)5356 65660 819
www.a-rosa.de
info.kitzbuehel@a-rosa.de
Ganzjährig geöffnet

Gesamtwertung: **51**/60

Ambiente
★★★★★★

Von aussen demonstriert die im Stil eines Tiroler Schlosses erbaute und mit Türmchen, Erkern und rot-weissen Fensterläden ausgestattete Anlage traditionelle Noblesse. Doch die Fassade täuscht: Innen ist das »A-ROSA« ein neuzeitliches Sporthotel, das eine ungezwungene Ferienatmosphäre verströmt. Es erfreut mit herzlichem Empfang, vielfältigen Wellnessmöglichkeiten und einer wohnlichen Ambiance – so wohnlich ein Hotel mit 150 Zimmern eben sein kann. Den leicht versnobten Umgangston mancher Kitzbüheler Luxushäuser überlässt man gerne der Konkurrenz.

Spa-Infrastruktur
★★★★★★

3000 Quadratmeter Spabereich mit Indoor-/Outdoorpool, Saunawelt, Hamam, Rasul, 16 Behandlungsräumen für Body und Beauty, exklusiver Spa-Suite, Fitnessraum, Personal Trainer, Gruppenlektionen (Yoga, Nordic Walking, Stretching, Aerobic, Aquagym, Rückengymnastik), medizinischem Gesundheitscoaching.

Körperbehandlungen
★★★★★☆

Klassische und fernöstliche Massagen, LaStone-Therapie, Pantai Luar, Thai-Yoga-Massage, Shiatsu, Lomi Lomi Pokhu.

Beautyanwendungen
★★★★★☆

Ganzes Spektrum an Gesichtsbehandlungen, Softpacks, Bali-Peeling, Hand- und Fusspflege, Coiffeur.

Freizeitangebot
★★★☆☆☆

9-Loch-Golfplatz, professionelle Kinderbetreuung, Mountainbikes, geführte Radtouren und Wanderungen, begleitete Abenteuersportarten (Paragliding, Canyoning).

Lage und Umgebung
★★★★★☆

Direkt am Golfplatz, auf der Sonnenseite Kitzbühels. Wenige Gehminuten vom Ortszentrum.

Zimmer
★★★★★★

104 dezent modern gestaltete Zimmer und 46 Suiten in 5 Kategorien. Die Dekostoffe in Beige-, Braun- und Bordeauxtönen demonstrieren luxuriöses Understatement.

Essen und Trinken
★★★★★☆

Buffet-Marktküche im Restaurant Streif, moderne Feinschmeckerküche im »KAPS« mit Tiroler Ambiance. Im Sommer auch Restaurant im benachbarten Golfhaus (kulinarische Klassiker und Kleinigkeiten). Gemütliche Lobby-Lounge mit riesigem Kamin und Bar.

Salzburgerland und Kärnten

Der Krallerhof   73
A-5771 Leogang
Tel. +43 (0)6583 8246 0
Fax +43 (0)6583 8246 85
www.krallerhof.com
office@krallerhof.com
Ganzjährig geöffnet

Gesamtwertung: **53**/60

Ambiente
★★★★★★
Ein Bauernhof von ehedem als Mega-Landhaushotel mit edelrustikalem Outfit, heimelig komfortablen Zimmern und unvergleichlichem Wellnessbereich im Zenstil. Der »Krallerhof« beherbergt hauptsächlich sportliche Familien mit Kindern – wer gerne ein lebendiges Umfeld mit österreichischem Flair hat und sich von morgens bis abends an tischebiegenden Buffets bedienen möchte, ist hier richtig.

Spa-Infrastruktur
★★★★★★
1700 Quadratmeter Wellnessbereich mit Hallenbad, Freibad, Whirlpool, schlicht-schön gestalteter Saunawelt, zahlreichen Behandlungsräumen für Body und Beauty, Gymnastik- und Entspannungslektionen, Fitnessraum, Personal Trainer.

Körperbehandlungen
★★★★★☆
Klassische und fernöstliche Massagen, ayurvedische Behandlungen, Akupunktmassage, Fussreflexzonenmassage, Lymphdrainage, Reiki, Shiatsu, Dorn-Breuss-Massage (Wirbelsäulentherapie).

Beautyanwendungen
★★★★★☆
Klassische und moderne Gesichtsbehandlungen, Entspannungsbäder, Hand- und Fusspflege, Peelings, Packungen, Gesichtsmassage.

Freizeitangebot
★★★★★☆
Tennisplätze, Squashhalle, Mountainbikes, Billard, im Sommer täglich geführte Wanderungen, professionelle Kinderbetreuung mit abwechslungsreichem Programm von Pony reiten über Gokartfahren bis

Service
★★★★☆☆
Die junge Crew sorgt für eine angenehme Ferienatmosphäre, ist jedoch hie und da überfordert.

Preise
DZ 218–418 €
Juniorsuite/Suite 258–498 €
inkl. Halbpension, Kaffee und Kuchen

Preis-Leistungs-Verhältnis
★★★★★★

Top
Der Saunabereich ist einer der schönsten unter den österreichischen Wellnesshotels.

Flop
Das Hauptrestaurant mit Selbstbedienung von A bis Z erinnert an eine Edelkantine – ein individuelles Ferienerlebnis kommt hier nicht auf.

Anreise
Inntalautobahn Richtung Kufstein/Salzburg bis Ausfahrt Wörgl Ost, dann Landstrasse bis Kitzbühel. Nach dem ersten Kreisverkehr links einordnen und beim Tenniscenter abbiegen, nach 500 Metern rechts abbiegen.

Staudammbauen. Hochseilgarten. Eigene Skischule, Anfänger- und Babylift direkt beim Hotel. Skipisten, Langlaufloipen und Wanderwege direkt vor dem Haus.

Lage und Umgebung
★★★★★★

In absoluter Ruhe, freistehend auf einem sonnigen Hochplateau mit Blick auf die schroffe Bergkulisse der Leoganger Steinberge, auf 850 Metern über Meer.

Zimmer
★★★★★★

118 wohnliche Zimmer, Juniorsuiten und Suiten im modernen Landhausstil.

Essen und Trinken
★★★☆☆☆

Klassische österreichische und internationale Küche, serviert in zahlreichen Stuben.

Service
★★★★★☆

Das eingespielte Hotelteam lässt sich auch bei vollem Haus nicht aus der Ruhe bringen.

Preise
EZ 125–159 €
DZ 250–308 €
Suite 310–570 €
inkl. Vollpension

Preis-Leistungs-Verhältnis
★★★★★★

Top
Das Spa drückt eine architektonische Stilsicherheit aus, die man in Österreich mit der Lupe suchen muss. Alpenkitsch sucht man hier ebenso vergebens wie pseudorömische und realschwülstige »Saunalandschaften« aus den Katalogen der Wellnessausstatter.

Flop
Die Küche könnte noch etwas zulegen.

Anreise
Inntalautobahn Innsbruck–Salzburg bis Ausfahrt Kufstein Süd, dann Landstrasse via St. Johann, Fieberbrunn, Holchfilzen nach Leogang. Das Hotel ist ausgeschildert.

Die Übergossene Alm 74

A-5652 Dienten am Hochkönig
Tel. +43 (0)6461 230 0
Fax +43 (0)6461 230 62
www.uebergossenealm.at
welcome@uebergossenealm.at
Mitte Dezember bis Anfang April und Mitte Mai bis Ende Oktober geöffnet

Gesamtwertung: 42/60

Ambiente
★★★★

Engagierter Familienbetrieb, der für Kinder ein gut betreutes Schlaraffenland und für Erwachsene eine weitläufige Wellnessanlage sowie direkten Anschluss ans Skigebiet bietet. Ein Platz zum Durchatmen, für Gäste, die lieber in lichten Räumen als unter schweren Balkendecken wohnen.

Spa-Infrastruktur
★★★★☆☆

1700 Quadratmeter Wellnessbereich mit Hallenbad, kleinem Freibad, beheiztem Schwimmbiotop, Saunawelt, Whirlpool, Behandlungsräumen für Body und Beauty, Gymnastik- und Entspannungslektionen (Tai-Chi, Yoga, Stretching, Aquafit, Wirbelsäulengymnastik, Qigong usw.), Fitnessraum.

Körperbehandlungen
★★★★☆☆

Klassische Massagen, ayurvedische Behandlungen, Kräuterstempelmassage, Lymphdrainage, Fussreflexzonenmassage, Akupunkturmassage, LaStone-Therapie.

Beautyanwendungen
★★★★☆☆

Klassische und moderne Gesichtsbehandlungen, regenerierende Kräuter- und Heubäder, Thalassoanwendungen, Hand- und Fusspflege.

Freizeitangebot
★★★☆☆☆

Tennishalle mit zwei Plätzen, Squashhalle, Indoor-Golf, geführte Wanderungen und Touren, Mountainbikes, Gratisverleih von Wanderschuhen und Rucksäcken, vielseitiges Sport- und Unterhaltungsprogramm für Erwachsene und Kinder, professionelle Kinderbetreuung (ab 4 Jahren), Spielzimmer, Spielplatz, Kletterwand. Im Winter Skilift, wenige Meter vom Hotel entfernt.

Lage und Umgebung
★★★★★☆

Alleinstehend am Fuss des Hochkönigs, auf 1240 Metern über Meer.

Zimmer
★★★★☆☆

83 komfortable, heimelig-moderne Zimmer und Suiten mit Balkon, teilweise mit eigenem Kachelofen.

Essen und Trinken
★★★☆☆☆

Salzburger Spezialitäten, vollwertige und vegetarische Gerichte, abends viergängiges Wahlmenü mit täglichen Salat-, Vorspeisen- und Dessertbuffets. Mittags »Almjause« vom Buffet.

Service
★★★★★☆

Familiär freundlich.

Preise
EZ 102–155 €
DZ 180–328 €
Suite 208–398 €
inkl. Halbpension

Preis-Leistungs-Verhältnis
★★★★★★

Top
Kids fühlen sich hier wie grosse Stars: Familien können sich in der »Übergossenen Alm« besonders grosszügig ausbreiten.

Flop
Die Darbietungen aus der Küche könnten noch zulegen. Die zahlreichen Jungfamilien, die hier für einen gesegneten Geschäftsgang sorgen, stört dies jedoch wenig.

Anreise
Inntalautobahn Innsbruck–Salzburg, dann Tauernautobahn bis Ausfahrt Bischofshofen, Landstrasse via Mühlbach nach Dienten am Hochkönig.

Haus Hirt 75
A-5640 Bad Gastein
Tel. +43 (0)6434 2797
Fax +43 (0)6434 2797 48
www.haus-hirt.com
info@haus-hirt.com
Mitte Mai bis Mitte Oktober und Mitte Dezember bis Mitte April geöffnet

Gesamtwertung: **44**/60

Ambiente
★★★★★★
Das »Haus Hirt« erfreut mit einer modernen Sensibilität und vermeidet mit grosser Stilsicherheit sowohl die alpine Kulissenschieberei als auch den klassischen Hotelcharakter. Wer Antennen für spontane Ferienerlebnisse hat und eine gewisse (gewollte) Unvollkommenheit akzeptieren kann, ist hier goldrichtig. Der Gast wird herzlich empfangen und fühlt sich in den heiter stimmenden öffentlichen Räumen so gut aufgehoben, dass er das Haus gar nicht mehr verlassen möchte, zumal das schöne Spa alles bietet, was Körper und Seele begeistert.

Spa-Infrastruktur
★★☆☆☆☆
Kleines Hallenbad, Dampfbad, Sauna, drei Behandlungsräume für Body und Beauty, Entspannungs- und Gymnastiklektionen (Yoga, Pilates, Qigong, Morgengymnastik usw.).

Körperbehandlungen
★★★★☆☆
Klassische und fernöstliche Massagen, Shiatsu, ayurvedische Behandlungen, Feldenkrais, Lymphdrainage, Fussreflexzonenmassage, Akupunktmassage, LaStone-Therapie, medizinische Check-ups.

Beautyanwendungen
★★★★☆☆
Klassische und moderne Gesichtsbehandlungen (auch speziell für Männer), Thalassoanwendungen, Entspannungs- und Vitalbäder, Packungen, Gesichtsmassage, Hand- und Fusspflege, Peelings.

Freizeitangebot
★★☆☆☆☆
Geführte Wanderungen, Bike- und Trekkingtouren, Nordic Walking, Mountainbikes. Im Winter Ski-Shuttle zu den Bahnen (10 Minuten), im Sommer Golfplatz-Shuttle (5 Minuten). Kinderbetreuung, Nanny-Service.

Lage und Umgebung
★★★★★★
Am Dorf- und Waldrand. Weiter Ausblick auf das Gasteiner Tal und die Berge.

Zimmer
★★★★☆☆
30 angenehme Zimmer, vom kleinen »Studentenzimmer« bis

Salzburgerland

Theresia Gartenhotel 76

A-5754 Saalbach-Hinterglemm
Tel. +43 (0)6541 7414 0
Fax +43 (0)6541 7414 121
www.hotel-theresia.co.at
info@hotel-theresia.co.at
Ganzjährig geöffnet

Gesamtwertung: **51**/60

Ambiente
★★★★★★

Wem schon bei der Ankunft ein so freundliches Lächeln geschenkt wird, der startet gleich viel entspannter in die Ferien. Das »Theresia« ist eine ganz besondere Adresse: Alles ist hier echt und erfreulich unaufdringlich arrangiert. Von aussen präsentiert sich das Haus als typisches Tiroler Hotel im Grünen; im Innern vermischt sich regionale Tradition mit dezenten modernen Einflüssen zu einem stimmigen Ganzen. Die Gastgeber sind trotz allen Erfolgs bescheiden geblieben und halten das für selbstverständlich – wer aber auch schon die Hoteliers des neureichen Österreich erlebt hat, freut sich von Herzen, wenn die PR-Glocken mal nicht dröhnen.

zum Duplex-Apartment. Grosse CD-Auswahl fürs Zimmer.

Essen und Trinken
★★★★☆☆

Solide Vitalküche in gemütlichen Stuben. Stimmige Bar-Lounge.

Service
★★★★★★

Lässig, aber nicht nachlässig, persönlich und mit Persönlichkeit. Hier kann man sich von der einen oder anderen Geste überraschen lassen, die man nie erwartet hätte.

Preise
EZ 102–132 €
DZ 124–250 €
Suite 224–284 €
inkl. Halbpension

Preis-Leistungs-Verhältnis
★★★★★★

Top
Das »Haus Hirt« ist ein ganz eigener Mikrokosmos für Individualisten, die immer auf der Suche nach einem verwunschenen Ort sind.

Flop
Wer für seinen Wellnessaufenthalt eine kinderfreie Zone sucht, liegt hier falsch. Das Hotel ist ausgesprochen familien- und kinderfreundlich.

Anreise
Tauernautobahn bis Ausfahrt Bischofshofen, Landstrasse Richtung Gasteinertal bis Bad Gastein. Kurz nach dem Ortsschild an der Kreuzung halblinks durchs Ortszentrum und immer geradeaus bis zum Hotel.

Spa-Infrastruktur
★★★★☆
1000 Quadratmeter Wellnessbereich mit Hallenbad, Freibad (32 Grad), Sommer-Aussenpool, Whirlpool, Saunawelt, Fitness- und Gymnastikraum, Personal Trainer, Entspannungs- und Gymnastiklektionen (Stretching, Atemgymnastik, Aquagym, Theraband, autogenes Training usw.), diverse Behandlungsräumen für Body und Beauty.

Körperbehandlungen
★★★★★★
Klassische und fernöstliche Massagen, LaStone-Therapie, ayurvedische Behandlungen, Fussreflexzonenmassage, Lymphdrainage, Dorn-Breuss-Massage (Wirbelsäulentherapie), Tuina, Anti-Cellulite-Behandlung, Akupressur, Kinesiologie, sportmedizinische Check-ups.

Beautyanwendungen
★★★★★☆
Klassische und moderne Gesichtsbehandlungen, Entspannungsbäder, Thalassoanwendungen, Packungen, Peelings, Hand- und Fusspflege, Aknebehandlung, Gesichts- und Kopfmassage.

Freizeitangebot
★★☆☆☆
Innen- und Aussen-Tennisplätze, geführte Wanderungen und Radtouren, Nordic Walking, gute Kinderbetreuung, Kinderspielplatz, Ballsportplatz.

Lage und Umgebung
★★★★☆
In einer gepflegten Gartenanlage, am Waldrand.

Zimmer
★★★★☆
49 komfortable Zimmer und Suiten mit modernen Bädern.

Essen und Trinken
★★★★☆☆
Biologisch Angebautes wird hier wohlschmeckend auf den Tisch gebracht. Mittags- und Nachmittagsbuffet.

Service
★★★★★★
Ausgesprochen aufmerksam, individuell und kompetent.

Preise
EZ 75–134 €
DZ 160–242 €
Suite 264–334 €
inkl. Vollpension

Preis-Leistungs-Verhältnis
★★★★★★

Top
Ausgezeichnetes Preis-Leistungs-Verhältnis.

Flop
Das Hotel ist Opfer des eigenen Erfolgs und meistens ausgebucht.

Anreise
Inntalautobahn Innsbruck–Salzburg bis Ausfahrt Wörgl Ost, dann Landstrasse St. Johann, Saalfelden Richtung Zell am See bis Abzweigung Saalbach-Hinterglemm.

Salzburgerhof 77

A-5700 Zell am See
Tel. +43 (0)6542 765
Fax +43 (0)6542 765 66
www.salzburgerhof.at
5sterne@salzburgerhof.at
Anfang Mai bis Ende Oktober
und Mitte Dezember bis Ende
März geöffnet

Gesamtwertung: **51**/60

Ambiente
★★★★★★

Ein Musterbeispiel für einen organisch gewachsenen österreichischen Familienbetrieb auf höchstem Niveau. Der »Salzburgerhof« strahlt eine luxuriöse Heimeligkeit aus und erfreut mit wohnlichen Zimmern, feiner Küche und bemerkenswert freundlichen Mitarbeitern. Unter die Stammgäste gesetzteren Alters mischen sich zahlreiche »Golden Boys« und »Pretty Women« aus München, Salzburg und Wien. Das weitläufige Spa lässt kaum etwas aus, was das Herz des entspannungsuchenden Wellnessgastes höher schlagen lässt. Hierher fährt man, um den Alltag hinter sich zu lassen – und dies zu jeder Jahreszeit.

Spa-Infrastruktur
★★★★★★

2600 Quadratmeter Wellnessbereich mit zwei Hallenbädern, Freibad, Schwimmteich, Saunawelt, Fitnessraum, Personal Trainer, zahlreichen Behandlungsräumen für Body und Beauty, Gymnastik- und Entspannungstraining (Qigong, Reiki, Yoga, Fünf Tibeter). Sportarzt, medizinische Check-ups.

Körperbehandlungen
★★★★★★

Klassische und fernöstliche Massagen, Lomi Lomi Nui, Pantai Luar, ayurvedische Behandlungen, LaStone-Therapie, Klangschalenmassage, Shiatsu, vierhändige Synchronmassage, Dorn-Breuss-Massage (Wirbelsäulentherapie), Fussreflexzonenmassage, Lymphdrainage, Anti-Cellulite-Behandlungen.

Beautyanwendungen
★★★★★★

Breit gefächertes Angebot an klassischen und modernen Gesichtsbehandlungen, Thalassoanwendungen, Peelings, Packungen und Wickeln, Hand- und Fusspflege, Coiffeur.

Freizeitangebot
★☆☆☆☆

Privater Badestrand am See. Im Winter Hotel-Shuttle zur Talstation der Bergbahnen.

Lage und Umgebung
★★★☆☆☆

In einer Gartenanlage im Ortszentrum, 60 Meter vom See entfernt.

Zimmer
★★★★★★

Die 60 Zimmer und Suiten verbinden Eleganz und Gemütlichkeit. Einige Suiten mit Dampf-

bad, Sauna und Cheminée.

Essen und Trinken

★★★★★★

Wer sich auf die Suche nach Geschmacksnuancen österreichischer Küche begeben, dabei festlich-elegant sitzen und liebenswürdig-exzellent bedient werden will, der ist hier richtig.

Service

★★★★★★

Tadellos. Man fühlt sich auf Anhieb angekommen und angenommen.

Preise

EZ 165–230 €
DZ 230–500 €
Suite 260–820 €
inkl. Halbpension

Preis-Leistungs-Verhältnis

★★★★★☆

Top

Die ayurvedischen Therapien werden mit so grossem Sachverstand ausgeübt, dass man schon fast von einer Kunst sprechen kann.

Flop

Das Dekor mag Designpuristen etwas gar süsslich vorkommen. Vor allem der Spabereich konnte den neorömischen Stilviren nicht standhalten.

Anreise

Inntalautobahn Innsbruck–Salzburg bis Ausfahrt Wörgl Ost, dann Landstrasse St. Johann, Saalfelden nach Zell am See. Im Ort ist das Hotel ausgeschildert.

Hochschober 78

A-9565 Turracher Höhe
Tel. +43 (0)4275 82 13
Fax +43 (0)4275 83 68
www.hochschober.at
holiday@hochschober.at
Anfang Dezember bis Ende April und Anfang Juni bis Ende Oktober geöffnet

Gesamtwertung: **50**/60

Ambiente

★★★★★★

»Alles tun können, nichts tun müssen« lautet das Motto der Gastgeberfamilien Leeb und Klein. Die Vielfalt des Angebots ist gross; zu den Highlights des innovativen Ferienparadieses zählt das ganzjährig auf 30 Grad beheizte Naturschwimmbad im See, das besonders im Winter, wenn der Turracher See ansonsten zugefroren ist, ein Erlebnis ist. Der Wellnessbereich verzichtet auf das übliche Wohlfühl-Design und vermittelt meditative Ruhe. Dass höchstes Wohlbefinden im »Hochschober« ein ganz normaler Zustand ist, wissen leider auch andere: Hier kann man nicht einfach so hereinschneien, sondern muss oft lange im Voraus buchen.

Spa-Infrastruktur

★★★★★★

Hallenbad, Aussenpools, beheiztes Naturschwimmbad im See,

Saunas, orientalisches Hamam-Badehaus, Fitnesscenter, tägliche Gymnastik- und Entspannungslektionen, diverse Behandlungsräume für Body und Beauty. Neueren Datums ist der vierstöckige »Chinaturm« mit Behandlungsraum für Traditionelle Chinesische Medizin, Teehaus und Meditationsraum.

Körperbehandlungen
★★★★★☆
Klassische und fernöstliche Massagen, ayurvedische Behandlungen, Traditionelle Chinesische Medizin.

Beautyanwendungen
★★★★☆☆
Klassische Gesichtspflege, Packungen, Wickel, Entspannungsbäder, Hand- und Fusspflege.

Freizeitangebot
★★★☆☆☆
Tägliches Outdoor-Aktivprogramm, geführte Wanderungen, Nordic Walking, wochentags sehr gute Kinderbetreuung (ab 3 Jahren), Kinderspielzimmer.

Lage und Umgebung
★★★★★★
In schöner Natur am Turracher See, mitten in den Kärntner Nockbergen, auf 1763 Metern über Meer.

Zimmer
★★★★☆☆
100 komfortable Zimmer, die teilweise zu Familienzimmern kombiniert werden können.

Essen und Trinken
★★★★☆☆
Fein zubereitete österreichische Spezialitäten aus naturnahen Produkten.

Service
★★★★★★
Man wird mit natürlichster Gastlichkeit umsorgt.

Preise
EZ 110–175 €
DZ 220–350 €
inkl. Vollpension

Preis-Leistungs-Verhältnis
★★★★★★

Top
Unter dem Motto »Asien in den Alpen« beweisen die Therapeuten bei einem breiten Angebot an Traditioneller Chinesischer Medizin sowie ayurvedischen Anwendungen viel Fingerspitzengefühl für Körper und Seele.

Flop
Die Inneneinrichtung der Zimmer kommt nicht ganz mit dem sonstigen Innovationsstreben des Hauses mit.

Anreise
Inntalautobahn via Innsbruck und Salzburg, dann Tauernautobahn bis Ausfahrt St. Michael, Richtung Tamsweg weiter nach Predlitz, Ausfahrt Nord.

Thermenhotel Ronacher 79
A-9546 Bad Kleinkirchheim
Tel. +43 (0)4240 282
Fax +43 (0)4240 282 60 6
www.ronacher.com
thermenhotel@ronacher.com
Mitte Dezember bis Ende März und Mitte Mai bis Mitte November geöffnet

Gesamtwertung: 50/60

Ambiente
★★★★★
Wellness begann im »Ronacher« schon vor hundert Jahren. Aus dem Heilbad von anno dazumal ist ein durchwegs gemütliches, exzellent geführtes Wohlfühlhotel mit weitläufiger Thermenlandschaft geworden.

Spa-Infrastruktur
★★★★★★
4000 Quadratmeter Wellnessbereich mit fünf Thermalbädern, Saunawelt, Fitnessraum, zahlreichen Behandlungsräumen für Body und Beauty, Gymnastik- und Entspannungslektionen.

Körperbehandlungen
★★★★★☆

Klassische und fernöstliche Massagen, ayurvedische Behandlungen, Thaimassage, Shiatsu, Fussreflexzonenmassage, Lymphdrainage, Hydrotherapie, Akupunktmassage, Anti-Cellulite-Behandlungen.

Beautyanwendungen
★★★★☆☆

Klassische und moderne Gesichtsbehandlungen, Hand- und Fusspflege, Thalassoanwendungen, Kräuterpackungen.

Freizeitangebot
★★★☆☆☆

Geführte Wanderungen im Sommer und im Winter, Skitouren, Nordic Walking, begleitete kulturelle Ausflüge, Golf-Ausflüge, vielseitiges Sport- und Freizeitprogramm.

Lage und Umgebung
★★★★★☆

Am Dorf- und Waldrand im sonnigen Hochtal am Fuss des Nationalparks Nockberge, auf 1050 Metern über Meer.

Zimmer
★★★★★☆

92 komfortable Zimmer und Suiten im Landhausstil.

Essen und Trinken
★★★★★☆

Ausgezeichnet zubereitete österreichische Spezialitäten.

Service
★★★★★★

Ausgesprochen persönlich und aufmerksam.

Preise
EZ 111–165 €
DZ 218–316 €
Suite 252–466 €
inkl. Halbpension

Preis-Leistungs-Verhältnis
★★★★★★

Top
Hier kann man täglich ausschlafen und sich bis 12 Uhr mittags am opulenten Frühstücksbuffet gütlich tun. Und: Die Thermenwelt steht ausschliesslich Hotelgästen zur Verfügung.

Flop
Die Aussenarchitektur entfacht keine Begeisterungsstürme.

Anreise
Autobahn Salzburg–Villach/Klagenfurt bis Ausfahrt Spittal/Millstätter See, dann via Seeboden, Millstatt, Radenthein nach Bad Kleinkirchheim.

Aenea 80

A-9081 Reifnitz/Maria Wörth
am Wörthersee
Tel. +43 (0)4273 26 220
Fax +43 (0)4273 26 220 20
www.aenea.at
aenea@aenea.at
Mitte Mai bis Ende Oktober
geöffnet

Gesamtwertung: 37/60

Ambiente
★★★★★★

Das im Sommer 2005 eröffnete Designhotel erinnert mit seinen beiden Türmen an eine Mischung aus Luxusliner und Burg – und unterscheidet sich damit klar von der regionaltypisch-alpenländischen Hotellerie. Hier regiert die klare Linie. Kitsch wurde strikt vermieden, ebenso jegliche rustikalen Elemente. Der tortenstückförmige Grundriss des Gebäudes sorgt für freie Ausblicke in die herrliche Landschaft – und dies aus jeder der 15 Suiten, die in verschiedenen Graunuancen gestaltet sind und eine zeitlos lichte Atmosphäre verströmen. Ästhetisch einmalig ist auch der Restaurant- und Loungebereich, der mit transparenten Vorhängen und einem fünf Meter langen offenen Kamin in unterschiedliche Rauminseln unterteilt wird. Der Service wärmt das coole Ambiente mit liebenswürdiger Gastlichkeit auf und sorgt für ein Maximum an individueller Freiheit ohne vorgegebenem Hotelrhythmus.

Spa-Infrastruktur
★★★☆☆☆

Visuell betont reduzierter Wellnessbereich mit spektakulärem Panoramapool, kleinem Freibad, finnischer Sauna, Dampfbad, Fitnessraum, Massageraum.

Körperbehandlungen
★★☆☆☆☆

Klassische und fernöstliche Massagen.

Beautyanwendungen
Kein spezifisches Angebot.

Freizeitangebot
★☆☆☆☆☆

Privater Badestrand mit Seesteg, Tennisplatz.

Lage und Umgebung
★★★★★☆

An der Süduferstrasse des Wörthersees, mit traumhaftem See- und Bergpanorama.

Zimmer
★★★★★★

15 geräumige, schlicht elegant gestaltete Suiten, alle mit Terrasse. Verglaste Sichtschlitze in der Badezimmerwand verschaffen einem selbst aus der Badewanne freie Sicht auf den Wörthersee.

Essen und Trinken
★★★★☆☆

Gehobene regionale und mediterrane Küche, stimmungsvolle Restaurantterrasse, Lounge-Bar.

Service
★★★★★☆

Unaufdringlich zuvorkommend.

Preise
Suite 350–550 €
inkl. Frühstück

Preis-Leistungs-Verhältnis
★★★★★☆

Top
Der Indoorpool ist ein Erlebnis für alle, die das Besondere lieben, und beweist, dass trendiges Design und hoher Wohlfühlfaktor einander nicht ausschliessen müssen.

Flop
Auf der Hauptstrasse vor dem Hotel rauscht der Verkehr vorbei.

Anreise
Autobahn bis Ausfahrt Klagenfurt/Wörthersee, dann Süduferstrasse Richtung Maria Wörth. Das »Aenea« liegt vor dem Ort Reifnitz an der Strasse.

Südtirol

Castel 81

I-39019 Dorf Tirol bei Meran
Tel. +39 0473 92 36 93
Fax +39 0473 92 31 13
www.hotel-castel.com
info@hotel-castel.com
Mitte März bis Mitte November geöffnet

Gesamtwertung: **51**/60

Ambiente
★★★★★★

Einer der typischsten Vertreter der Südtiroler »Operettenhotellerie« mit einem Stilmix aus Alpenbarock, Hollywood-Märchenschloss und dem alten Pompeji – abgeschmeckt mit viel zuckrigem Service-Schmäh. Obwohl auf jedes Understatement schamlos verzichtet wird und das Innendesign haarscharf am protzig Pompösen vorbeischrammt, ist alles rund und in sich stimmig. Auch die herrlich privilegierte Panoramalage prägt das »Castel«, und wo immer möglich, wird die fantastische Naturkulisse ins Haus geholt.

Spa-Infrastruktur
★★★★☆☆

800 Quadratmeter Wellnessbereich mit Hallenbad, Freibad, Saunawelt, Serailbad, Fitness- und Gymnastikraum, zahlreichen Behandlungsräumen für Body und Beauty.

Körperbehandlungen
★★★★★☆

Klassische und fernöstliche Massagen, ayurvedische Behandlungen, Lymphdrainage, Fussreflexzonenmassage, Shiatsu, Ohrakupunktmassage, bioenergetische Meridianmassage, LaStone-Therapie.

Beautyanwendungen
★★★★★★

Gesichtsbehandlungen aller Art, regenerierende Bäder, Packungen und Wickel, Peelings, Anti-Cellulite-Behandlung, Hand- und Fusspflege.

Freizeitangebot
★★★☆☆☆

Geführte Wanderungen und Ausflüge, Fahrräder, Tennisplatz, Tennistraining, breites Animations- und Unterhaltungsprogramm, Konzerte und Tanzabende, Kinderbetreuung.

Lage und Umgebung
★★★★★★

Die Hotelanlage schmiegt sich an den von Weinreben überzogenen Südhang hoch über Meran, der einen grandiosen Ausblick auf das Tal und das Naturschutzgebiet des Texelgebirges öffnet.

Zimmer
★★★★☆☆

42 komfortable, teilweise etwas altbacken eingerichtete Zimmer und Suiten.

Essen und Trinken
★★★★★★

Der kulinarische Verwöhnanspruch ist höher als in jedem anderen Hotel in Südtirol. In zwei Restaurants wird eine mediterrane Gourmetküche vom Feinsten geboten.

Service

★★★★★★

Ausgesprochen aufmerksam und liebenswürdig.

Preise

EZ 130–189 €
DZ 260–408 €
Juniorsuite/Suite 304–576 €
inkl. Halbpension

Preis-Leistungs-Verhältnis

★★★★★☆

Top

Der Gast kann sich morgens auf eines der reichhaltigsten Frühstücksbuffets Südtirols freuen.

Flop

Das Hotel schreit ein wenig zu sehr nach Aufmerksamkeit; der Glamour ist hie und da ein bisschen zu sehr aufgesetzt.

Anreise

Brennerautobahn bis Ausfahrt Bozen Süd, Schnellstrasse nach Meran bis Ausfahrt Meran Süd, dann Landstrasse Richtung Ötztal/Fernpass bis Abzweigung Dorf Tirol. Am Ortseingang (nach erster Ampel) links abbiegen.

Erika 82

I-39019 Dorf Tirol bei Meran
Tel. +39 0473 926 11 1
Fax +39 0473 926 10 0
www.erika.it
info@erika.it
Anfang April bis Ende November geöffnet

Gesamtwertung: **53**/60

Ambiente

★★★★★★

Auf dem Sonnendeck des Lebens: eine traumhafte Lage hoch über Meran, dazu ein Wellnessbereich der Superlative und ein Freizeitangebot der Extraklasse. Das Motto des Gastgeberpaars Erika und Pepi Nestl lautet »Glücklich ist, wer glücklich macht«. Das Interieur vermittelt durch die warmen Farben und Materialien viel Gemütlichkeit. Die Dekorationen der Hausherrin sind fast schon legendär: So soll kein Ferientag dem anderen gleichen; jeder Tag hat hier seine Farbe – von der Kleidung der Mitarbeiter bis zur Tischwäsche ist alles auf die Tagesfarbe abgestimmt. Wem modern gestylte Hotels ein Greuel sind und wer es gerne romantisch und verspielt mag, kommt im »Erika« voll auf seine Kosten.

Spa-Infrastruktur

★★★★★★

2000 Quadratmeter Wellnessbereich mit vier Innen- und Aussenschwimmbädern in diversen Temperaturen, Whirlpool, Saunawelt, Fitnessraum, zahlreichen Behandlungskabinen für Body und Beauty, Gymnastik- und Entspannungslektionen.

Körperbehandlungen

★★★★★★

Klassische und fernöstliche Massagen, ayurvedische Behandlungen, LaStone-Therapie, Thaimassage, Reiki, Lomi Lomi Nui, Pantai Luar, Dorn-Breuss-Massage (Wirbelsäulentherapie), chinesische Meridianmassage, Fussreflexzonenmassage, medizinische Check-ups, Medical Wellness.

Beautyanwendungen

★★★★★☆

Schönheitsfarm mit vielfältigen Kosmetikanwendungen, Steinölbad, Ziegenmilchbad mit Bienenhonig, Packungen, Peelings und Wickeln, Cellulitebehandlung.

Freizeitangebot

★★★☆☆☆

Aussen-Tennisplatz, Bogenschiessen, Fahrräder, geführte Wanderungen und Velotouren, Nordic Walking, betreuter Actionsport in den umliegenden Bergen und Flüssen, Weindegustationen, professionelle Kinderbetreuung.

Castel Fragsburg 83

I-39012 Meran
Tel. +39 0473 244 071
Fax +39 0473 244 493
www.fragsburg.com
info@fragsburg.com
Mitte April bis Mitte November geöffnet

Gesamtwertung: **44**/60

Ambiente
★★★★★★

Ein romantisches Strässchen von fünf Kilometern Länge führt zunächst durch Rebhänge, dann durch bunte Mischwälder zur »Fragsburg«. Die Lage ist paradiesisch; von hier hat man eine unvergleichliche Aussicht über das Tal von Meran und auf die Dreitausendergipfel der Texelgruppe, der Ultner und Bozener Berge. Das Haus wurde um 1620 als Jagdschlösschen für adelige Jagdgesellschaften der nahen Burg errichtet. Auch heute noch bietet es viel Atmosphäre und lädt drinnen wie draussen zum Bleiben ein; der hauseigene Naturpark weist einen uralten subtropischen Baumbestand auf. Hier kann man sich aktiv betätigen oder sich mit einem Buch in den Tag hineinträumen. Die im alpenländischen Stil eingerichteten Salons und Zimmer sind geräumig und sehr gemütlich. In der lichtdurchfluteten Jugendstilveranda und auf der märchenhaften Panoramaterrasse werden herzhafte Gerichte serviert. Die eigenen Bienen liefern Honig für das währschafte Frühstücksbuffet. Alles atmet Geborgenheit und natürliche Gastfreundschaft. Ein stimmiges

Lage und Umgebung
★★★★★★
Am Dorfrand, mit grossartigem Panoramablick auf Meran und die Berge.

Zimmer
★★★★★☆
63 angenehme, sehr unterschiedliche Zimmer und Suiten, alle mit Balkon.

Essen und Trinken
★★★★☆☆
Gut zubereitete Südtiroler Küche und mediterrane Spezialitäten in fröhlich stimmenden Stuben. Mittags Wellnessbuffet mit Salaten und Suppen, nachmittags Kuchenbuffet.

Service
★★★★★★
Der Gast könnte sich kaum in bessere Obhut begeben.

Preise
EZ 106–160 €
DZ 198–290 €
Suite 290–390 €
inkl. Vollpension

Preis-Leistungs-Verhältnis
★★★★★★

Top
Bemerkenswerter Weinkeller mit über 550 Positionen (vorwiegend aus Italien) zu ausgesprochen gastfreundlichen Preisen.

Flop
Der ganze Wellnessbereich schliesst täglich schon um 19 Uhr.

Anreise
Brennerautobahn bis Ausfahrt Bozen Süd, Schnellstrasse nach Meran bis Ausfahrt Meran Süd, dann Landstrasse Richtung Ötztal/Fernpass bis Abzweigung Dorf Tirol. Die Einfahrt zum Hotel liegt an der Hauptstrasse im Dorf.

Ganzes, nie hundertprozentig perfekt, aber stets sehr sympathisch.

Spa-Infrastruktur
★★☆☆☆
Kleiner, feiner Wellnessbereich mit Freibad, finnischer Sauna, Biosauna, Dampfbad, drei Behandlungsräume für Body und Beauty.

Körperbehandlungen
★★☆☆☆
Klassische Massagen, ayurvedische Behandlungen, Wirbelsäulenspezialmassage, Fussreflexzonenmassage, Lymphdrainage.

Beautyanwendungen
★★★★☆
Diverse Gesichtsbehandlungen (auch speziell für Männer oder Jugendliche), Hand- und Fusspflege, Peelings und Packungen, Heublumen-, Milch- und Zirbelkieferbad, Fango, Thalassoanwendungen, Vinotherapie, Apfeltherapie, Gesichtslymphdrainage.

Freizeitangebot
★☆☆☆☆
Kinderspielplatz.

Lage und Umgebung
★★★★★★
An fantastischer Aussichtslage auf einem bewaldeten Hügel in einem kleinen Naturpark über dem Tal von Meran, auf 750 Metern über Meer.

Zimmer
★★★★☆
8 geräumige, unlängst renovierte Zimmer und 12 Suiten von grosser Behaglichkeit.

Essen und Trinken
★★★★☆
Eine Mischung aus bodenständiger Tiroler Küche und italienischen Spezialitäten. Soweit möglich werden Naturprodukte vom nahe gelegenen Bauernhof verwendet.

Service
★★★★★★
Unaufdringlich zuvorkommend und sehr persönlich.

Preise
EZ 280–320 €
DZ 270–310 €
Suite 290–350 €
inkl. Halbpension

Preis-Leistungs-Verhältnis
★★★★☆

Top
Die Outdoor-Massagen mit Blick über den Talkessel von Meran sind ein Erlebnis der unvergesslichen Art.

Flop
Seit das Hotel in den Marketingverbund der Relais & Châteaux-Hotels aufgenommen wurde, sind die Zimmerpreise empfindlich gestiegen.

Anreise
Brennerautobahn bis Ausfahrt Bozen Süd, dann Schnellstrasse Richtung Meran bis Ausfahrt Meran Süd, rechts abbiegen Richtung Meran, dann nach 1,5 km rechts nach Schenna und weiter der Via Labers folgen. Die »Fragsburg« ist ausgeschildert.

Meisters Hotel Irma   84

I-39012 Meran
Schönblickstrasse 17
Tel. +39 0473 21 20 00
Fax +39 0473 23 13 55
www.hotel-irma.com
info@hotel-irma.it
Mitte März bis Mitte Dezember geöffnet

Gesamtwertung: **56**/60

Ambiente
★★★★★★

Aus dem kleinen Landhotel, das Grossmutter Irma vor langer Zeit im Meraner Villenviertel eröffnete, hat die Familie Meister Anfang der neunziger Jahre einen Pionierbetrieb der alpenländischen Wellnesshotellerie gemacht – mit einer sinnlich inszenierten Welt aus Wasser, Wärme und Wohlgefühl. Heute ist das Wellness- auch ein Gesundheitshotel. Wer sich hier etwa der indischen »Knet- und Streichkunst« Ayurveda hingibt, meint danach zu schweben. Die Kombination aus Heilen und Geniessen ist das Neue an der neuen Wellness: Es ist eine Wellness der Eigenverantwortung – aktiver und ernsthafter. Der Therapeut ist der Gesundheitspartner des Gastes, und das Hotel vor allem ein gut ausgestatteter Ort, an dem man sich mit Vergnügen um sich selbst kümmert. Natürlich gibt es im »Irma« auch mancherlei Möglichkeit ungesund zu leben – etwa bei den nachmittäglichen Kuchen- und Strudelbuffets oder bei den abendlichen Höhenflügen aus Küche und Keller. Die weitläufige Hotelanlage ist über Jahrzehnte organisch gewachsen und in jeder Hinsicht »rund«. Sie genügt hohen Ansprüchen an Ästhetik, Professionalität und Service und verströmt zugleich ein familiäres Ambiente. Insgesamt eines der allerbesten Häuser in diesem Führer.

Spa-Infrastruktur
★★★★★★

Erstklassiges Spa auf 2500 Quadratmetern mit zwei Aussen-Salzwasserbädern, Sporthallenbad, Saunawelt, Fitnessraum, exklusiver Spa-Suite, täglichen Gymnastik- und Entspannungsprogrammen, zahlreichen Behandlungsräumen für Body und Beauty.

Körperbehandlungen
★★★★★★

Klassische und fernöstliche Massagen, Traditionelle Chinesische Medizin, Tuina, Shiatsu, LaStone-Therapie, Reiki, Lymphdrainage, Magnetfeldtherapie, Fussreflexmassage, Akupressur, ayurvedische Behandlungen.

Beautyanwendungen
★★★★★★

Klassische Gesichtsbehandlungen, exotische Ganzheitskosmetik, Entspannungsbäder aller Art, Hand- und Fusspflege, Peelings und Packungen, Thalassotherapien, Coiffeur.

Freizeitangebot
★★★★☆☆

Vielseitige Gästeaktivitäten, geführte Wanderungen und Radtouren, Ausflugsfahrten in die schönsten Kunst- und Kulturstädte Norditaliens. Fahrräder, Tennisplatz, Tenniskurse, Bibliothek, zahlreiche Gesellschaftsspiele, Kinderbetreuung während den Schulferienzeiten, Abenteuerspielplatz.

Lage und Umgebung
★★★★★☆

In einer weitläufigen Gartenanlage im sonnigen Meraner Villenviertel, mit alten Bäumen, Palmen und zwitschernden Vögeln.

Steigenberger Hotel Therme Meran 85
I-39012 Meran
Tel. +39 0473 259 000
Fax +39 0473 259 099
www.thermemeran.it
meran@steigenberger.it
Ganzjährig geöffnet

Gesamtwertung: 46/60

Ambiente
★★★★★

Modernes Grosshotel neben der unlängst eröffneten spektakulären Therme Meran. Im Zentrum der Aufmerksamkeit steht denn auch die Therme. Wenn man sie betritt, fallen neben dem modernen Design des gläsernen Gebäudes die vielen Wasserbecken unterschiedlicher Grösse ins Auge – 25 sind es innen und aussen. Das Schwefelwasser für eines der Becken stammt aus 2350 Metern Tiefe, ist 30 Grad warm und Jahrmillionen alt. Es sind jedoch nicht die Badefreuden allein, welche die Therme auszeichnen. Nirgendwo sonst kann man sich bei einem Meraner Apfeltag, einem Meraner Weintraubenbad im Bottich, einem Kaiserpaket samt Molkensprudelbad und anschliessender Aromaölmassage mit Kräutern aus dem nahen Ultental verwöhnen lassen. Oberstes Gebot ist dabei stets die Verwendung einheimischer Produkte.

Spa-Infrastruktur
★★★★★★

Exklusiv für Hotelgäste zugängliches Spa von 1150 Quadratmetern mit Hallenbad, Freibad,

Zimmer
★★★★★★

In den 75 Zimmern relaxt man fast so gut wie im Spa. In asiatischer Schlichtheit präsentieren sich die Suiten in der »Villa Amore« – mit schmucken Wohnbädern und Fenstern, die vom Boden bis zur Decke reichen.

Essen und Trinken
★★★★☆

Tadellose Frischmarktküche mit Südtiroler und italienischen Spezialitäten.

Service
★★★★★★

Von früh bis spät sorgen 84 fürsorgliche Hände dafür, dass jeder Gast entspannende und genussreiche Tage im »Irma« verbringt.

Preise
EZ 112–166 €
DZ 224–292 €
Suite 224–332 €
inkl. Halbpension

Preis-Leistungs-Verhältnis
★★★★★★

Top
Die Familie Meister will ihren Gästen das Gefühl, frei zu sein, vermitteln. Man spürt es in der Grosszügigkeit des Hauses, man erlebt es in der herrlichen Gartenanlage, und man erfährt es beim Betreten des Wellnessbereichs.

Flop
Versuchen Sie mal, kurzfristig übers Wochenende ein Zimmer zu ergattern!

Anreise
Brennerautobahn bis Ausfahrt Bozen Süd, Schnellstrasse nach Meran bis Ausfahrt Meran Süd, dann kurz vor Meran Abzweigung Obermais/Passeier (Gelbe Route) und der Beschilderung zum Hotel folgen.

Whirlpool, Saunas, Dampfbad. Durch den Bademanteltunnel erweitert sich dieser Wellnessbereich zur 7650 Quadratmeter grossen Wohlfühlwelt der Therme Meran (mit 25 Wasserbecken innen und aussen, Saunawelt und 26 Behandlungsräumen für Body und Beauty).

Körperbehandlungen
★★★★★☆
Klassische und fernöstliche Massagen, Entspannungsmassage mit Apfel-, Trauben- oder Molkecreme, LaStone-Therapie, Shiatsu, Lymphdrainage, Aromamassagen, Medical Wellness, medizinische Check-ups.

Beautyanwendungen
★★★★★★
Vielfältige Kosmetikbehandlungen, Entspannungsbäder, Packungen und Wickel, Peelings, Hydrotherapie, Fango, Gesichtslymphdrainage, Gesichtsmassage mit Apfel-Trauben-Essenzen.

Freizeitangebot
★☆☆☆☆☆
Kinderbetreuung.

Lage und Umgebung
★★★★☆☆
Im Herzen von Meran.

Zimmer
★★★★★★
Nach den Plänen von Architekt Matteo Thun sind alle 115 Zimmer und 24 Suiten in weichen, harmonischen Farbtönen gestaltet und mit natürlichen Materialien eingerichtet. Klare Linien kombiniert mit feinen Details sorgen für wohliges Wohnen.

Essen und Trinken
★★★★☆☆
Mediterranes Restaurant Olivi und Gourmetlokal Wolkenstein, beide mit Schauküche.

Service
★★★★☆☆
Routiniert freundlich.

Preise
EZ 107–139 €
DZ 164–228 €
Suite 214–274 €
inkl. Frühstück

Preis-Leistungs-Verhältnis
★★★★★☆

Top
Die Zimmer wurden im wahrsten Sinne des Wortes eingerichtet und nicht »vermöbelt«

Flop
Zu manchen Zeiten können Gruppen von Tagungsteilnehmern die Ferienatmosphäre beeinträchtigen.

Anreise
Brennerautobahn bis Ausfahrt Bozen Süd, dann Schnellstrasse nach Meran. Die Therme liegt im Stadtzentrum und ist gut ausgeschildert.

Hohenwart 86

I-39017 Schenna bei Meran
Tel. +39 0473 944 400
Fax +39 0473 945 996
www.hohenwart.com
info@hohenwart.com
Anfang April bis Ende November und Mitte Dezember bis Anfang Januar geöffnet

Gesamtwertung: **45**/60

Ambiente
★★★★☆
Organisch gewachsener Familienbetrieb an bester Aussichtslage. Der Slogan »Zuhause bei Freunden« ist hier kein hohler Werbespruch, sondern täglich für den Gast erlebbar.

Spa-Infrastruktur
★★★☆☆
940 Quadratmeter Wellnessbereich mit Hallenbad, Freibad, Whirlpool, Saunawelt, Fitnessraum, täglich zahlreichen Gemeinschaftsaktivitäten (Stretching, Aquafit, Total-Body-Workout, Rückengymnastik, Power Yoga, Pilates, Qigong usw.).

Körperbehandlungen
★★★☆☆
Klassische und fernöstliche Massagen, Shiatsu, LaStone-Therapie, Tunia, Thaimassage, Akupressur.

Beautyanwendungen
★★★★☆
»Schönheit ist wie die Liebe – je besser man sie pflegt, desto länger bleibt sie erhalten.« Unter diesem Motto steht die Schönheitsoase »Land des Lächelns« mit Programmen diverser Produktlinien. Fango- und Algenpackungen, Heu- und Tresterbäder, Vitalwickel, Peelings, Hand- und Fusspflege, Coiffeur.

Freizeitangebot
★★★★☆
Geführte Wanderungen, Mountainbikeverleih und -touren, Nordic Walking, breites Aktivitäten- und Unterhaltungsprogramm (Sonnenaufgang auf einem Dreitausender, Rafting auf der Etsch, Weinproben bei den besten Südtiroler Winzern usw.), Tennisplatz, professionelle Kinderbetreuung in den Ferienzeiten, Kinderspielplatz, Spielzimmer, Jugendraum mit Playstation.

Lage und Umgebung
★★★★★★
Ruhig, in einer schönen Gartenanlage über Meran und Schloss Schenna, mit weitem Ausblick auf die Hügellandschaft und die Dreitausender der Texelgruppe.

Zimmer
★★★☆☆
Die 90 Zimmer und Suiten verteilen sich auf das Stammhaus und die beiden (unterirdisch miteinander verbundenen) Dépendancen »Traube« und »Christine«. Die meisten Zimmer haben einen tollen Ausblick und Balkon, sind aber teilweise etwas ältlich und banal eingerichtet.

Essen und Trinken
★★★★☆☆

Gut zubereitete Südtiroler Spezialitäten in holzgetäfelten Stuben.

Service
★★★★★☆

Trotz ständig ausgebuchtem Haus charmant, bescheiden und liebenswürdig.

Preise
EZ 124–143 €
DZ 176–276 €
Suite 292–356 €
inkl. Halbpension

Preis-Leistungs-Verhältnis
★★★★★★

Top
Kinder können auf »Hohenwart« Urlaub von ihren Eltern machen. Die Kinderbetreuung ist super und beinhaltet Bauernhofausflüge, gemeinsames Backen, Minigolfturniere, Quiz-Rallys durchs Hotel, Tanzchoreografien, Salsa-Aerobic, Indianerfeste, Kletterkurse, Übernachtung im Heustadl und vieles mehr.

Flop
Die vielen Stammgäste beharren auf ihrem Recht auf den angestammten Tisch – neue Gäste müssen sich bessere Lagen im Restaurant erst erkämpfen.

Anreise
Brennerautobahn bis Ausfahrt Bozen Süd, Schnellstrasse nach Meran bis Ausfahrt Meran Süd, dann Landstrasse nach Schenna. Das Hotel ist ausgeschildert.

Vigilius Mountain Resort 87
I-39011 Lana-San Vigilio
Tel. +39 0473 556 600
Fax +39 0473 556 699
www.vigilius.it
info@vigilius.it
Mitte Dezember bis Mitte März und Mitte April bis Mitte November geöffnet

Gesamtwertung: **44**/60

Ambiente
★★★★★★

Eine uralte Seilbahn führt ins ultramoderne Resort. Die aus Holzlamellen und Glasfronten gezimmerte Fassade erinnert an Japan und die Rocky Mountains, fügt sich aber dennoch nahtlos in den Lärchenwald ein. Matteo Thun, der kreative Maestro hinter dem bewohnbaren Kunstwerk, setzte auf saubere Linien, einfache Baustoffe, Glasflächen und fliessende Übergänge zwischen drinnen und draussen. Viel Licht und Luft prägen die schlichte Innenarchitektur, die sich auch in der 41 Zimmern und Suiten fortsetzt. Die Betten sind direkt gegenüber den raumhohen Fenstern platziert; die halboffenen Bäder gehören zum Raumerlebnis. »Unverstellte Räume bedeuten unverstellte Sichtweisen« – die Konzentration auf das Wesentliche bringt innere Stabilität und Harmonie«, so der Architekt. Die grosse Kamin-Lounge, das berauschende Spa oder die Hausbibliothek (die diesen Namen auch wirklich verdient) bieten optimale Möglichkeiten für diese innere Harmonie. Ruhe und Entspannung, Klarheit und Reinheit sind im »Vigilius« so zentrale Werte, dass es bereits als modernes Kloster für die reisende Avantgarde bezeichnet wurde. Ein Ort, an den man flüchtet, wenn man es in der Stadt nicht mehr aushält.

Spa-Infrastruktur
★★★★☆☆

Zur luxuriösen Losgelöstheit auf dem Berg zählt ein kleines, aber ästhetisch herausragendes Spa mit Hallenbad, Aussen-Warmwasserbecken, Sauna, Dampfbad und Fitnessraum. Ausserdem: Gymnastikkurse, Tai-Chi und Qigong im Bewegungs- und Meditationsraum oder auf der Panoramaterrasse.

Körperbehandlungen
★★☆☆☆☆

Klassische Massagen, Shiatsu, Watsu, Fussreflexzonenmassage.

Beautyanwendungen
★★★☆☆☆

Klassische und fernöstliche Gesichtsbehandlungen, Polenta-Apfel-Honig-Peeling, Vitalbäder, Thalassoanwendungen.

Freizeitangebot
★★★☆☆☆

Geführte Wanderungen und Schneeschuhtouren, Nordic Walking, Bogenschiessen, Paragliding, Bocciabahn, Mountainbikes. Zu den Skipisten des Vigiljochs sowie zu den Langlaufloipen und Wanderwegen sind es nur wenige Schritte.

Lage und Umgebung
★★★★★★

Elegant eingebettet in freier Natur hoch über Meran, auf 1500 Metern über Meer. Autos sind hier oben nicht zugelassen. Endlosausblicke sorgen für klare Gedanken.

Zimmer
★★★★★★

35 komfortable, geräumige Zimmer und 6 Suiten. Alle Zimmer im urbanen Design, mit halboffenem Bad und kleinem Balkon.

Essen und Trinken
★★★★★☆

Innovative mediterrane Küche im »Ida Restaurant«, rustikale Südtiroler Speisen in der »Ida Stube«.

Service
★★★★☆☆

Freundlich und aufmerksam, sucht aber noch nach Beständigkeit.

Preise
EZ 225–235 €
DZ 310–345 €
Suite 565–585 €
inkl. Frühstück

Preis-Leistungs-Verhältnis
★★★★★☆

Top
Die Hausbibliothek verdient diesen Namen und bietet eine reiche Auswahl an attraktiven Bildbänden. Auch die grosszügig angelegte Kamin-Lounge, die hier »Piazza« heisst und im Sommer über eine wunderschöne Terrasse verfügt, ist ein Hit.

Flop
Obschon viel Genuss und Einzigartigkeit fürs Geld geboten wird: In absoluten Zahlen ist das »Vigilius« das teuerste Hotel im Südtirol.

Anreise
Brennerautobahn bis Ausfahrt Bozen Süd, Schnellstrasse nach Meran bis Ausfahrt Lana. Dort den Berghang anpeilen und das Auto in der Parkgarage der Vigiljoch-Talstation abstellen. Von dort führt die kleine Seilbahn in sieben Minuten auf das Vigiljoch.

Völlanerhof 88

I-39011 Völlan/Lana bei Meran
Tel. +39 0473 56 80 33
Fax +39 0473 56 81 43
www.voellanerhof.com
info@voellanerhof.com
Ende März bis Mitte November geöffnet

Gesamtwertung: **42**/60

Ambiente
★★★★☆☆
Moderner Landgasthof mit Blick auf Obstplantagen, Wiesen und Wald, dazu kommt eine heitere Gastlichkeit Südtiroler Prägung. Durch die grosszügigen Fensterfronten herrscht in der ganzen Hotelanlage eine Art Wintergartenatmosphäre.

Spa-Infrastruktur
★★★★☆☆
Hallenbad, Freibad, Schwimmteich, Whirlpool, finnische Sauna, Dampfsauna, Fitnessraum, täglich Gymnastik- und Entspannungsprogramme (Morgengymnastik, Stretching, Bauch-Beine-Po-Training, Aerobic, Yoga, Qigong usw.).

Körperbehandlungen
★★★★☆☆
Klassische und fernöstliche Massagen, LaStone-Therapie, ayurvedische Behandlungen, Klangschalenmassage, Lymphdrainage.

Beautyanwendungen
★★★☆☆☆
Diverse kosmetische Anwendungen, Thalasso, Peelings, Vitalbäder und Packungen im Wasserbett, Hand- und Fusspflege.

Freizeitangebot
★★★☆☆☆
Tennisplatz, geführte Wanderungen und Nordic-Walking-Touren, kostenloser Verleih von Mountainbikes und Wanderrucksäcken, Billard, Tischtennis, Kinderspielplatz und Kinderspielraum, abwechslungsreiches Unterhaltungsprogramm.

Lage und Umgebung
★★★★★☆
In einer gepflegten Gartenanlage auf einer kleinen Anhöhe über dem Dorf.

Zimmer
★★★★☆☆
47 angenehme, teilweise etwas banal eingerichtete Zimmer und Suiten, alle mit Balkon.

Essen und Trinken
★★★★☆☆
Internationale und italienische Spezialitäten. Auch vegetarische Wünsche werden im Rahmen der Halbpension erfüllt. Pianobar.

Service
★★★★★★

Hervorragend und mit sichtlicher Liebe von der Besitzerfamilie Margesin geführt.

Preise
EZ 105–125 €
DZ 190–250 €
Juniorsuite/Suite 250–290 €
inkl. Halbpension

Preis-Leistungs-Verhältnis
★★★★★☆

Top
Die Gartenanlage ist hübsch gestaltet und bezieht die umgebende Natur mit ein.

Flop
Es gibt nichts auszusetzen, aber es gibt auch keine grösseren Highlights. Innenarchitektonisch wirkt so manches wie aus dem Katalog eines mittelständischen Einrichtungshauses.

Anreise
Brennerautobahn bis Ausfahrt Bozen Süd, Schnellstrasse nach Meran bis Ausfahrt Meran Süd, dann Landstrasse nach Lana. Im Ortszentrum Richtung Gampen, dann nach Völlan abzweigen.

Romantikhotel Turm 89
I-39050 Völs am Schlern
Tel. +39 0471 725 014
Fax +39 0471 725 474
www.hotelturm.it
info@hotelturm.it
Mitte Dezember bis Mitte Januar und Ende Januar bis Mitte November geöffnet

Gesamtwertung: **37**/60

Ambiente
★★★★★★

Die labyrinthisch angelegte Hotelanlage ist ein Traum für Ästheten und ein Alptraum für Orientierungsschwache. Überall führen Treppen zu neuen Gebäudeflügeln und Räumen. Überall gleichermassen spürbar ist die sichere Hand des Architekten. Jedes der 40 Zimmer ist anders, keines ist langweilig. Alt und neu ergänzen sich aufs Beste. Der Wellnessbereich beeindruckt mit sinnlicher Inszenierung; die Sammlung bedeutender Originalkunstwerke, die sich unaufdringlich und ganz selbstverständlich auf zahlreichen Stockwerken verteilt, würde in manchem Museum für Furore sorgen. Und wie immer steckt hinter einem derartigen Hotel-Gesamtkunstwerk keine Beratungsfirma, sondern ein Gastgeber mit Stil, Herz und Geschmack. Stefan Pramstrahler wacht mit nicht nachlassen-

dem Engagement darüber, dass man sich in seinem Reich bestens umsorgt fühlt und dass sein »Turm« ein im besten Sinne eigenwilliges Hotel bleibt.

Spa-Infrastruktur
★★☆☆☆☆
Freibad (im Winter 32 Grad), Whirlpool, Sauna, Salzgrotte, Behandlungsräume für Body und Beauty.

Körperbehandlungen
★★☆☆☆☆
Klassische Massagen, Pantai Luar, LaStone-Therapie.

Beautyanwendungen
★★★☆☆☆
Diverse Gesichtsbehandlungen, Heu-, Kräuter- und Latschenkieferbäder, Peelings, Apfel-Körperpackung mit Fruchtsäuren, Hand- und Fusspflege.

Freizeitangebot
★☆☆☆☆☆
Kochkurse, Besichtigung führender Südtiroler Winzerbetriebe.

Lage und Umgebung
★★★★☆☆
Mitten im Dorf, mit weitem Ausblick in die Bergwelt.

Zimmer
★★★★★☆
40 sehr unterschiedliche, vorwiegend modern eingerichtete Zimmer und Suiten.

Essen und Trinken
★★★★★☆
Das Restaurant bietet eine kreative leichte Küche und eine hervorragende Weinauswahl.

Service
★★★☆☆☆
Okay.

Preise
EZ 82–120 €
DZ 136–274 €
Suite 136–274 €
inkl. Frühstück

Preis-Leistungs-Verhältnis
★★★★★★

Top
Die Küche verzaubert, alles ist gesund, frisch und fantasievoll zubereitet – den Fisch ziert ein Zweig frischer Zitronenthymian aus dem hoteleigenen Kräutergarten, und auch der Bärlauch für die Suppe ist ganz frisch gepflückt.

Flop
Manche Serviceabläufe fordern die Geduld des urbanen Gastes, der sich daran erinnern muss, dass er im beschaulichen Schlerntal und nicht in Zürich oder München weilt.

Anreise
Brennerautobahn bis Ausfahrt Blumau, dann Landstrasse Richtung Seis bis Völs.

Urthaler 90
I-39040 Seiser Alm
Tel. +39 0471 727 919
Fax +39 0471 727 820
www.seiseralm.com
urthaler@seiseralm.com
Ganzjährig geöffnet

Gesamtwertung: **41**/60

Ambiente
★★★★★★
Das im Dezember 2002 eröffnete Wohlfühlhotel ist geprägt von ästhetischer Klarheit und Reduktion auf das Wesentliche. Jedes Einrichtungsstück erfüllt einen Sinn im Ganzen. Die natürliche Holzbauweise schafft von den Zimmern über die öffentlichen Räume bis in den Wellnessbereich zeitgemässe Behaglichkeit. Der Duft des Holzes entspannt, beruhigt, belebt. »Sensitive Entspannung im neuen Stil« heisst denn auch der Slogan in der Hotelbroschüre. Das Lebensgefühl ist jung und sportlich. Durch die grossen Panoramafenster blickt man auf die grandiose Bergwelt der Dolomiten; und die Skipisten und Wanderwege liegen vor der Haustür.

Spa-Infrastruktur
★★★☆☆☆
700 Quadratmeter Wellnessbereich mit Panorama-Hallenbad, Freibad, Whirlpool, Saunawelt, Rasulbad, Fitnessraum, vier Behandlungsräumen für Body und Beauty.

Körperbehandlungen
★★☆☆☆☆
Klassische Massagen.

Beautyanwendungen
★★★☆☆

Klassische Kosmetikbehandlungen, Entspannungsbäder, Packungen, Peelings, Hand- und Fusspflege, Gesichtsmassage, Aknebehandlungen.

Freizeitangebot
★★☆☆☆

Betreute Bewegung innen und aussen, professionelle Kinderbetreuung, hauseigene Skischule.

Lage und Umgebung
★★★★★☆

Auf einem weitläufigen Hochplateau, auf 1850 Metern über Meer.

Zimmer
★★★★★★

Die 54 Zimmer und Suiten präsentieren sich in gelungener Lifestyle-Ästhetik und sind alle mit Naturmöbeln, Holzfussböden und handgeknüpften Wollteppichen ausgestattet.

Essen und Trinken
★★★☆☆

Durchschnittliche Hotelküche regionaler Prägung mit zahlreichen Buffets.

Service
★★★★★☆

Freundlich und hilfsbereit.

Preise
EZ 96–156 €
DZ 168–302 €
Suite 242–344 €
inkl. Halbpension

Preis-Leistungs-Verhältnis
★★★★★★

Top
Hier findet man eine für Südtiroler Verhältnisse erfrischend schlichte Architektur aus Holz und Glas. Ein Platz zum tief Durchatmen.

Flop
Rund ums Haus ist viel Wandertourismusrummel.

Anreise
Brennerautobahn bis Ausfahrt Klausen/Grödner Tal, nach der Mautstelle rechts, an der folgenden Kreuzung links abbiegen. Landstrasse Richtung Bozen bis Waidbruck, dann links Richtung Seiser Alm/Schlerngebiet, 10 km immer den Berg hinauf, dann nochmals links abbiegen Richtung Seiser Alm.

Mirabell 91

I-39030 Olang
Tel. +39 0474 496 191
Fax +39 0474 498 227
www.mirabell.it
hotel@mirabell.it
Ganzjährig geöffnet

Gesamtwertung: **49**/60

Ambiente
★★★★★★

Das »Mirabell« bietet Geborgenheit in berührender Intensität. Alles ist von feinfühliger Hand arrangiert, alles ist hell, alles strahlt eine luxuriöse Freundlichkeit aus. Ziel jedes Aufenthalts in der stilvoll herausgeputzten Chaletanlage ist ein ganzheitliches Aufbauprogramm, das im Kern des Körpers beginnt. Man kann hier natürlich auch wandern, golfen oder skifahren – aber vor allem kann man im Haus etwas ganz Besonderes tun: in der sinnlichen Atmosphäre körperlich und seelisch mit sich ins Reine kommen. Ein breites Spektrum an ayurvedischen Behandlungen macht es möglich. Nach Konstitutionsanalyse mit Irisdiagnose wird für jeden Gast auf Wunsch eine individuelle Kur aus Massagen, Stirngüssen, Packungen und Bädern zusammengestellt, Ernährungstipps und entsprechende Menüs inklusive.

Spa-Infrastruktur
★★★★☆☆

Wellnessbereich mit Hallenbad, Saunawelt, Fitnessraum, Gymnastik- und Entspannungslektionen (Wassergymnastik, Bodystyling, Stretching, Nordic Walking, Qigong, Yoga usw.) sowie zahlreichen Behandlungsräumen für Body und Beauty.

Körperbehandlungen
★★★★★☆

Klassische und fernöstliche Massagen, ayurvedische Behandlungen, Lymphdrainage, Fussreflexzonenmassage, Tuina, Triggerpunktmassage.

Beautyanwendungen
★★★★★★

Schönheitsfarm mit breiter Palette an Gesichtsbehandlungen, Entspannungsbädern, Thalassoanwendungen, Fango, Gesichtsakupressur-Punktmassage, Packungen, Peelings Hand- und Fusspflege, Coiffeur.

Freizeitangebot
★★★★☆☆

Eigene Driving-Range mit Kompaktgolfanlage, Golfkurse für Anfänger und Fortgeschrittene, geführte Wanderungen, Rad- und Skitouren, Rundfahrten mit einheimischem Begleiter, Verleih von Rucksäcken und Teleskopstöcken, Nordic Walking. Weindegustationen im Haus und in Südtiroler Kellereien. Im benachbarten Tharerhof steht den »Mirabell«-Gästen ein Reitstall mit Trainer zur Verfügung.

Rosa Alpina 92
I-39030 San Cassiano
Tel. +39 0471 849 500
Fax +39 0471 849 377
www.rosalpina.it
alpina@relaischateaux.com
Mitte Juni bis Mitte Oktober und Anfang Dezember bis Anfang April geöffnet

Gesamtwertung: **45**/60

Ambiente
★★★★★★
Das eindrucksvolle, aufwendig renovierte Gebäude setzt innenarchitektonisch ganz auf den Tiroler Stil des 17. und 19. Jahrhunderts – mit vielen antiken Möbelstücken, Truhen, Gemälden und Zeugnissen der ladinischen Kultur. So sorgfältig, wie mit dem Reichtum der Region verfahren wird, so ambitioniert werden im Gourmetrestaurant alte Traditionen mit frischen Ideen verfeinert – was unlängst mit einem Michelin-

Lage und Umgebung
★★★★☆☆
Ruhig im Dorf, das in der offenen Talweitung des Pustertals auf 1000 Metern über Meer liegt.

Zimmer
★★★★★☆
55 grosszügig bemessene Zimmer und Suiten mit viel Gefühl für das richtige Detail.

Essen und Trinken
★★★☆☆☆
Mix aus mediterraner und Südtiroler Küche. Die täglichen Auswahlmenüs bestehen aus sechs Gängen, die Weinkarte umfasst über 500 Provenienzen. Nachmittags Kuchenbuffet. Auf Wunsch individuell abgestimmte ayurvedische Menüs.

Service
★★★★★★
Das Team rund um Gastgeberin Judith Goller vermittelt Südtiroler Gastlichkeit in Reinkultur.

Preise
EZ 118–155 €
DZ 202–280 €
Suite 224–312 €
inkl. Vollpension

Preis-Leistungs-Verhältnis
★★★★★★

Top
Im Ayurveda-Pavillon wird sehr viel mehr als die oft unter dem Label »Ayurveda« verkauften Ölmassagen geboten. Das Team könnte kaum professioneller sein.

Flop
Die Küche könnte noch einen Zacken zulegen.

Anreise
Brennerautobahn bis Ausfahrt Brixen/Pustertal, dann Landstrasse durchs Pustertal Richtung Bruneck/Toblach/Innichen. In Mitterolang links abbiegen, das »Mirabell« ist 150 Meter entfernt.

Stern honoriert wurde. Die Gastgeberfamilie Pizzinini wirkt auch bei vollem Haus nicht gestresst und strahlt Humor und Herzlichkeit aus.

Spa-Infrastruktur
★★★☆☆☆
Hallenbad, Sauna, Dampfbad, Whirlpool, Fitnessraum, schöne Behandlungsräume für Body und Beauty.

Körperbehandlungen
★★★★☆☆
Klassische Massagen, Fussreflexzonenmassage, LaStone-Therapie, Aromamassage, indische Kopfmassage, Vierhandmassage.

Beautyanwendungen
★★★★★★
Erstklassige Gesichtsbehandlungen, Anti-Cellulite-Behandlung, Entspannungsbäder, Peelings, Packungen, Hand- und Fusspflege.

Freizeitangebot
★☆☆☆☆
Fahrräder.

Lage und Umgebung
★★★★☆☆
Im Dorfzentrum Kirche auf 1535 Metern über Meer.

Zimmer
★★★★☆☆
31 sehr unterschiedliche, mehrheitlich charmante Zimmer und 20 Suiten.

Essen und Trinken
★★★★★★
Feine italienische Gourmetküche mit regionalen Einflüssen im »St. Hubertus«. Wine Bar & Grill, Fondue-Stube.

Service
★★★★★★
Das bemerkenswert freundliche Hotelteam passt sich individuell dem Pulsschlag der Gäste an.

Preise
EZ 100–350 €
DZ 165–510 €
Suite 300–690 €
inkl. Frühstück

Preis-Leistungs-Verhältnis
★★★★★☆

Top
Erstklassig geschulte Therapeutinnen und Therapeuten und das sinnlich inszenierte Spa machen es einem leicht, sich ganz der Entspannung hinzugeben.

Flop
Manche Zimmer sind zu klein und genügen einem Haus dieses Anspruchs nicht.

Anreise
Brennerautobahn bis Ausfahrt Chiusa, dann Landstrasse via Corvara Richtung Cortina d'Ampezzo bis San Cassiano.

Adler Wellness & Sport Resort 93
I-39046 St. Ulrich/Gröden
Tel. +39 0471 775 000
Fax +39 0471 775 555
www.hotel-adler.com
info@hotel-adler.com
Mitte Mai bis Ende Oktober und Anfang Dezember bis Mitte April geöffnet

Gesamtwertung: **47**/60

Ambiente
★★★★★☆
Der türmchenbewehrte gelbe Palast, seit 1810 und inzwischen in achter Generation im Besitz der Familie Sanoner, verbindet internationalen Komfort mit Grödner Gemütlichkeit. Die Wellness- und Freizeitmöglichkeiten im Haus sind beachtlich, das Team ist stets gut drauf, und vor der Haustür lockt eine der schönsten Gegenden der Dolomiten. Die Familie Sanoner hat am liebsten glückliche Menschen zu Gast und tut selbst ihr Bestes dafür.

Spa-Infrastruktur
★★★★★★
Weitläufiger Wellnessbereich mit einem halben Dutzend Innen- und Aussenschwimmbädern in verschiedenen Temperaturen, Whirlpools, Saunawelt, Rasulbad, Fitnessraum, Personal Trainer, Gymnastik- und Entspannungslektionen, zahlreichen Behandlungräumen für Body und Beauty.

Körperbehandlungen
★★★★★☆
Klassische und fernöstliche Massagen, LaStone-Therapie,

Gardena-Grödnerhof 94

I-39046 St. Ulrich/Gröden
Tel. +39 0471 796 315
Fax +39 0471 796 513
www.gardena.it
info@gardena.it
Mitte Mai bis Mitte Oktober und Anfang Dezember bis Anfang April geöffnet

Shiatsu, Bodystyling, Reiki, diverse Paarbehandlungen, ayurvedische Behandlungen, Anti-Aging-Programme.

Beautyanwendungen
★★★★★★
Schönheitsfarm mit vielfältigster Gesichtspflege, Entspannungsbädern, Thalassoanwendungen, Packungen, Wickeln, Peelings, Hand- und Fusspflege.

Freizeitangebot
★★★☆☆☆
Abwechslungsreiches Outdoor-Programm (täglich geführte Wanderungen und Radtouren, Nordic Walking, begleitete Skitage, Schneeschuhtouren usw.), ganztägig betreuter Kinderclub.

Lage und Umgebung
★★★★☆☆
In einer Parkanlage in der Fussgängerzone von St. Ulrich. Schöner Ausblick auf die Dolomiten.

Zimmer
★★★★☆☆
110 komfortable Zimmer zwischen Tradition und Moderne.

Essen und Trinken
★★★★☆☆
Mediterrane Küche und herzhafte Südtiroler Spezialitäten.

Service
★★★★★☆
Die Freundlichkeit wirkt hier von der Rezeptionistin bis zum Barmann wohltuend frisch und unaufgesetzt.

Preise
EZ 141–291 €
DZ 178–536 €
Suite 240–640 €
inkl. Halbpension

Preis-Leistungs-Verhältnis
★★★★★☆

Top
Ayurvedische Therapien werden mit grossem Sachverstand ausgeübt.

Flop
Die langgestreckte Hotelanlage hat endlos scheinende Verbindungsgänge.

Anreise
Brennerautobahn bis Ausfahrt Klausen/Gröden, dann Panorama-Landstrasse nach Ortisei. Im Ort der Beschilderung zum »Adler« folgen.

Gesamtwertung: **42**/60

Ambiente
★★★★★☆
Die grossartige alpine Kulisse und die durchwegs frisch erstrahlenden Zimmer und Aufenthaltsräume garantieren diesem Relais & Chateaux-Haus eine Klientel, die sich ihre Tage und Nächte im Herzen der Dolomiten auch etwas kosten lässt. Die Gastgeberfamilie Bernardi wacht mit Sperberaugen über das Geschehen im Hotel. Hier ist man in guten, ja in besten Händen.

Spa-Infrastruktur
★★☆☆☆☆
1300 Quadratmeter Wellnessbereich mit Hallenbad, Saunawelt, Fitnessraum, Behandlungsräumen für Body und Beauty.

Körperbehandlungen
★★★★☆☆
Klassische und fernöstliche Massagen, Synchronmassage, Lymphdrainage, LaStone-Therapie, Pantai Luar, ayurvedische Behandlungen, Cellulitemassage, Fussreflexzonenmassage.

Service
★★★★★★
Sehr gut.

Preise
EZ 160–340 €
DZ 200–526 €
Suite 274–666 €
inkl. Halbpension
Preis-Leistungs-Verhältnis
★★★★★☆

Top
Die freundlichen Mitarbeiter sind bereit zu agieren und nicht bloss zu reagieren.

Flop
Die Aussenarchitektur des Neubaus aus dem Jahr 2001 verströmt jenen proletarischen Chic, der so manches Hotel der Region verunstaltet.

Beautyanwendungen
★★★★☆☆
Breite Palette an Gesichtsbehandlungen, Thalassoanwendungen, Packungen, Peelings, Hand- und Fusspflege.

Freizeitangebot
★★☆☆☆☆
Geführte Wanderungen, Mountainbikes, Kinderbetreuung. Im Winter dreimal wöchentlich geführte Skitouren auf den schönsten Routen der Dolomiten.

Lage und Umgebung
★★★★☆☆
In einem Garten im Ortszentrum. 200 Meter von den Skiliften und der Gondelbahn zur Seiser Alm entfernt.

Zimmer
★★★★★☆
46 komfortable, geräumige Zimmer und 5 Suiten.

Essen und Trinken
★★★★☆☆
Italienische Marktküche, serviert in gemütlichen Gaststuben.

Anreise
Brennerautobahn bis Ausfahrt Klausen/Gröden, dann Panorama-Landstrasse nach St. Ulrich. Im Ort der Beschilderung zum »Grödnerhof« folgen.

Deutschand

Süddeutschland

Brenner's Park Hotel & Spa 95

D-76530 Baden-Baden
Tel. +49 (0)7221 9000
Fax +49 (0)7221 38772
www.brenners.com
info@brenners.com
Ganzjährig geöffnet

Gesamtwertung: **51**/60

Ambiente
★★★★★★

Selbst wer noch nie dort war, hat schon vom »Brenner's Park Hotel« gehört. In den einschlägigen Kolumnen der bunten Blätter ist besonders während der Baden-Badener Grossereignisse (Rennwoche, Festspielhauspremieren, Medienpreis) immer wieder zu lesen, welche Promis dort nächtigen und feiern. Es muss also etwas dran sein an diesem altehrwürdigen, beinahe aristokratischen Hotelpalast, der sich mit allen Attributen der Vornehmheit in die Gegenwart gerettet hat. Die Atmosphäre hinter der klassizistischen Fassade ist wohltuend gedämpft, und wie es sich für eine richtige Nobelabsteige gehört, wird hier nichts über- oder gar umgestürzt. Man pflegt den Wandel in der Kontinuität.

Spa-Infrastruktur
★★★★☆☆

2000 Quadratmeter Wellnessbereich mit Hallenbad im antiken Stil, Saunawelt, Fitnesscenter, Personal Trainer, diversen Behandlungsräumen für Body und Beauty, Gruppenlektionen von Yoga bis Wassergymnastik, Multi-Jet-Bad, exklusiver Spa-Suite, Medical Spa mit medizinischen Check-ups.

Körperbehandlungen
★★★★★★

Klassische und fernöstliche Massagen, Massagerituale, Shiatsu, Thaimassage, Balimassage, Lymphdrainage, Synchronmassage, Meridianpunktmassage, Fussreflexmassage, LaStone-Therapie, Lomi Lomi Nui, Osteopathie.

Beautyanwendungen
★★★★★★

Schönheitsfarm mit der ganzen Palette an traditionellen und modernen Kosmetikbehandlungen und den edelsten Pflegeprodukten, Entspannungsbädern, Packungen, Peelings, Coiffeur.

Freizeitangebot
★☆☆☆☆

Professionelle Kinderbetreuung.

Lage und Umgebung
★★★★★★

In einem Park am Ufer der Oos, wenige Gehminuten vom Stadtzentrum.

Zimmer
★★★★★★

68 geräumige, sehr gepflegte Zimmer und 32 luxuriöse Suiten.

Essen und Trinken
★★★★★★

Französische Gourmetküche im festlich-eleganten »Park-Restaurant«, regionale und mediterrane Gerichte im hübschen Wintergartenrestaurant. Klassische Bar, gemütliche Kaminhalle.

Service
★★★★★★

Die freundlichen Mitarbeiter vertreiben jede Schwellenangst

Bareiss 96

D-72270 Baiersbronn-Mitteltal
Tel. +49 (0)7442 470
Fax +49 (0)7442 473 20
www.bareiss.com
info@bareiss.com
Ganzjährig geöffnet

Gesamtwertung: 56/60

Ambiente
★★★★★★

Bei der Ankunft überkommt einen das Gefühl: Hier ist gut sein. Und es bleibt. Das hochmotivierte Team um Gastgeber Hermann Bareiss setzt alles daran, die Gäste mit ungezwungener Natürlichkeit zu entschleunigen. Zwar bedient Bareiss sämtliche Schwarzwaldklischees, er mixt jedoch dem Lokalkolorit einen kräftigen Schuss kreativer Freiheit bei, was sich sowohl in den neuen Zimmern und im kontinuierlich modernisierten Wellnessbereich als auch in der beständig einfallsreichen Küche äussert. Der hohe Aufwand, der hier auf allen Ebenen betrieben wird, kommt mit leiser Selbstverständlichkeit einher – nichts geschieht übertrieben und beifallheischend. Der ganzheitliche Verwöhnanspruch ist einzigartig und macht aus eingefleischten Städtern überzeugte Provinzliebhaber.

Spa-Infrastruktur
★★★★★★

Das 2400 Quadratmeter grosse Spa bietet alles zum Thema »Wasser und Wärme«, physische und seelische Balance. Innen- und Aussen-Sportbad, warmes Innen- und Aussen-Meerwasserbecken, Naturschwimmteich, diverse Whirlpools, Kinderplanschbecken, Saunawelt, Fitness- und Gymnastikraum, Personal Trainer, Gruppenlektionen.

Körperbehandlungen
★★★★★★

Klassische und fernöstliche Massagen, ayurvedische Behandlungen, Synchron-Ölmassage, Shiatsu, Tuina, LaStone-Therapie, Lymphdrainage, Reiki, osteopathische Behandlungen.

Beautyanwendungen
★★★★★★

Breites Angebot von Gesichtsbehandlungen, Entspannungs-

mit entspannter Zuvorkommenheit.

Preise
EZ 185–385 €
DZ 260–545 €
Suite 590–1375 €
Frühstück 23 € pro Person

Preis-Leistungs-Verhältnis
★★★★☆☆

Top
Das »Brenner's« ist ein Ort, an dem die Zeit stehen bleibt – und dies im besten Sinne.

Flop
Die Noblesse des »Rolls-Royce« unter den deutschen Stadthotels hat ihren Preis.

Anreise
Autobahn Basel–Karlsruhe bis Ausfahrt Baden-Baden. Richtung Stadtzentrum und im Michaelstunnel erste Tunnelausfahrt »Congress«, dann zweimal links und die dritte Strasse rechts abbiegen.

bädern, Peelings und Packungen, Hand- und Fusspflege, Vinotherapie, Coiffeur.

Freizeitangebot
★★★★★☆

Ganzjährig Kinderbetreuung, Abenteuerspielplatz im Waldpark, »Haus der Spiele« für Jugendliche, breites Aktivitätenprogramm für drei Generationen, regelmässig klassische Konzertabende in der Bibliothek, Kegelbahn, Tennisplatz, Fahrräder.

Lage und Umgebung
★★★★☆☆

Am Dorf- und Waldrand.

Zimmer
★★★★★☆

99 komfortable, heiter stimmende Zimmer und Suiten. Die schönsten befinden sich im neuen »Landhaus«-Trakt.

Essen und Trinken
★★★★★★

In vier Restaurants wird von ideenreicher Regionalküche bis zu betörenden Gourmetkreationen alles aufgetragen.

Service
★★★★★★

Von kaum zu übertreffender Konstanz und Kompetenz. Wenn Sie einmal hier waren, wird Sie das Hotel nie mehr vergessen. Man geht in allen Bereichen auf individuelle Gästewünsche ein und versucht, diese beim nächsten Besuch ungefragt zu berücksichtigen.

Preise
EZ 145–234 €
DZ 254–376 €
Suite 340–458 €
inkl. Halbpension

Preis-Leistungs-Verhältnis
★★★★★★

Top
Ohne exotische Eskapaden und modische Effekthascherei, nur mit erstklassigen Mitarbeitern und Produkten zündet Claus-Peter Lumpp, Küchenchef im Gourmetlokal Bareiss, seine Aromenfeuerwerke. Seine Menüs kann man nur anders, aber nicht besser machen.

Flop
Weder das Dorf noch die unmittelbare Umgebung sind einmalig zu nennen.

Anreise
Autobahn Singen–Stuttgart bis Ausfahrt Horb, Landstrasse über Freudenstadt nach Baiersbronn, im Ortszentrum links den Wegweisern zum Ortsteil Mitteltal folgen.

Traube Tonbach 97
D-72270 Baiersbronn-Tonbach
Tel. +49 (0)7442 492 0
Fax +49 (0)7442 492 692
www.traube-tonbach.de
info@traube-tonbach.de
Ganzjährig geöffnet

Gesamtwertung: 56/60

Ambiente
★★★★★★

Es ist schon ein besonderes Gefühl, in einem Hotel zu wohnen, das zu einem Mythos geworden ist. Mythos heisst nämlich, dass niemand genau sagen kann (oder auch will), wie sich die Gerüchte mit der Realität vertragen: Hauptsache, die Leute bekommen glänzende Augen, wenn sie über das Hotel sprechen – oder auch ganz schmale, misstrauische, je nachdem. Auf den ersten Blick überwältigt die »Traube Tonbach« allein durch ihre schieren Ausmasse. Auf den zweiten Blick erstaunt, wie behaglich die Atmosphäre in der 300-Betten-Burg ist. Das moderne Spa ist eine grosszügige, genussbetonte Welt für sich – von A bis Z ist alles zur luxuriösen und sinnvollen Entspannung von Körper, Geist und Seele vorhanden.

Spa-Infrastruktur
★★★★★★

4300 Quadratmeter Wellnessbereich mit zwei Hallenbädern, Meerwasser-Freibad, Whirlpool, Saunawelt, zahlreichen Behandlungsräumen für Body und Beauty, betreutem Fitnessraum, Gruppenlektionen von Yoga bis Aerobic.

Körperbehandlungen
★★★★★★

Vielfältige klassische und fernöstliche Massagen für eine individuelle Regeneration, ayurvedische Behandlungen, Chirogymnastik, Fussreflexzonenmassage, Lymphdrainage, Lomi Lomi Nui, LaStone-Therapie.

Beautyanwendungen
★★★★★★

Komplettes Gesichtspflegeprogramm von Shiseido, Anti-Aging-Kosmetik von Dr. Sebagh auf Basis medizinischer Erfahrungen, Entspannungsbäder, Hand- und Fusspflege, Wickel, Chardonnay-Weintresterpackung, Peelings, Coiffeur.

Freizeitangebot
★★★★☆☆

Drei Tennisplätze, gute Kinderbetreuung, vielfältiges Innen- und Aussen-Aktivitätenprogramm, geführte Wanderungen, Fahrräder.

Lage und Umgebung
★★★★★☆

In grüner Hügellandschaft am Ende des Tonbachtals.

Zimmer
★★★★★☆

175 komfortable Zimmer und 12 Suiten im edel-rustikalen Landhausstil.

Essen und Trinken
★★★★★★

Kaum zu überbietende Gourmet-Glanzlichter in der festlichen »Schwarzwaldstube« (das Lokal ist jedoch nur wenigen Auserwählten zugänglich, die

Monate im Voraus reserviert haben), internationale Gerichte in der »Köhlerstube«, schwäbische Spezialitäten in der »Bauernstube«. Riesiges Halbpensionsrestaurant. Hotelbar.

Service
★★★★★★

Der Service kann sich kaum mehr steigern: Er ist fachkundig – wie man es im Grandhotel erwartet – und ausgesprochen freundlich – wie man es im Grandhotel leider nicht immer erlebt. Die starke Hand des Gastgebers Heiner Finkbeiner ist an allen Ecken und Enden spürbar.

Preise
EZ 118–177 €
DZ 216–290 €
Suite 462–530 €
inkl. Frühstück

Preis-Leistungs-Verhältnis
★★★★★★

Top
Der aufwendig erneuerte Wellnessbereich hebt sich durch seine puristische Eleganz erfrischend vom teilweise etwas schweren Schwarzwaldlook im übrigen Haus ab.

Flop
Die Monumentalarchitektur aus den Sechzigern und Siebzigern ist gewöhnungsbedürftig.

Anreise
Autobahn Singen–Stuttgart bis Ausfahrt Horb, Landstrasse über Freudenstadt nach Baiersbronn, im Ortszentrum rechts den Wegweisern zum Ortsteil Tonbach folgen.

Kur- & Sporthotel 98 Lauterbad

D-72250 Freudenstadt-Lauterbad
Tel. +49 (0)7441 860 17 0
Fax +49 (0)7441 860 17 10
www.lauterbad-wellnesshotel.de
info@lauterbad-wellnesshotel.de
Ganzjährig geöffnet

Gesamtwertung: **37**/60

Ambiente
★★★★☆☆

Moderne Rustikalität verschmilzt hier mit süddeutscher Behaglichkeit – hier ist die Welt selbst an Nebeltagen noch heil.

Spa-Infrastruktur
★★★☆☆☆

840 Quadratmeter Wellnessbereich mit Hallenbad, Saunawelt, diversen Behandlungsräumen für Body und Beauty, Fitnessraum, täglichen Gymnastik- und Entspannungslektionen.

Körperbehandlungen
★★★★☆☆

Klassische und fernöstliche Massagen, Klangschalenmassage, ayurvedische Behandlungen, LaStone-Therapie, Pantai

Luar, Lymphdrainage, Fussreflexzonenmassage, medizinische Check-ups, Anti-Aging-Programme, Medical Wellness.

Beautyanwendungen
★★★☆☆☆

Schönheitsfarm mit vielfältiger Gesichtspflege, Entspannungsbädern, Thalassoanwendungen

Freizeitangebot
★☆☆☆☆☆

Fahrräder, Kinderspielplatz, geführte Wanderungen und Radtouren, Nordic Walking.

Lage und Umgebung
★★★★☆☆

In einer hübschen Gartenanlage am Ortsrand.

Zimmer
★★★☆☆☆

36 funktionelle, gepflegte Zimmer.

Parkhotel Adler 99
D-79856 Hinterzarten
Tel. +49 (0)7652 127 0
Fax +49 (0)7652 127 717
www.parkhoteladler.de
info@parkhoteladler.de
Ganzjährig geöffnet

Gesamtwertung: **49**/60

Ambiente
★★★★★★

»Adler verpflichtet.« Das Bonmot im Hausprospekt beruft sich auf die Tatsache, dass das traditionsreiche, organisch gewachsene Schwarzwaldhotel seit 1446 in Familienbesitz ist. Entsprechend persönlich ist die Atmosphäre. Im gläsernen Wellnesspavillon im Park steht alles unter dem Motto den Körper verwöhnen, die Sinne beruhigen, die Seele streicheln.

Spa-Infrastruktur
★★★★★☆

1200 Quadratmeter Wellnessbereich mit Hallenbad, Whirlpool, Saunawelt, Fitnessraum, Personal Trainer, zahlreichen Behandlungsräumen für Body und Beauty, diversen Gruppenlektionen von Wassergymnastik über Stretching bis Power Walking.

Körperbehandlungen
★★★★★☆

Klassische und fernöstliche Massagen, ayurvedische Behandlungen, Klangschalenmassage, Lomi Lomi Nui, Craniosakraltherapie, Kräuterstempelmassage, Reiki, Lymphdrainage, Chakren-Balancierung, umfassende Anti-Aging-Programme für ausgepowerte Zeitgenossen.

Beautyanwendungen
★★★★★☆

Schönheitsfarm mit vielfältigem Gesichtspflegeangebot, Peelings, Wickeln und Packungen, Thalassotherapien, Cellulitebehandlungen, Coiffeur.

Freizeitangebot
★★★☆☆☆

Fahrräder, geführte Wanderungen, Beachvolleyball, Sommer- und Winter-Eisstockschiessen, Boccia, Badminton, Wildgehege, regelmässig kulturelle Events und Konzerte, jeden Sonntagnachmittag Tanztee. Kinderspielzimmer und Kinderspielplatz im Park.

Lage und Umgebung
★★★★★★

In einem 4 Hektar grossen Privatpark am Dorfrand, am Fuss der legendären Adlerschanze, auf 850 Metern über Meer.

Essen und Trinken
★★★★☆☆

Gut gemachte regionale Köstlichkeiten, serviert in gemütlich-rustikalen Stuben. Auf Wunsch Vollwert- und Trennkost, Heilfasten. Café-Terrasse und Bar.

Service
★★★★★☆

Ausgesprochen freundlich und zuvorkommend.

Preise
EZ 66–69 €
DZ 120–168 €
inkl. Frühstück

Preis-Leistungs-Verhältnis
★★★★★★

Top
Das frühmorgendliche Fitnessprogramm »Barfuss durch den Tau laufen« ist ein sinnliches Erlebnis für Stadtmenschen.

Flop
Die gepflegte Beschaulichkeit lässt einen leichten Altersresidenzeffekt anklingen.

Anreise
Autobahn Singen–Stuttgart bis Ausfahrt Horb, Landstrasse über Freudenstadt nach Lauterbad.

Zimmer
★★★★☆☆
78 komfortable, sehr unterschiedliche Zimmer und Suiten.

Essen und Trinken
★★★★☆☆
Zwei gemütliche Restaurants, das eine mit traditioneller Schwarzwaldküche, das andere mit international-mediterraner Küche. Stimmige Lounge-Bar.

Service
★★★★★☆
Unaufdringlich aufmerksam.

Preise
EZ 100–160 €
DZ 190–240 €
Juniorsuite/Suite 280–530 €
inkl. Frühstück

Preis-Leistungs-Verhältnis
★★★★★★

Top
Die umtriebige Gastgeberin Katja Trescher, die den Betrieb vor ein paar Jahren von ihren Eltern in der sechzehnten (!) Generation übernommen hat, pflegt einen flotten Führungsstil und lebt die Überzeugung, dass nicht jeder, seit den Anfängen des Hotels gepflegte, Evergreen unbegrenzten Denkmalschutz verdient.

Flop
Bei den sehr unterschiedlichen Zimmern muss man auf alles gefasst sein – im Positiven wie im Negativen.

Anreise
Autobahn Basel–Karlsruhe bis Ausfahrt Freiburg Mitte, über die Stadtautobahn und durch das Höllental Richtung Donaueschingen bis Ausfahrt Hinterzarten.

Reppert 100
D-79856 Hinterzarten
Tel. +49 (0)7652 120 80
Fax +49 (0)7652 120 811
www.reppert.de
hotel@reppert.de
Ganzjährig geöffnet

Gesamtwertung: **47**/60

Ambiente
★★★★★☆
Dieses Haus ist vom ersten Augenblick an das, worum sich andere Hotels vergeblich bemühen: ein Zuhause auf Zeit. Das hat natürlich auch mit den Dimensionen zu tun: 46 Zimmer stehen zur Verfügung, und nach ein, zwei Tagen Aufenthalt kennt jeder Mitarbeiter jeden Gast mit Namen. Die ländliche Tradition der malerischen Umgebung wurde in diesem sympathischen Familienbetrieb bewahrt und mit neuzeitlichem Komfort verbunden.

Spa-Infrastruktur
★★★★☆☆
1000 Quadratmeter Wellnessbereich mit Hallenbad, Freibad, Innen- und Aussen-Whirlpools, Saunawelt, Rasulbad, Fitnessraum, Personal Trainer, Wassergymnastik.

Körperbehandlungen
★★★★★★
Klassische und fernöstliche Massagen, Kräuterstempelmassage, ayurvedische Behandlungen, Shiatsu, Craniosakraltherapie, Fussreflexzonenmassage, Lymphdrainage, Lomi Lomi Nui, Reiki, LaStone-Therapie, Aqua-balancing, Klangschalenmassage.

Vier Jahres-zeiten am Schluchsee   101

D-79859 Schluchsee
Tel. +49 (0)7656 700
Fax +49 (0)7656 703 23
www.vjz.de
info@vjz.de
Ganzjährig geöffnet

Gesamtwertung: **40**/60

Beautyanwendungen
★★★★☆

Schönheitsfarm mit zahlreichen Kosmetikanwendungen, Peelings und Packungen, Cellulitebehandlung, Vinotherapie, Hand- und Fusspflege, Thalassotherapien, ayurvedischer Gesichtspflege, Entspannungsbädern, Steinölfango.

Freizeitangebot
★★☆☆☆☆

Geführte Wanderungen und Radtouren, Schneeschuhlaufen, Nordic Walking und Bogenschiessen. Leihfahrräder.

Lage und Umgebung
★★★★☆

Ruhig am Ortsrand, zwischen Kirchwiesen und Adlerweiher.

Zimmer
★★★★☆

43 geräumige, komfortable Zimmer und 3 Suiten.

Essen und Trinken
★★★☆☆

Regionale Marktküche.

Service
★★★★★★

Der besteht hier in einem natürlichen Lächeln, einem harmonischen Umfeld mit positiver Energie, dem Einfühlen in den Gast, der nicht mit Regeln und Zwängen eingeengt werden soll, sondern auf den man so weit wie möglich eingeht.

Preise

EZ 112–134 €
DZ 234–272 €
Juniorsuite 252–272 €
inkl. Halbpension

Preis-Leistungs-Verhältnis
★★★★★★

Top

Langschläfer können hier aufatmen: Das lukullische Frühstücksbuffet steht bis 12 Uhr mittags zur vollen Verfügung.

Flop

Die Qualitäten des »Reppert« kennen auch andere: Es ist nicht immer einfach, sich zum gewünschten Termin ein Zimmer zu ergattern.

Anreise

Autobahn Basel–Karlsruhe bis Ausfahrt Freiburg Mitte, über die Stadtautobahn und durch das Höllental Richtung Donaueschingen bis Ausfahrt Hinterzarten.

Ambiente
★★★★☆☆

Das 200-Zimmer-Hotel mag stille Geniesser an eine monströse Ferienmaschine erinnern, doch punktet das »Vier Jahreszeiten« mit einer sportlich-legeren Atmosphäre und einem breiten Sport- und Freizeitangebot inmitten pittoresker Natur. Familien mit drei Generationen, klassische Schwarzwaldtouristen, Teilnehmer von Firmentagungen, und, last but not least, Wellnessurlauber geben sich hier die Klinke in die Hand.

Spa-Infrastruktur
★★★☆☆☆

Hallenbad, Freibad, Saunawelt, Fitnessraum, 14 Behandlungsräume für Body und Beauty, Gruppenlektionen (Aerobic, Stretching, Aquagym, Rückentraining, Yoga, Qigong usw.).

Körperbehandlungen
★★★★★★

Klassische und fernöstliche Massagen, ayurvedische Behandlungen, Reiki, Synchronmassagen, Fussreflexzonenmassage, LaStone-Therapie, Klangschalenmassage, tibetanische Energie-Rückenmassage, Wu-Wei-Massage, Sauerstoff-

therapie, Jentschura Renegata (Kur zur Entsäuerung des Körpers).

Beautyanwendungen
★★★★☆☆
Schönheitsfarm mit vielfältiger Gesichtspflege, Entspannungsbädern, Thalassoanwendungen, Fangopackungen, Peelings, Hand- und Fusspflege, Coiffeur.

Freizeitangebot
★★★★☆☆
Geführte Wanderungen, tägliches Animationsprogramm und regelmässige Abendunterhaltung, fünf Aussen- und drei Innen-Tennisplätze, Tennisschule, Squashhalle, Indoor-Golfanlage, Fahrräder, hoteleigene Schiessanlage, diverse Wassersportarten am Schluchsee, professionelle Kinder- und Jugendbetreuung während der Schulferienzeiten.

Lage und Umgebung
★★★★★☆
Am Orts- und Waldrand, auf 1000 Metern über Meer.

Zimmer
★★★☆☆☆
200 sehr unterschiedliche, etwas altbacken eingerichtete Zimmer, Suiten und Familienapartments.

Essen und Trinken
★★★☆☆☆
Drei Restaurants mit regionalen, italienischen und internationalen Spezialitäten sowie Spezialitätenbuffets. Bar, Kaffee und Nachtclub.

Service
★★★☆☆☆
Korrekt, aber man merkt hie und da, dass an Personal gespart wird.

Preise
EZ 125–145 €
DZ 220–266 €
Suite 280–400 €
inkl. Halbpension

Preis-Leistungs-Verhältnis
★★★★★☆

Top
Im professionell geführten Ayurvedazentrum an der höchsten Stelle des Hauses – darüber sozusagen nur noch der Himmel – kann man nach allen Regeln der indischen Heilkunst entspannen. Das siebenköpfige Therapeutenteam stammt durchwegs aus Sri Lanka.

Flop
Das Hotel ist ein Labyrinth mit amerikanischen Ausmassen – man ist froh, wenn man wieder zurück in sein Zimmer findet.

Anreise
Autobahn Basel–Karlsruhe bis Ausfahrt Freiburg Mitte, über die Stadtautobahn und durch das Höllental Richtung Donaueschingen bis Titisee. Dort nach Schluchsee abbiegen.

Angerhof 102

D-94379 St. Englmar
Tel. +49 (0)9965 186 0
Fax +49 (0)9965 186 19
www.angerhof.de
hotel@angerhof.de
Mitte Dezember bis Anfang November geöffnet

Gesamtwertung: **44**/60

Ambiente
★★★★★☆

Im Grunde genommen braucht das am Südhang über St. Englmar ruhende Hotel gar keinen eigenen Wellnessbereich: Wer hierher, in die Welt der Gastgeberfamilie Wagnermayr, gefunden hat, der braucht eigentlich nur noch einen Platz auf der Panoramaterrasse, ein Glas Wein und dazu einen Käseteller mit frisch gebackenem Brot – nicht wenige würden schon das allein als Wellness bezeichnen. Auch im Innern ist alles harmonisch aufeinander abgestimmt und durchweht vom Charme des motivierten Hotelteams. Wer dann den Gang ins Spa antritt, kann dort vielerlei für Körper und Schönheit tun, und auch das Freizeitangebot ist breit gefächert. Es gibt eigentlich keinen Grund, das Hotel zu verlassen, doch direkt vor dem Haus locken im Sommer Wanderwege, im Winter Skipisten und Langlaufloipen.

Spa-Infrastruktur
★★★★☆☆

2000 Quadratmeter Wellnessbereich mit Hallenbad, Sole-Aussenbad, Whirlpool, solarbeheiztem Biofreibad, Saunawelt, Rasulbad, Fitnessraum, Gymnastik- und Entspannungslektionen, diversen Behandlungsräumen für Body und Beauty.

Körperbehandlungen
★★★☆☆☆

Klassische und fernöstliche Massagen, im Sommer Massagen unter freiem Himmel.

Beautyanwendungen
★★★☆☆☆

Klassische Kosmetikanwendungen, Entspannungsbäder, Algen-, Moor- und Fangopackungen, Peelings, Hand- und Fusspflege.

Freizeitangebot
★★★★☆☆

Squashhalle, Free Climbing an der Hotelwand, Bogenschiessanlage, Billard, Eisstockschiessen und Eislaufen auf dem Hausweiher (Winter), Vermietung von Mountainbikes und Schlitten, geführte Tages- bzw. Abendwanderungen und Biketouren, Kletterkurse, Bogenschiesskurse. Kinderspielplatz, Kinderspielzimmer. Zahlreiche Freizeitaktivitäten für drei Generationen. Reit- und Tennishalle in unmittelbarer Nähe.

Lage und Umgebung
★★★★☆
Ruhige Südhanglage mit Blick ins niederbayerische Donautal, auf 900 Metern über Meer.

Zimmer
★★★★★
Die 78 Zimmer und Suiten präsentieren sich in modern-rustikaler Gemütlichkeit.

Essen und Trinken
★★★★☆☆
Bayerische Spezialitäten und frische Marktküche, zahlreiche Vollwertgerichte.

Service
★★★★★
Das freundliche Team lässt stets gute Laune aufkommen.

Preise
EZ 95–153 €
DZ 190–278 €
Juniorsuite/Suite 264–366 €
inkl. Halbpension

Preis-Leistungs-Verhältnis
★★★★★★

Top
Ein Sehnsuchtsort für ruhebedürftige Grossstädter – so freundlich und heiter, dass die Turbulenzen des Alltags rasch vergessen sind.

Flop
Die Qualität der Körper- und Beautyanwendungen schwankt.

Anreise
Autobahn Lindau–München und weiter bis Ausfahrt Bogen/St. Englmar. Der Strasse nach St. Englmar folgen. Im Ort ist das Hotel ausgeschildert.

Parkhotel 103
Bad Griesbach
D-94086 Bad Griesbach
Tel. +49 (0)8532 280
Fax +49 (8)8532 282 04
www.parkhotel-badgriesbach.de
info@parkhotel-badgriesbach.de
Ganzjährig geöffnet

Gesamtwertung: **46**/60

Ambiente
★★★★★
Zum grössten Golfresort Europas gehören zahlreiche Hotels aus der Retorte. Trotz der 159 Zimmer ist das aus mehreren Häusern bestehende »Parkhotel« das charmanteste unter ihnen. Es präsentiert sich im modernen deutschen Landhausstil mit hellen Räumen, warmen Materialien und mediterranen Farben. Der einladende Wellness- und Gesundheitsbereich wird kontinuierlich erweitert. In den weitläufigen öffentlichen Räumlichkeiten gibt es viel zu schauen, und es herrscht eine Stimmung luxuriösen Wohlbehagens.

Spa-Infrastruktur
★★★★★
3600 Quadratmeter Wellnessbereich mit Thermalhallenbad (35 Grad), Freibad, Innen- und Aussen-Whirlpools, Saunawelt, täglichem Gymnastik- und Entspannungsprogramm (Wassergymnastik, Aqua-Tai-Chi, Aerobic, autogenes Training, usw.), Fitnessraum.

Körperbehandlungen
★★★★★★
Klassische Massagen, Reiki, Lymphdrainage, Akupunktur, LaStone-Therapie, Hot-Chocolatemassage, Gesundheitszentrum mit physikalischer Therapie und Arztpraxis, Naturheilverfahren, Traditionelle Chinesische Medizin, Anti-Aging-Programme.

Beautyanwendungen
★★★★☆☆
Schönheitsfarm mit vielseitiger Gesichtspflege, Entspannungsbädern, Milch-Öl-Packungen, Wickeln, Thalassoanwendungen, Hand- und Fusspflege.

Radisson SAS Resort Wutzschleife 104

D-92444 Rötz-Hillstett
Tel. +49 (0)9976 180
Fax +49 (0)9976 181 80
www.wutzschleife.com
info@wutzschleife.com
Ganzjährig geöffnet

Gesamtwertung: **48**/60

Ambiente
★★★★★☆

Zwanglos gepflegtes, in vielerlei Hinsicht überzeugendes Resort auf einer der schönsten Naturgolfanlagen Deutschlands. Gäste ohne »Handicap« finden in der Golfakademie den Einstieg in die vielleicht lebenslange Herausforderung oder tauchen, ganz der Entspannung hingegeben, in die Wellnesswelt mit professioneller Ayurvedaabteilung ab. Gastgeberin Monika Hauer, die die »Wutzschleife« mit grosser persönlicher Hingabe führt, will ihren Gästen stets das Gefühl vermitteln, frei zu sein.

Spa-Infrastruktur
★★★★☆☆

1100 Quadratmeter Wellnessbereich mit Hallenbad, Whirlpool, Saunawelt, Fitnessraum, Gymnastik- und Entspannungslektionen, diversen Behandlungsräumen für Body und Beauty, exklusiver Spa-Suite.

Körperbehandlungen
★★★★★☆

Klassische und fernöstliche Massagen, erstklassige Ayurvedabehandlungen, LaStone-Therapie, Klangschalenmassage, Medical Wellness.

Freizeitangebot
★★★☆☆☆

Shuttleservice zu den sechs 18-Loch- und drei 9-Loch-Golfplätzen sowie zur Golfakademie (40 Trainer für Golfkurse vom Einsteiger bis zum Könner). Bridgekurse, Fahrräder, geführte Wanderungen und Ausflüge, Nordic Walking, abwechslungsreiches Kinder- und Jugendprogramm.

Lage und Umgebung
★★★★☆☆

Ruhig am Ortsrand, in den sanften Hügeln des niederbayerischen Rottals.

Zimmer
★★★★★☆

154 komfortable, geräumige Zimmer und 5 Suiten.

Essen und Trinken
★★★★☆☆

Regional-internationale Marktküche, serviert in diversen Restaurantstuben, mediterranes Spezialitätenrestaurant.

Service
★★★★★☆

Von fürsorglicher Professionalität.

Preise
EZ 121–143 €
DZ 212–256 €
Suite 290–360 €
inkl. Halbpension

Preis-Leistungs-Verhältnis
★★★★★☆

Top
Das »Parkhotel Bad Griesbach« vermittelt Freude am gesunden Leben und bietet einen guten Mix aus klassischen schulmedizinischen Behandlungsmethoden und naturheilkundlichen Verfahren.

Flop
Teilweise lange Anlaufwege vom Zimmer ins Spa und in die öffentlichen Räumlichkeiten.

Anreise
Autobahn München–Deggendorf und weiter Richtung Passau bis Ausfahrt Pocking, anschliessend Landstrasse nach Bad Griesbach.

Beautyanwendungen
★★★★★☆

Vielfältige Gesichtspflege mit edlen Produktlinien, medizinische Kosmetik, Entspannungsbäder, Thalassoanwendungen, Peelings und Packungen, Medical Beauty.

Freizeitangebot
★★★★☆☆

Hoteleigener 18-Loch-Golfplatz mit Golfakademie für Anfänger und Fortgeschrittene. Kochkurse, Tanzkurse, Fahrräder, breites Entertainment-Programm.

Lage und Umgebung
★★★★★★

Über dem Eixendorfer Stausee im Bayerischen Wald, mit Blick auf Berge, Wälder und den hoteleigenen Golfplatz.

Zimmer
★★★★☆☆

58 angenehme Zimmer der Typen »Tradition« (einfach), »Feel Free Style« (modernes Design, ca. 25 Quadratmeter), »Landhaus« (romantisches Design) und »Lifestyle« (modernes Design, ca. 40 Quadratmeter). Günstigere Übernachtungsmöglichkeiten im angeschlossenen »Feriendorf« mit Ein- und Zweibett-Apartments.

Essen und Trinken
★★★★☆☆

Der Küchenchef setzt auf einen Mix aus Tradition und Crossover und kann viel, wenn er will.

Service
★★★★★☆

Das Hotelteam beherrscht sein Metier perfekt, ohne perfektioniert zu wirken, und agiert weder anbiedernd noch selbstherrlich, sondern wohltemperiert souverän.

Preise
EZ 82–151 €
DZ 140–244 €
Juniorsuite 240–298 €
inkl. Frühstück

Preis-Leistungs-Verhältnis
★★★★★★

Top
Wer Golf spielen oder es erlernen möchte, kann dies direkt vor der Haustür tun.

Flop
An manchen Tagen stören grosse Tagungen den Ruhe und Kontemplation suchenden Wellnessgast.

Anreise
Autobahn Richtung Regensburg/Weiden bis Ausfahrt Schwarzenfeld. Weiter Richtung Neunburg vorm Wald, dann Richtung Rötz, durch Industriegebiet Neunburg vorm Wald, rechts Richtung Seebarn/Hillstett und Ausschilderung zum »Oberpfälzer Handwerksmuseum« folgen.

Vitalhotel Falkenhof 105

D-94072 Bad Füssing
Tel. +49 (0)8531 9743
Fax +49 (0)8531 9744 00
www.hotel-falkenhof.de
info@hotel-falkenhof.de
Anfang Februar bis Ende
November geöffnet

Gesamtwertung: **44**/60

Ambiente
★★★★★★

Edle Naturmaterialien, lichte Räume und klare Perspektiven: Das »Vitalhotel Falkenhof« im niederbayerischen Inntal bietet mit seinen schlichten Formen auch den Augen ein Wellnessprogramm und Urlaub von der städtischen Reizüberflutung. Das Spa bietet alles, um körperlich und seelisch in die Balance zu kommen. Die naturheilkundliche Abteilung steht unter der Schopenhauerschen Devise: »Es gibt tausend Krankheiten, aber nur eine Gesundheit.« In den Zimmern und im Garten findet man die Ruhe, die es braucht, um den Kopf durchzulüften oder mal wieder um die Ecke zu denken. Gastgeberin Kordula Wider trägt mit Charme und Effizienz zum lockeren Tagesablauf bei und sorgt für einen nicht abbrechenden Strom kleiner Aufmerksamkeiten.

Spa-Infrastruktur
★★★★☆☆

1200 Quadratmeter Wellnessbereich mit Hallenbad, rund um die Uhr geöffnetem Meersalz-Aussenpool (36 Grad), Saunawelt, Fitnessraum, Personal Trainer, Rückenschule, Bewegungs- und Entspannungslektionen mit Vitaltrainer (Yoga, Nordic Walking, Aqua-Fitness, Wirbelsäulengymnastik, Mental Balance usw.).

Körperbehandlungen
★★★★★★

Klassische und fernöstliche Massagen, ayurvedische Therapien (Upanahasveda Abhyanga, Garshana, Shirodara, Padabhyanga usw.), Fussreflexzonenmassage, Lymphdrainage, Akupunktmassage, tibetische Klangschalenmassage, Reiki, LaStone-Therapie, Herbal Spa Body and Face, Naturheilpraxis.

Beautyanwendungen
★★★★☆☆

Naturkosmetik, Naturfango, Molkebad, Peelings, Packungen und Wickel, Cellulitebehandlung, Hand- und Fusspflege.

Freizeitangebot
Kein spezifisches Angebot.

Lage und Umgebung
★★★★☆☆

Ruhig, in einer zenartig gestalteten Gartenanlage am Ortsrand von Bad Füssing im niederbayerischen Inntal.

Şeehotel Überfahrt Tegernsee Dorint Sofitel 106

D-83700 Rottach-Egern
Tel. +49 (0)8022 6690
Fax +49 (0)8022 6691 0C0
www.dorint.de/tegernsee
info.mucteg@dorint.com
Ganzjährig geöffnet

Gesamtwertung: **47**/60

Ambiente
★★★★★★

Von aussen fühlt man sich zunächst an ein hypermodernes Krankenhaus erinnert; im Innern wird man von so viel Marmor und Blattgold geblendet, dass es einem erst mal die Sprache verschlägt. Lange, breite Korridore – an Raum ist kein Mangel – führen zu lichtdurchfluteten Zimmern, die sich auch in Dubai gut machen würden. Grösse und Luxus bedeuten im konkurrenzlos aufwendig erbauten »Seehotel Überfahrt« fast alles. Das neuzeitliche, im Sommer

Zimmer
★★★★☆

40 komfortable, sinnlich eingerichtete Zimmer im neuen Stil mit massivem Buchenparkett, raumhohen Fenstern und warmen Farben in Creme-, Braun- und Orangetönen. Durchwegs Nichtraucherzimmer.

Essen und Trinken
★★★★☆☆

Moderne, der ökologischen Landwirtschaft verpflichtete Marktküche.

Service
★★★★★☆

Dem Personal gelingt es, präsent zu sein, ohne ständig um die Gäste herumzuscharwenzeln.

Preise
EZ 92 €
DZ 144–164 €
Juniorsuite/Suite 164–190 €
inkl. Frühstück

Preis-Leistungs-Verhältnis
★★★★★★

Top
Hier gibt es keine Regeln und Zwänge, und Sonderwünsche haben gute Chancen, erfüllt zu werden: Wer etwa sein Frühstück erst um zwei Uhr nachmittags einnehmen möchte, kann dies ebenso problemlos tun wie den Meersalzpool zu mitternächtlicher Stunde in vollkommener Privatheit geniessen.

Flop
Das Lieblingsprogramm mancher »Falkenhof«-Gäste ist, den ganzen Tag im Bademantel zu verbringen, was nicht jedermanns Sache ist.

Anreise
Autobahn A3 Regensburg-Passau bis Ausfahrt Pocking, dann Landstrasse nach Bad Füssing. Thermalbadstrasse ins Ortszentrum, links in die Kurallee einbiegen und erneut links in die Paracelsusstrasse.

2001 eröffnete Grandhotel prunkt, als wolle es den glitzernden See in den Schatten stellen.

Spa-Infrastruktur
★★★★★★
2000 Quadratmeter Wellnessbereich mit Hallenbad, Freibad, Kinderpool, Whirlpool, Saunawelt, diversen Behandlungsräumen für Body und Beauty, Gymnastik- und Entspannungslektionen, Fitnessraum, Personal Trainer.

Körperbehandlungen
★★★★☆☆
Klassische und fernöstliche Massagen, Fussreflexzonenmassage, Seifenschaummassage, Lymphdrainage.

Beautyanwendungen
★★★★★★
Vielfältige Gesichtspflege mit edlen Produktlinien, Entspannungsbäder, Packungen und Peelings, Hand- und Fusspflege, Coiffeur.

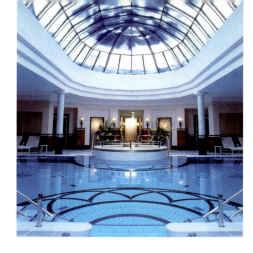

Freizeitangebot
★☆☆☆☆☆
Fahrräder, geführte Wanderungen.

Lage und Umgebung
★★★★★★
Am Südufer des Tegernsees am Ortsrand, umrahmt von der bayerischen Berglandschaft.

Zimmer
★★★★★★
Die kleinsten der 135 Zimmer haben eine Mindestgrösse von 40 Quadratmetern, die 53 Suiten teilweise die Grösse mittlerer Tanzsäle. Alle Zimmer sind mit luxuriösen Marmorbädern und privaten Terrassen ausgestattet.

Essen und Trinken
★★★☆☆☆
International-mediterrane Gerichte im grossen Hotelrestaurant, regionale Spezialitäten in der »Bayernstube«.

Service
★★★★☆☆
Korrekt, aber das Hotelteam strahlt die klimatisierte Freundlichkeit eines internationalen Businesshotels aus.

Preise
EZ 185–307 €
DZ 235–385 €
Suite 345–2300 €
inkl. Frühstück

Preis-Leistungs-Verhältnis
★★★★★☆

Top
Im opulent ausgestatteten Spa wähnt man sich auch bei Bindfadenregen im tiefen Süden.

Flop
Unverständlich, dass ein Hotel dieses Anspruchs kulinarisch keine höheren Ambitionen verfolgt.

Anreise
Autobahn München–Salzburg bis Ausfahrt Holzkirchen, dann Landstrasse bis Tegernsee. Links oder rechts um den See fahren, Rottach-Egern liegt genau gegenüber.

Hubertus 107

D-87538 Balderschwang
Tel. +49 (0)8328 9200
Fax +49 (0)8328 92010
www.hotel-hubertus.de
info@hotel-hubertus.de
Ganzjährig geöffnet

Gesamtwertung: **45**/60

Ambiente
★★★★☆

Vor fünf Jahren noch ein traditioneller Berggasthof, heute ein Wellnesshotel mit zeitgemässem Flair. Seit Walter und Karl Traubel die Regie von ihren Eltern übernommen und einige Millionen € ins Haus investiert haben, weht ein frischer Wind. Die neuen »Landhauszimmer« und die Aufenthaltsräume präsentieren sich in edler Schlichtheit und strahlen durch die warmen Farben und Materialien viel Gemütlichkeit aus. Der Wellnessbereich bietet alles, was der erholungsuchenden Seele gut tut – zehn qualifizierte Therapeutinnen und Therapeuten verwöhnen die Gäste nach allen Regeln der alpenländischen und asiatischen Kunst. Zwar mag Balderschwang, die kleinste und mit 1044 Metern über Meer höchstgelegene Gemeinde Deutschlands, nicht die optimale Destination für Menschen sein, denen der Sinn nach dem Trubel der Welt steht, doch wer einmal im »Hubertus« angekommen ist, möchte so lange wie möglich hinter den sieben Bergen bleiben und sich in heiterer Freundlichkeit verwöhnen lassen.

Spa-Infrastruktur
★★★★☆☆

Aussenpool (31 Grad im Sommer, 34 Grad im Winter), Saunawelt, Serail-Bad, Fitnessraum, 18 Behandlungsräume für Body und Beauty, Gruppenlektionen (Tai-Chi, Yoga, Qigong, Spinning, Stretching, Pilates, Bauch-Beine-Po, Aquafit, Salsa Powerdance usw.).

Körperbehandlungen
★★★★★★

Klassische und fernöstliche Massagen, Fussreflexzonenmassage, Dorn-Breuss-Massage (Wirbelsäulentherapie), Partai Luar, Lymphdrainage, ayurvedische Behandlungen von Shirodhara bis Padabhyanga, LaStone-Therapie, Hand- und Ohrakupunktur ohne Nadeln, Tuina, Reiki.

Beautyanwendungen
★★★★☆☆

Entspannende und erfrischende Schönheitsanwendungen für Gesicht und Dekolleté, Vitalbäder und Körperpackungen, Frischmolkebad, Thalasso, Algenbad, Meersalz-Peeling, Chardonnay-Fruchtsäurepeeling.

Freizeitangebot
★★☆☆☆☆

Geführte Wander- und Radtouren, Nordic Walking, Spaziergänge mit dem Hotelhund Askan. Im Winter führt eine Langlaufloipe am Hotel vorbei.

Lage und Umgebung
★★★★☆☆

Am Ortsrand, auf 1044 Metern über Meer. Rundherum die Naturlandschaft der Oberallgäuer Berge.

Zimmer
★★★★☆☆

49 sehr unterschiedliche Zimmer. Die Hälfte der Zimmer (»Landhauszimmer«) ist neu gestylt und mit Naturholzböden, frischen Farben und CD-Playern ausgestattet.

Essen und Trinken
★★★★☆☆

Neuzeitlich interpretierte Allgäuer Spezialitäten. Abends Vier-Gang-Auswahlmenü, immer auch mit vegetarischer Variante.

Service
★★★★★★

Ausgesprochen aufmerksam. Auf Sonderwünsche wird umgehend eingegangen.

Preise
EZ 84–134 €
DZ 168–268 €
Suite 258–338 €
inkl. Halbpension und kleinem Lunch

Preis-Leistungs-Verhältnis
★★★★★★

Top
Der Gastgeberfamilie ist kein Aufwand zu gross, um die Gäste zu umsorgen.

Flop
Die alten Zimmer fallen etwas ab – der Aufholbedarf ist jedoch erkannt.

Anreise
Autobahn bis Kempten, dann Richtung Oberstdorf bis Fischen, dort Richtung Dornbirn nach Balderschwang.

Sonnenalp 108
D-87527 Ofterschwang
Tel. +49 (0)8321 272 58
Fax +49 (0)8321 272 246
www.sonnenalp.de
info@sonnenalp.de
Ganzjährig geöffnet

Gesamtwertung: **57**/60

Ambiente
★★★★★★

Das in vierter Generation von der Familie Fässler geführte Oberallgäuer Ferienparadies, das zunächst durch seine schieren Ausmasse überwältigt, ist nach amerikanischem Muster exklusiv nur Hotelgästen zugänglich. »Lebensart im Einklang mit der Natur«, definiert die engagierte Gastgeberfamilie ihr Wohlfühlkonzept. Es lockt ein schier unerschöpflich scheinendes, weitgehend wetterunabhängiges Freizeit- und Wellnessangebot für Gross und Klein. Drei hauseigene Golfplätze, das Tennis- und Squashcenter und der eigene Reitstall sind hier ebenso selbstverständlich wie das 5000 Quadratmeter grosse Spa oder das eigene kleine Skigebiet am Sonnenalp-Hausberg inklusive Weltcup-Abfahrt, notfalls auf Kunstschnee. Auch die Baby-, Kinder- und Juniorenbetreuung ist vorbildlich, sodass Eltern beruhigt kinderfreie Zeiten mit ungezählten Aktivitäten geniessen können. Hier plagt einen nur eine Sorge: Wann, um Himmels willen, soll man das ganze Angebot nur nutzen?

Spa-Infrastruktur
★★★★★★

Riesiges Spa mit weitläufigen Bade- und Saunawelten sowie

allem, was Körper und Seele gut tut. Zwei Dutzend Behandlungsräume für Body und Beauty, Fitness- und Gymnastikraum, Personal Trainer, Gruppenlektionen (Aerobic, Bauch-Beine-Po, Stretch und Relax, Rückenschule, Spinning, Yoga usw.), Medical Wellness, Gesundheits-Check-up.

Körperbehandlungen
★★★★★★
Klassische und fernöstliche Massagen, ayurvedische Behandlungen, Shiatsu, Reiki, Massagen mit Ölen aus den Alpen, Lymphdrainage, Fussreflexzonenmassage, Watsu.

Beautyanwendungen
★★★★★★
Die Lady in der Frau fühlt sich hier besonders angesprochen – das Beautyangebot ist so vielfältig wie begeisternd.

Freizeitangebot
★★★★★★
Breite Vielfalt an Freizeitanimation: Sportzentrum mit Innen- und Aussen-Tennisplätzen, Squashhalle, Reitstall, Bogenschiessen, Volleyball, Badminton, Fahrräder, Eisstockschiessen, geführte Wander-, Berg- und Radtouren, Nordic Walking. Im Sommer drei hauseigene Golfplätze, im Winter eigenes Skigebiet mit Ski- und Snowboardschule. Sehr gute Kinder- und Jugendbetreuung täglich von 9 bis 21 Uhr.

Lage und Umgebung
★★★★★★
Alleinstehend in einer grossen privaten Parklandschaft. Schöner Blick auf die Bergwelt.

Zimmer
★★★★★☆
223 komfortable, geräumige Zimmer und Suiten im süddeutschen Landhausstil. Alle mit Balkon.

Essen und Trinken
★★★★☆☆
Diverse Restaurants von herzhaft-gemütlich bis festlich-elegant.

Service
★★★★★★
Die hochmotivierte Crew vermittelt eine so grosse Lust an der Gastfreundschaft, dass man sich fragt, warum in anderen Hotels so viele unfreundliche und unwillige Leute arbeiten.

Preise
EZ 134–217 €
DZ 306–408 €
Suite 440–836 €
inkl. Halbpension

Preis-Leistungs-Verhältnis
★★★★★★

Top
Das Freizeitangebot ist konkurrenzlos im deutschsprachigen Europa.

Flop
Die kulinarischen Darbietungen liegen hart an der Grenze zur fantasielosen Massenverköstigung.

Anreise
Autobahn Bregenz–München bis Ausfahrt Sigmarszell. Landstrasse über Immenstadt nach Sonthofen, von dort Richtung Oberstdorf bis zum Abzweiger »Sonnenalp« (eine Abfahrt nach Ofterschwang).

Intercontinental Resort Berchtesgaden 109

D-83471 Berchtesgaden
Tel. +49 (0)8652 9755 0
Fax +49 (0)8652 9755 9999
www.intercontinental-berchtesgaden.com
berchtesgaden@ichotelsgroup.com
Ganzjährig geöffnet

Gesamtwertung: **53**/60

Ambiente
★★★★★★
Schlichte Architektur, grosse, offene Räume, frei von überflüssigem Dekor, deckenhohe Fenster, die ein pittoreskes Bergpanorama umrahmen. Dort, wo einst die zweite Kommandozentrale Adolf Hitlers war, auf dem Obersalzberg hoch über Berchtesgaden, steht seit dem Frühjahr 2005 ein modernes Grosshotel. Die Zimmer sind urban gestylt und verfügen teilweise über einen eigenen Kamin; das Spa bietet Wellness und Entspannung auf hohem Niveau, dazu kommen Aha-Erlebnisse aus Küche und Keller sowie ein unaufdringlich-effizienter Service.

Spa-Infrastruktur
★★★★★☆
1400 Quadratmeter Wellnessbereich mit Hallenbad, Freibad, Saunawelt, Fitnessraum, Personal Trainer, zwölf Behandlungsräumen für Body und Beauty, Multijet-Bad, exklusiver Spa-Suite.

Preise
EZ/DZ 279–359 €
Juniorsuite/Suite 409–2500 €
inkl. Frühstück

Preis-Leistungs-Verhältnis
★★★★★

Körperbehandlungen
★★★★★★
Klassische und fernöstliche Massagen, Shiatsu, Lomi Lomi Nui, LaStone-Therapie, Fussreflexzonenmassage, Ganzkörperrituale, Synchronmassagen, Schaum- und Bürstenmassagen, Lymphdrainage, Reflexologie, Wet-Suite-Behandlungen, Hydro-Balancing/Watsu, modifizierte afrikanische und orientalische Arten von »Bodywork«.

Beautyanwendungen
★★★★★★
Die ganze Palette von Gesichtsbehandlungen und Beautyanwendungen, Packungen und Peelings, exotische Hand- und Fusspflege, Entspannungsbäder.

Freizeitangebot
★☆☆☆☆☆
Fahrräder. Im Winter direkter Zugang zum Skigebiet am Eckerbichl.

Lage und Umgebung
★★★★★★
Einmalig auf der Hügelkuppe des Eckerbichl. Die Anlage auf 1000 Metern über Meer bietet beinahe von jedem Winkel aus einen eindrucksvollen Blick auf die Bayerischen Alpen.

Zimmer
★★★★★★
138 luxuriöse Zimmer und Suiten in minimalistisch-modernem Design, teilweise mit Cheminée. Alle Zimmer mit sehr schönen Bädern.

Essen und Trinken
★★★★★★
Kulinarische Klasse im Fine-Dining-Lokal Le Ciel, internationale Gerichte im grossen Hotelrestaurant. Pianobar mit grossem Whiskyangebot.

Service
★★★★★★
Dem hochmotivierten Gastgeberteam gelingt es, ein legeres Lebensgefühl mit sublimem Service zu verbinden.

Top
Einladende Bibliothek mit zahlreichen aktuellen Bestsellern.

Flop
Das »Interconti« ist eine wohltuende Abwechslung im regionaltypischen Hotel-Einheitsbrei. Dennoch kommt in dem atmosphärisch unterkühlten Haus irgendwie keine gemütliche Stimmung auf.

Anreise
Inntalautobahn Innsbruck–Salzburg bis Ausfahrt Wörgl, dann Landstrasse via St. Johann und Bad Reichenhall nach Berchtesgaden. Im Ort den Wegweisern zum Obersalzberg folgen.

Mittel- und Norddeutschland

Parkschlösschen Bad Wildstein 110
D-56841 Traben-Trarbach
Tel. +49 (0)6541 705 0
Fax +49 (0)6541 705 120
www.parkschloesschen.de
info@parkschloesschen.de
Ganzjährig geöffnet

Gesamtwertung: **43**/60

Ambiente
★★★★★★

Vata ist aus dem Gleichgewicht. Kein Wunder. Ständig dieser Stress. Der freundliche Arzt prüft den Neuankömmling ernst. Die Haare zu dünn, die Zunge zu belegt, die Augenringe zu tief. Ab jetzt wird alles gut: Vata, Pitta und Kapha, die drei sogenannten Doshas, die nach der Ayurvedalehre für das Wohlbefinden zuständig sind, werden ausbalanciert – mit ätherischen Ölen, Massagen und speziellen Diäten, die Muskeln und Knochen stärken, die Gelenke schmieren und überschüssiges Fett reduzieren. »Ölwechsel« für Körper und Seele. Bis nach Indien müssen Geplagte dafür längst nicht mehr reisen: Eines der authentischsten Ayurveda-Gesundheitshotels Mitteleuropas befindet sich in einem Seitental der Mosel. Es ist in einem aufwendig restaurierten Jugendstilhaus inmitten eines weitläufigen Hotelparks untergebracht und bietet optimale Voraussetzungen, um Geist und Körper in Einklang zu bringen und vielleicht auch Anstoss zu einer Änderung der Lebensweise zu geben. An oberster Stelle steht die Prävention von Krankheiten, also Vorsorge zu treffen, solange man gesund ist. Moderne medizinische Diagnostik wird mit Entgiftung, Bewegung, individueller Ernährung und Entspannung in wohligem Luxus kombiniert. Die Reise ins »ganzheitliche Gesundheits- und Stressmanagement« ist jedoch kein kurzer Wellnessspass mit Streicheleinheiten, sondern eher eine kleine Tortur, weshalb die Atmosphäre einen leicht getragenen Kurhaus-Groove hat.

Spa-Infrastruktur
★★★☆☆☆

Thermalhallenbad, Sauna, Dampfbad, Fitnessraum, zahlreiche Behandlungsräume für Body und Beauty. Das Wasser im ganzen Haus wird von der nahe gelegenen Thermalquelle gespeist.

Körperbehandlungen
★★★★★★

Authentische ayurvedische Therapien mit profunder Diagnose und hohem medizinischem Anspruch stehen im Mittelpunkt. Entgiftungsprogramme, Physiotherapie, Öl-Synchronmassagen, Craniosakraltherapie, Klangschalentherapie.

Beautyanwendungen
★★★☆☆☆

Kosmetikabteilung mit klassischen und ayurvedischen Anwendungen; ayurvedische Blütenbäder.

Freizeitangebot
★★★☆☆☆

Aussen-Tennisplatz, Fitnessraum, Personal Trainer, zweimal täglich Sport in der Gruppe

BollAnt's im Park 111

D-55566 Bad Sobernheim
Tel. +49 (0)6751 9339 0
Fax +49 (0)6751 9339 269
www.bollants.de
info@bollants.de
Ganzjährig geöffnet

Gesamtwertung: **51**/60

(Nordic Walking, Aquafit, Beckenbodengymnastik, Rückentraining, Stretching), zweimal täglich Yogalektionen, Meditationskurse, regelmässig Vorträge über Ayurveda, Ernährung usw., Kochworkshops, kognitive Trainings.

Lage und Umgebung
★★★★☆☆

Inmitten eines alten Parks mit kleinem Flusslauf und Mammutbäumen, in einem Seitental der Mosel.

Zimmer
★★★★☆☆

60 komfortable, traditionell eingerichtete Zimmer und Juniorsuiten.

Essen und Trinken
★★★★☆☆

Vegetarische Gourmetküche oder Diätkost nach medizinischer Indikation.

Service
★★★★★☆

Warmherzig und zuvorkommend.

Preise
EZ 155–200 €
DZ 300 €
Juniorsuite 365–400 €
inklusive Vollpension

Preis-Leistungs-Verhältnis
★★★★★☆

Top
Hier wird Ayurveda, das älteste Gesundheitssystem der Welt, ganzheitlich, authentisch und mit so grosser Konsequenz wie nirgendwo sonst im deutschsprachigen Europa umgesetzt.

Flop
Ayurveda in Reinkultur mag das ureigene Gleichgewicht des Menschen wieder herstellen – ein angenehmes Ferienerlebnis für verzärtelte Wellnessliebhaber ist es nicht.

Anreise
Von Norden Autobahn bis Ausfahrt Wittlich Mitte und rechts Richtung Traben-Trarbach. Über Ürzig Richtung Kröv und dann Bergstrecke Traben-Trarbach. Dort links über die Moselbrücke und nochmals links. Links Richtung Longkamp auf die Grabenstrasse/Wildbadstrasse. Von Süden/Osten Autobahn bis Ausfahrt Rheinböllen und Richtung Trier/Saarbrücken, rechts abbiegen Richtung Traben-Trarbach. Der Ausschilderung Moseltherme folgen.

Ambiente
★★★★★★

Verschiedene Häuser, teilweise im Jugendstil, verteilen sich auf eine nostalgisch-verträumte Parklandschaft und bilden ein einmalig stimmiges Ensemble für Wellness und Kur, Fitness und Beauty, Geist und Seele. Ein ganzheitliches Gesundheitsprogramm steht im Zentrum der Aktivitäten im »BollAnt's«, dennoch wird dem Genuss in Küche und Weinkeller ebenso grosser Stellenwert eingeräumt. Bei der Ausgestaltung der Hotelanlage liess die Gastgeberfamilie Bolland ihrer Kreativität freien Lauf. Bescheiden und selbstbewusst zugleich setzt sie auf eine transparente Unternehmensführung, die Vermittlung von Vertrauen und Eigenverantwortung in die Mitarbeiter. Zudem hat sie durchaus den Mut, zu manchen Gästen zu sagen: »Wir sind nicht das richtige Hotel für Sie.« Eine absolut überzeugende Adresse, mit einer liebevollen Hinwendung zum Detail und vielen strahlenden Gesichtern – zu schade für nur ein Wochenende ...

Spa-Infrastruktur
★★★★★☆

2000 Quadratmeter Wellnessbereich mit Hallenbad, Freibad auf der Dachterrasse, Saunawelt, Fitnessraum, Personal Trainer, täglichem Morgen-Workout, Wassergymnastik, Fitness- und Entspannungskursen, Medical Wellness.

Körperbehandlungen
★★★★★★

Klassische und fernöstliche Massagen, Shiatsu, Lomi Lomi Nui, LaStone-Therapie, Pantai Luar, Klangschalenmassage, Triggerpunktmassage, Ayurvedabehandlungen, Naturheilkundepraxis mit zahlreichen Naturheilverfahren, Akupunktur, Lehmkuren (die ganzheitliche Felke-Therapie des naturheilkundigen Pastors Emanuel Felke nahm hier im Jahr 1915 ihren Anfang), Heilfasten, medizinische Check-ups.

Beautyanwendungen
★★★★★☆

Schönheitsfarm mit der ganzen Palette an Gesichtsbehandlungen, Thalasso, Entspannungsbädern, Packungen, Vinotherapie mit Traubenkernölanwendungen.

Freizeitangebot
★★★☆☆☆

Private Liegewiese am Flussufer, geführte Wanderungen und Ausflüge.

Lage und Umgebung
★★★★★☆

In einer Parkanlage am Flussufer der Nahe.

Zimmer
★★★★☆☆

40 sehr unterschiedliche, eher einfache Zimmer und 5 Juniorsuiten.

Essen und Trinken
★★★★★★

Drei Restaurants mit vegetarischer »Cuisine vitale«, regionalen Spezialitäten und mediterraner Feinschmeckerküche. Letztere ist mit einem Michelin-Stern ausgezeichnet.

Service
★★★★★☆

Ausgesprochen herzlich und hilfsbereit.

Preise
EZ 65–159 €
DZ 130–210 €
Juniorsuite 210–255 €
inkl. Frühstück

Preis-Leistungs-Verhältnis
★★★★★★

Top
Medical Wellness wird hier sehr zeitgemäss interpretiert: »Wonach sich unsere Gäste immer mehr sehnen, ist ein Mittelweg«, erklärt der junge Geschäftsführer Jan Bolland. »Nur verwöhnen lassen, das ist vielen zu wenig; ständig unter ärztlicher Kontrolle zu stehen, das ist den meisten wiederum zu viel. Sie wollen aktiv etwas für ihre Gesundheit tun, ohne es verbissen zu sehen.«

Flop
Manche Zimmer sind sehr klein.

Anreise
Autobahn bis Ausfahrt Bad Kreuznach, dann bis Ausfahrt Bad Sobernheim, von dort der Beschilderung zum Hotel oder »Freilichtmuseum« folgen.

Menschels Vitalresort 112

D-55566 Bad Sobernheim-Meddersheim
Tel. +49 (0)6751 850
Fax +49 (0)6751 5380
www.menschel.com
info@menschel.com
Anfang Februar bis Mitte Dezember geöffnet

Gesamtwertung: **40**/60

Ambiente
★★★★☆

Die Familie Menschel ist stolz auf die zahlreichen Auszeichnungen, die ihr Haus in jüngster Vergangenheit erhalten hat. »Nr. 1 bei Medical Wellness«, verliehen vom Deutschen Wellness-Verband, ist nur eines der vielen Zertifikate. Das Vitalkonzept basiert auf Medical Wellness und Heilerde – die eingeschworene Stammkundschaft schwört auf die Kombination aus Lehm, Licht, Luft und Wasser. Gesundheit steht im Mittelpunkt des kleinen ländlichen Resorts: Mit Naturheilkunde, Felke-Kuren und ausgefeilten Anti-Aging-Programmen rückt man hier gesundheitlichen Problemen zu Leibe beziehungsweise beugt ihnen vor. Am wichtigsten ist den Gastgebern jedoch, dass sich jeder Gast wohlfühlt. Das schöne Sandsteingemäuer, der moderne Wellnessbereich und der herzliche familiäre Empfang machen dieses Ansinnen leicht.

Spa-Infrastruktur
★★★★☆☆

900 Quadratmeter Wellnessbereich mit Hallenbad, Whirlpool, Saunawelt, Serailbad, FKK-Luftbadepark, Fitnessraum, Personal Trainer, Gruppenlektionen (Aqua-Fitness, Meditation, Nordic Walking, Rückenschule, Qigong, Yoga usw.).

Körperbehandlungen
★★★★★☆

Klassische und fernöstliche Massagen, ayurvedische Behandlungen, Fussreflexzonenmassage, Chirotherapie, Triggerpunktmassage, Shiatsu, LaStone-Therapie, Klangtherapie, Akupunktur, Reiki, Medical Wellness mit medizinischen Check-ups, Heilfasten, Heilerdetherapien nach Emanuel Felke.

Beautyanwendungen
★★★☆☆☆

Naturkosmetische Anwendungen, Entspannungsbäder, Hand- und Fusspflege.

Freizeitangebot
★☆☆☆☆☆

Geführte Wanderungen in die Umgebung und über den Barfusspfad in Bad Sobernheim, Arzt- und Ernährungsvorträge, Dia-Abende.

Lage und Umgebung
★★★★★☆

In einem 3,5 Hektar grossen Privatpark mit alten Bäumen, am Rand des Soonwaldes.

Zimmer
★★★☆☆
30 eher einfache, aber angenehme Zimmer.

Essen und Trinken
★★★☆☆
Vitalküche mit vegetarischen Gerichten und Fisch.

Service
★★★★★☆
Die Hotelcrew ist mit Herz und Seele um das Wohl der Gäste besorgt.

Preise
EZ 101–115 €
DZ 194–208 €
inkl. Vollpension

Preis-Leistungs-Verhältnis
★★★★★★

Top
»Menschels Vitalresort« vermittelt ein positives Verständnis von Gesundheit und zeigt ohne moralische Attitüde, dass es sich lohnt, den individuellen Lebensstil unter gesundheitlichen Aspekten zu optimieren.

Flop
Die Monokultur der rein deutschen Gästeschaft.

Anreise
Autobahn bis Ausfahrt Bad Kreuznach, dann weiter bis Ausfahrt Bad Sobernheim/Industriegebiet, von dort nach Meddersheim und dann Richtung Merxheim (der Hotelbeschilderung folgen).

Kempinski Hotel Falkenstein 113
D-61462 Königstein im Taunus
Tel. +49 (0)6174 900
Fax +49 (0)6174 909 090
www.kempinski-falkenstein.com
info@kempinski-falkenstein.com
Ganzjährig geöffnet

Gesamtwertung: **48**/60

Ambiente
★★★★★★
Das neoklassizistische, halbkreisförmig angelegte Anwesen aus dem Jahr 1909, das einst den höheren Offizieren von Kaiser Wilhelm II. zur Erholung diente, erfreut heute mit heiterer Noblesse und rundum sinnvollem Luxus für Körper, Geist und Seele. Die Ayurveda-Abteilung zählt zu den besten in Deutschland und wird von einem rein srilankischen Team betreut. Auch Anti-Aging und Medical Wellness sind hier keine leeren Worthülsen, sondern werden mit grossem Sachverstand ausgeübt. Mit seinem Charme verleiht das hochmotivierte Hotelteam dem Haus Lebens-

freude, mit seiner Kompetenz Grandezza und mit hessischem Schmäh jedem Gast ein VIF-Gefühl.

Spa-Infrastruktur
★★★★☆☆
1200 Quadratmeter Wellnessbereich im ehemaligen Gutshof mit Hallenbad, Freibad, Whirlpool, Saunwelt, Fitnessraum, Personal Trainer, diversen Behandlungsräumen für Body und Beauty, Gymnastik- und Entspannungslektionen.

Zimmer
★★★★☆
105 klassisch-elegante Zimmer, Juniorsuiten und Suiten – die besten mit Blick auf Frankfurt.

Essen und Trinken
★★★★☆
Zeitgemässe Gourmetküche im Restaurant Siesmayer, regionale und internationale Gerichte im Bistro. Stimmige Hotelbar.

Service
★★★★★★
Von herzerwärmender Kompetenz.

Preise
EZ 180–320 €
DZ 240–320 €
Suite 420–999 €
Frühstück 24 € pro Person

Preis-Leistungs-Verhältnis
★★★★★☆

Top
Die Ayurveda-Abteilung ist ungefähr das Beste, was einer gestressten Seele passieren kann: Nur selten begegnet eine nach fachkundiger Berührung und Energie lechzende Haut derart wissenden Händen, nur selten fühlt sich der Erholungsuchende so nachhaltig und kompetent umsorgt.

Flop
Manche Zimmer bedürfen einer gelegentlichen Auffrischung.

Anreise
Autobahn Basel–Kassel bis Bad Homburger Kreuz, Richtung Bad Homburg/Oberursel. Dort an der zweiten Ampel Richtung Falkenstein abbiegen.

Körperbehandlungen
★★★★★★
Klassische und fernöstliche Massagen, ganzheitliche ayurvedische Behandlungen, Thaimassage, LaStone-Therapie, Lomi Lomi Nui, medizinische Check-ups, Medical Wellness, Anti-Aging-Programme.

Beautyanwendungen
★★★★☆☆
Vielfältige Kosmetikbehandlungen, Thalassoanwendungen, Peelings, Entspannungsbäder, Packungen und Wickel, Hand- und Fusspflege.

Freizeitangebot
★☆☆☆☆
Fahrräder.

Lage und Umgebung
★★★★★★
In einer Parkanlage an herrlicher Panoramalage mit Blick auf die Rhein-Main-Ebene und die Frankfurter Skyline.

Zur Bleiche 114
Resort & Spa
D-03096 Burg im Spreewald
Tel. +49 (0)35603 620
Fax +49 (0)35603 602 92
www.hotel-zur-bleiche.com
reservierung@hotel-zur-bleiche.com
Ganzjährig geöffnet

Gesamtwertung: **56**/60

Ambiente
★★★★★★
Christine und Heinrich Michael Clausing gehören zu den Menschen, die Trends so früh erkennen, dass man meinen könnte, sie hätten sie erfunden. Das wohl innovativste Hotelierspaar Deutschlands plante das Resort im brandenburgischen Niemandsland, als die anspruchsvolle Reisewelt noch einen Bogen um die Gegend machte. Mitten in der schönen Natur- und Flusslandschaft Spreewald richteten die Clausings kurz nach der Wende ein zeitgemässes Wellnesshotel in einem ehemaligen Gewerkschaftsheim ein – damals war das Wort »Spa« noch kaum jemandem geläufig; heute ist die »Bleiche« das trendige Ferienresort schlechthin. Die Innenarchitektur verbindet modernes Lodge-Feeling mit stimmiger Landhausgemütlichkeit. Wer das Foyer betritt, verlässt den Alltag: nirgends Hinweisschilder, keine Uhren. Eintritt in eine Welt der Ruhe, der Farben und anmutiger Natürlichkeit. Wohin man schaut, keine Ecke gleicht der anderen, hier edle, geschliffene Gläser, dort uralte Engel, getrocknete Pflanzen, voluminöse Sofas

Lage und Umgebung
★★★★★★

Alleinstehend an einem Fluss im Naturschutzgebiet Spreewald, eine Auto- oder Zugstunde östlich von Berlin.

Zimmer
★★★★★★

90 sehr unterschiedliche, durchwegs wohnliche Zimmer und Suiten. 18 Quadratmeter bieten die kleinen »Storchennester«, die grösste Suite stolze 180 Quadratmeter. Elf Suiten sind mit einer eigenen Sauna bzw. einem Hamam ausgestattet.

und dicke Kerzen. Die Tische sind antik, die Patina ist echt, und die Gemälde an den Wänden erzählen vom ländlichen Leben. Die Sterne-Frage interessiert Heinrich Michael Clausing kaum: »Bei einem Hotel geht es vor allem darum, dass man rasch in eine gewisse Schwingung kommt und sich innert kurzer Zeit aufgehoben und entspannt fühlt. Wir versuchen, dem Gast eine Gegenwelt zum Alltag aufzubauen und dabei die Region in vielerlei Hinsicht mit einzubeziehen.«

Spa-Infrastruktur
★★★★★★

4000 sinnlich inszenierte Quadratmeter mit zwei Hallenbädern, grossem Aussenpool, türkischem Hamam, russischer Banja-Sauna, Saunawelt, Fitness- und Gymnastikraum, Personal Trainer, Meditationsraum. Am Rand des Schwimmbads in der grossen Scheune prasselt ein offenes Feuer. Nach einem Nachmittag im Spa fühlt man sich so erholt wie nach einer Woche Urlaub.

Körperbehandlungen
★★★★☆☆

Klassische und fernöstliche Massagen, Fussreflexzonenmassage, Lymphdrainage. Regionale Spezialität: durchblutungsfördernde Maisgriess-Massagen mit Rosmarin und Honig aus dem Spreewald.

Beautyanwendungen
★★★★★☆

Vielfältige Gesichtsbehandlungen, Naturkosmetik, Entspannungsbäder, Hand- und Fusspflege, Packungen, Peelings.

Freizeitangebot
★★★★★☆

Geführte Wanderungen und Fahrradtouren, Fahrrad- und Paddelbootverleih, Rundfahrten mit dem Spreewaldkahn (direkt vom hoteleigenen Kahnhafen aus), Kegelbahn, professionelle Kinderbetreuung, Spielplatz, Maler-Atelier, Beach-Volleyballfelder, Fussball- und Badmintonfeld, Reiten mit Unterricht auf der hoteleigenen Koppel und den hoteleigenen Pferden.

Essen und Trinken
★★★★★☆

Herausragende Feinschmeckerküche im Gourmetrestaurant »17fuffzig«, mittelmässige kulinarische Darbietungen in den atmosphärisch sehr schönen Restaurantstuben.

Service
★★★★★★

Der Gast steht im Mittelpunkt aller Überlegungen und nicht wie so oft im Weg.

Preise

EZ 140 €
DZ 240–360 €
Suite 450–540 €
inkl. Halbpension

Preis-Leistungs-Verhältnis
★★★★★★

Top
Emotion und Sinnlichkeit gehören ebenso zum »Bleiche«-Wohlfühlkonzept wie das Fehlen von Regeln und Zwängen: Wer etwa sein Frühstück gerne erst um drei Uhr nachmittags einnimmt, kann dies hier ebenso problemlos tun wie das Schwimmbad zu mitternächtlicher Stunde nützen.

Flop
Die Diskrepanz zwischen den leckeren Gerichten im Gourmetlokal und den Halbpensionsmenüs ist gross.

Anreise
Von Berlin Autobahn Richtung Cottbus bis Ausfahrt Vetschau, weiter bis Burg, dort nach der Kirche links in die Bahnhofstrasse nach Burg/Kolonie und 2 km bis zum Hotel.

Sport & Spa Resort A-ROSA Scharmützelsee 115

D-15526 Bad Saarow
Tel. +49 (0)33631 62 682
Fax +49 (0)33631 62 525
www.a-rosa.de
info.scharmuetzelsee@a-rosa.de
Ganzjährig geöffnet

Gesamtwertung: **52**/60

Ambiente
★★★★★☆

»Nah bei Berlin und ganz weit weg vom Stress«, wirbt das Ferienresort am Ufer des Scharmützelsees. Der stete Andrang beweist: Diese lebensfrohe Hotelwelt zwischen Natur, Erholung, Genuss, Wellfeeling und Anregung trifft einen Nerv und kann sich seiner unternehmungslustigen Stammgäste aus drei Generationen sicher sein.

Spa-Infrastruktur
★★★★★★

4200 Quadratmeter Spabereich mit Hallenbad, Freibad, Entspannungspool, Kinderbecken, Saunawelt, Fitnessraum, Personal Trainer, Gruppenkursen (Rückengymnastik, Yoga, Stretching, Aerobic, Aquagym, Nordic Walking), Privatinstitut für Präventivmedizin (medizinisches Gesundheitscoaching), zahlreichen Behandlungsräumen für Body und Beauty, exklusiver Spa-Suite.

Körperbehandlungen
★★★★★★

Zahlreiche ayurvedische Behandlungen mit Spezialisten aus Indien, klassische und fernöstliche Massagen, LaStone-Therapie, Pantai Luar, Thaimassage, Shiatsu, Reiki, Lulur, Lymphdrainage, 7-Chakren-Energiebehandlung, Rasul.

Beautyanwendungen
★★★★★★

Umfangreiches Beautyangebot mit der ganzen Palette an Gesichtsbehandlungen. Entspannungsbädern, Packungen, Peelings, Hand- und Fusspflege, Coiffeur.

Freizeitangebot
★★★★★★

Golfzentrum mit drei 18-Loch-Golfplätzen, einem 9-Loch-Platz, zwei Driving-Ranges und hauseigener Golfschule. Professionelle Kinderbetreuung, Kids-Sportcamp und diverse Kurse. Tenniszentrum mit zwei Rasen-, sechs Hallen- und sechs Aussenplätzen. Reitsportzentrum mit Reithalle und über 170 Kilometern Reitterrain. Jachtakademie mit über 100 Booten.

Kempinski Grand Hotel Heiligendamm 116

D-18209 Heiligendamm/Ostsee
Tel. +49 (0)38203 740 0
Fax +49 (0)38203 740 7474
www.kempinski-heiligendamm.de
reservations.heiligendamm@kempinski.com
Ganzjährig geöffnet

Gesamtwertung: **57**/60

Ambiente
★★★★★★

Die schneeweissen Gebäude des symbolkräftigen Kulturdenkmals und ersten deutschen Seebades an der mecklenburgischen Ostseeküste strahlen schon aus der Ferne magisch. Man kommt sich vor, als wäre man auf einem anderen Planeten gelandet. Die Verbindung von Architektur und Natur ist einmalig, der »Kempinski«-Service kaum zu schlagen, und die 225 Zimmer sowie das Spa sind ein ästhetischer Hochgenuss. Glaubt man Branchenkennern, so hat es vor »Heiligendamm« in ganz Deutschland kein Ferienresort gegeben, das den Vorstellungen des wohlhabenden Europareisenden aus Übersee entsprochen hätte.

Spa-Infrastruktur
★★★★★★

3000 Quadratmeter nobel gestalteter Wellnessbereich mit grossem Hallenbad, Whirlpool, diversen Saunas, Ostsee-Hamam, zwölf Behandlungsräumen für Body und Beauty, exklusiver Spa-Suite, Fitnessraum, Personal Trainer.

★★★☆☆☆
Wechselhaft. Die Crew hat im dritten Betriebsjahr seine Topform noch nicht erreicht.

Preise
DZ 218–318 €
Juniorsuite/Suite 298–358 €
inkl. Halbpension, Kaffee und Kuchen

Preis-Leistungs-Verhältnis
★★★★★☆

Top
Die Vielfalt an Sport-, Freizeit- und Wellnessmöglichkeiten ist enorm. Hier plagt den Gast nur eine Frage: Wann, um Himmels willen, soll man das alles nutzen?

Flop
Im viel zu hell ausgeleuchteten Saunabereich kommt kaum Stimmung auf.

Anreise
Von Berlin bis Autobahndreieck Spreeau, dort Richtung Frankfurt/Oder bis Ausfahrt Fürstenwalde West, Landstrasse Richtung Petersdorf/Bad Saarow, dann stets Richtung Wendisch Rietz bis zum Hotel.

Fahrräder. Professionelles Entertainment- und Edutainmentprogramm.

Lage und Umgebung
★★★★★★
Alleinstehend am westlichen Ufer des Scharmützelsees, zwischen Bad Saarow und Wendisch Rietz.

Zimmer
★★★★☆☆
192 funktionelle Zimmer sowie 32 Apartments und Familienzimmer in fünf Kategorien.

Essen und Trinken
★★★★★☆
Vier Restaurants bieten die ganze Palette von Buffet bis Fine-Dining.

Service

Wöchentlich rund 20 Kurse für Bewegung und Entspannung (Pilates, Stretch und Relax, Gymnastik, Bauch-Beine-Po, Qigong, Yoga, Aquajogging, Nordic Walking, Tai-Chi usw.). Bemerkenswert: Das Spa ist täglich von 7 bis 22 Uhr geöffnet.

Körperbehandlungen
★★★★★★
Optimaler Mix aus klassischen und fernöstlichen Massagen, LaStone-Therapie, Shiatsu, Thaimassage, Craniosakraltherapie, Pantai Luar, Reiki, medizinische Check-ups, Anti-Aging-Programme, Medical Wellness.

Beautyanwendungen
★★★★★★
Ganze Palette an Gesichtsanwendungen, Meersalzbädern, Packungen im Wasserbett, Meersalz-Öl-Peeling, Hand- und Fusspflege, mehrstündigen »Bademenüs« (wahlweise mit Produkten von La Prairie, Ligne St-Barth oder Thalgo).

Freizeitangebot
★★★☆☆
Diverse Wassersportmöglichkeiten, Tagesausflüge auf dem Wasser, Fahrräder, professionelle Kinderbetreuung in aufregend gestaltetem Kinderhaus.

Lage und Umgebung
★★★★★★
In idyllischer Natur direkt am Ostseestrand.

Zimmer
★★★★★★
225 luxuriöse, ausgesprochen schöne Zimmer, Juniorsuiten und Suiten, verteilt auf 5 Gebäude.

Essen und Trinken
★★★★★★
Grosses Kurhausrestaurant mit regionalen und internationalen Gerichten, italienisches Bistro, festliches Gourmetlokal Friedrich Franz (1 Michelin-Stern).

Service
★★★★★★
Weltklasse.

Preise
EZ 150–355 €
DZ 185–435 €
Juniorsuite/Suite 290–875 €
inkl. Frühstück

Preis-Leistungs-Verhältnis
★★★★★★

Top
Das eine oder andere Spa in Deutschland mag in punkto Infrastruktur mit dem »Heiligendamm« mithalten können, besser geführt ist keines. Katrin Hofrichter beseelt die hohen Investitionen mit menschlicher Wärme und beeindruckender Sachkenntnis. Mit ausgetüftelten Regenerationsprogrammen für Körper und Seele beschreitet sie neue Wege in Sachen Wellness, Beauty und ganzheitlicher Wohlfühlkultur.

Flop
Wer vom Zimmer ins Spa möchte, muss – sofern er nicht im Spa-Palais logiert – den Hotelpark unter freiem Himmel durchqueren. Im Sommer kein Problem, doch an klirrend kalten Wintertagen schon.

Anreise
Autobahn Hamburg–Rostock bis Ausfahrt Bad Doberan, dann den Wegweisern nach Heiligendamm folgen.

Grand Spa Resort A-ROSA Travemünde 117

D-23570 Lübeck-Travemünde
Tel. +49 (0)4502 3070 0
Fax +49 (0)4502 3070 700
www.a-rosa.de
info.travemuende@a-rosa.de
Ganzjährig geöffnet

Gesamtwertung: 53/60

Ambiente
★★★★☆

Die Genussformel ist schnell erklärt: eine Mixtur aus informellem Luxus, Familienparadies und lifestyliger Gesundheitswelt. Horst Rahe, der Besitzer, will sich mit den A-ROSA-Resorts – weitere Häuser im brandenburgischen Bad Saarow (Seite 175) und im österreichischen Kitzbühel (Seite 115) – bewusst nicht in die Wellness-Edelklasse einreihen, sondern auf entspannten Vier-Sterne-Komfort zu entsprechend moderateren Preisen setzen und rasch auf Trends reagieren können. Wie Rahe einst mit den AIDA-Clubschiffen eine zusätzliche Klientel für die Kreuzfahrt gewinnen konnte, will er mit den A-ROSA-Resorts den hartumkämpften Wellnessmarkt neu aufmischen und ein jüngeres Publikum ansprechen. Das »A-ROSA Travemünde« besteht aus dem aufwendig renovierten, denkmalgeschützten Kurhaushotel mit prachtvollen, weitläufigen Räumen sowie einem neuen Gebäudeteil. Das riesige Spa bietet alles zum Thema »Wasser und Wärme« und vermittelt umfassendes Wohlergehen. Die vier Säulen dafür werden hier als innere Stärkung, gesundes Aussehen, Fitness und Anti-Aging definiert – und professionell umgesetzt. Hier kann man zu jeder Jahreszeit entspannt abtauchen und alle Wetter ignorieren.

Spa-Infrastruktur
★★★★★★

4500 zeitgemäss schlicht gestaltete Quadratmeter Spabereich mit Innen- und Aussenpool, Entspannungspool, Kinderbecken, sieben verschiedenen Saunas, 28 Behandlungsräumen für Body und Beauty, exklusiver Spa-Suite, betreutem Fitnessraum (200 Quadratmeter), Personal Trainer, Gymnastiklektionen (Yoga, Tai-Chi, Stretching, Aquagym, Aerobic), Thalassozentrum, Dermatologikum mit präventiv-medizinischen Angeboten zur Gesunderhaltung der Haut, medizinischem Gesundheits-Coaching.

Körperbehandlungen
★★★★★★

Klassische Massagen, diverse ayurvedische Behandlungen (Abhyanga, Padabhyanga, Shirodhara-Stirnölguss usw.), Thaimassage, Lomi Lomi Nui, Reiki, Shiatsu, LaStone-Therapie, Fussreflexzonenmassage, Lymphdrainage, Pantai Luar, Thalasso-Körperanwendungen.

Beautyanwendungen
★★★★★★

Ganzes Spektrum an Gesichtsbehandlungen, medizinischer Kosmetik, Softpacks, Bali-Feeling, Hand- und Fusspflege,

Thalasso-Gesichtsanwendungen, Coiffeur.

Freizeitangebot
★★★★☆☆
Fahrräder, Reitschule mit Ausritten am kilometerlangen Ostseestrand, Tennisplatz in Fussweite, Beachvolleyball und diverse Wassersportmöglichkeiten. Professionelle Kinderbetreuung. Kreativkurse (Malen, Goldschmieden), unterhaltende Vorträge, »Wellness für den Geist«.

Lage und Umgebung
★★★★☆☆
Hinter der Küstenstrasse an der Lübecker Bucht. Wenige Schritte zum Ostseestrand.

Zimmer
★★★★★★
164 modern gestylte Zimmer und 41 Suiten.

Essen und Trinken
★★★★★★
Hauptrestaurant mit Frischmarkt-Buffets und Showküche, mediterrane Gourmetküche

im Restaurant Buddenbrooks, Weinwirtschaft/Enoteca mit italienischen und regionalen Spezialitäten.

Service
★★★★★☆
Im ganzen Haus erwartet Sie ein ehrliches Lächeln und eine freundliche Kompetenz.

Preise
DZ 258–450 €
Juniorsuite/Suite 378–530 €
inkl. Halbpension, Kaffee und Kuchen

Preis-Leistungs-Verhältnis
★★★★★☆

Top
Das Thalassozentrum mit elf speziellen Anwendungskabinen ist das modernste im deutschsprachigen Europa. Das Hotel verfügt für die Sprudel-, Algen- und Meersalzbäder, die Anwendungen mit Meeresschlick oder Ganzkörpermeerespeelings über eine hauseigene Meerwasserpipeline.

Flop
Der Ausblick auf die Ostsee wird durch den direkt am Strand gelegenen Hotelklotz des »Maritims« empfindlich gestört.

Anreise
Von Hamburg Autobahn Richtung Puttgarden/Lübeck, dann Richtung Lübeck/Travemünde bis Travemünde. Beim Hinweisschild »Strand/Kurgebiet« links in den Moorredder abbiegen und der Hotelbeschilderung folgen.

Vitalhotel 118
Alter Meierhof
D-24960 Glücksburg/Ostsee
Uferstrasse 1
Tel. +49 (0)4631 619 90
Fax +49 (0)4631 619 999
www.alter-meierhof.de
info@alter-meierhof.de
Ganzjährig geöffnet

Gesamtwertung: **52**/60

Ambiente
★★★★★★
Elegant wirkt der »Alte Meierhof« von aussen, luftig im Innern. Die weisse Fachwerkfassade fügt sich nahtlos in die malerische Natur ein, rundherum nur Wasser und Grün, Meeresrauschen und Vogelgezwitscher – jenseits der Förde grüsst die dänische Küste. Die bemerkenswert stilvollen Zimmer präsentieren sich in warmen Farbtönen, in den luxuriöseren verschmelzen der Wohn- und Badebereich zu einer Einheit. So geniesst man selbst aus der Badewanne, den Betten und der gemütlichen Sitzgruppe im vorgelagerten Wintergarten den bezaubernden Blick auf eines der schönsten Segelreviere Deutschlands. Unlängst wurde der orientalisch gestaltete Wellnessbereich

durch einen Aussenpool erweitert, und die Küche startet mit neuen Ambitionen durch. Es dürfte nicht überraschen, dass hinter diesem Gesamtkunstwerk ein Ehepaar steht, bei dem nichts unüberlegt bleibt und dem alles zu gelingen scheint.

Spa-Infrastruktur
★★★★☆
1400 Quadratmeter Wellnessbereich mit Indoor-/Outdoor-Pool, Sauna, Dampfbad, Hamam-Tempel, orientalischem Tropenbad, diversen Behandlungsräumen für Body und Beauty. Fitnessraum mit Personal Trainerin, Gymnastiklektionen.

Körperbehandlungen
★★★★★★
Klassische und fernöstliche Massagen, ayurvedische Behandlungen, vierhändige Öl-Synchronmassagen, Lomi Lomi Nui, Pantai Luar, Craniosakralbehandlungen, Lymphdrainage, Fussreflexzonenmassage, Seifenschaumritual, La-Stone-Therapie.

Beautyanwendungen
★★★★★★
Shiseido-Schönheitsfarm mit der ganzen Palette an Gesichtsbehandlungen, Hand- und Fusspflege, Peelings, Packungen, Thalassoanwendungen.

Freizeitangebot
★☆☆☆☆☆
Badestrand. Begleitete sportliche Aktivitäten.

Lage und Umgebung
★★★★★★
In einer gepflegten Gartenanlage an der Flensburger Förde.

Zimmer
★★★★★★
48 komfortable, ausgesprochen geschmackvoll eingerichtete Zimmer und 6 Suiten.

Essen und Trinken
★★★★★☆
Modern gestaltete Brasserie mit regionalen und mediterranen Gerichten, Gourmetrestaurant mit klassisch-französischer Küche.

Service
★★★★★★
Die Gäste werden mit grossem Engagement umsorgt.

Preise
EZ 130–180 €
DZ 190–300 €
Suite 350–400 €
inkl. Frühstück

Preis-Leistungs-Verhältnis
★★★★★☆

Top
Wenn es diese Steigerungsform denn gäbe, würde man sagen, dass sich der Service insgesamt von ziemlich perfekt auf noch perfekter gesteigert hat.

Flop
Der Wellnessbereich ist auch für externe Gäste zugänglich, was sich an verregneten Wochenenden negativ auswirken kann.

Anreise
Autobahn über Hamburg Richtung Flensburg bis Ausfahrt Flensburg/Glücksburg/Husum, weiter Richtung Flensburg/Glücksburg bis Ausfahrt Flensburg-Rude/Glücksburg. Durch Flensburg, immer Richtung Glücksburg fahrend, und am Hafen rechts abbiegen, immer geradeaus am Wasser entlang bis zum Meierwik und zum Hotel.

Fährhaus 119

D-25980 Munkmarsch/Sylt
Tel. +49 (0)4651 939 70
Fax +49 (0)4651 939 710
www.faerhaus-sylt.de
info@faehrhaus-sylt.de
Ganzjährig geöffnet ausser in den zwei mittleren Dezemberwochen

Gesamtwertung: 44/60

Ambiente
★★★★★★

Der viktorianische Bau von 1880 und die neuzeitlichen Erweiterungsbauten in ambitionierter Architektur fügen sich zu einem einladenden Ensemble, das eine fast südliche Eleganz und eine helle Leichtigkeit ausstrahlt. Zum Gesamterlebnis gehört die innovative Haute-Cuisine und die bezaubernde Wellnesszone, die sich als gelungenes Gegenstück zum internationalen Spa-Einheitsbrei präsentiert. Die hochmotivierten Mitarbeiter agieren als eingeschworenes Team fast lautlos, als würden sie ein paar Zentimeter über dem Boden schweben. Jeder Bitte wird sofort mit einem Lächeln entsprochen. Das »Fährhaus« hat nur ein Problem: Es ist meistens ausgebucht. Aber das ist ein Problem, das wohl jedes Hotel gerne hätte.

Spa-Infrastruktur
★★★☆☆☆

Kleiner, feiner Wellnessbereich (600 Quadratmeter) mit Hallenbad, Whirlpool, Saunawelt, Fitnessraum, Rasul und diversen Behandlungsräumen für Body und Beauty.

Körperbehandlungen
★★★☆☆☆

Klassische Massagen, Seifenschaummassage, LaStone-Therapie, Fussreflexzonenmassage, Lymphdrainage.

Beautyanwendungen
★★★☆☆☆

Vielfältige kosmetische Anwendungen, Entspannungsbäder, Hand- und Fusspflege.

Freizeitangebot
Kein spezifisches Angebot.

Lage und Umgebung
★★★★★☆

In exponierter Alleinlage am Munkmarscher Hafen, mit Blick auf Jachthafen und Wattenmeer.

Zimmer
★★★★★★

39 komfortable, ausgesprochen geschmackvoll eingerichtete Zimmer, Junior- und Familiensuiten.

Essen und Trinken
★★★★★★

Hübsches Bistro und einladendes Gourmetlokal. In Letzterem

stellt sich Herdvirtuose Alexandro Pape den hohen Anforderungen der Feinschmecker. Die Konkurrenz ist gross, denn auf der Promi-Insel haben allein fünf Restaurants einen der begehrten Michelin-Sterne. Seit 2002 leuchtet er auch über dem »Fährhaus«.

Service
★★★★★★
Sehr persönlich und aufmerksam.

Preise
EZ 95–145 €
DZ 190–290 €
Juniorsuite/Suite 260–380 €
inkl. Frühstück

Preis-Leistungs-Verhältnis
★★★★★★

Top
Während die meisten Hotels auf Sylt hochstapeln und einen Stern zu viel tragen, setzt Gastgeber Gerhard Pohl auf smartes Understatement und kultiviert das Feingefühl für Aufmerksamkeiten, wie sie in kaum einem anderen Hotel auf der Insel zu erleben sind.

Flop
Der Ausblick wird durch ein unschönes Industriegebäude beeinträchtigt.

Anreise
Vom Autozug ab Bahnhof Westerland der Strasse über Tinnum Richtung Keitum folgen. Vor der Ortseinfahrt Keitum links Richtung Munkmarsch abbiegen und bis zum Hotel.

Landhaus Stricker 120
D-25980 Tinnum/Sylt
Tel. +49 (0) 4651 889 90
Fax +49 (0) 4651 889 9499
www.landhaus-stricker.de
info@landhaus-stricker.de
Ganzjährig geöffnet

Gesamtwertung: **46**/60

Ambiente
★★★★★★
»Hier hat sich einer etwas überlegt«, denkt sich, wer im »Landhaus Stricker« angekommen ist. Von den Zimmern über das kulinarische Angebot bis zum Spa scheint jedes Detail durchdacht und ordnet sich einer Idee unter. »In kleinen Dingen gross sein«, heisst das Motto, welches das Gastgeberehepaar Kerstin und Holger Bodendorf ihrem Hotel gegeben hat. Beim Innendesign zeigten sie eine gesunde Respektlosigkeit vor dem spiessigen Einheitslook gängiger Hotelarchitektur. Ein gelungener Mix aus reetgedecktem Traditionshaus und mediterraner Frische zieht sich durch die Anlage. Dazu wird hier der Fünfsterneluxus mit einer unglaublichen Heiterkeit interpretiert. Wer Antennen für moderne Behaglichkeit und zwanglos stilvollen Lebensstil hat, wird sich hier rundum wohl fühlen und gerne wiederkommen.

Spa-Infrastruktur
★★★☆☆☆
850 Quadratmeter Wellnessbereich im antik-mediterraner Look mit Hallenbad, Saunawelt, Fitnessraum, Personal Trainer, schönen Behandlungsräumen für Body und Beauty.

Körperbehandlungen
★★★★☆☆
Klassische Massagen, balinesische Massage, LaStone-Therapie, Herbal Siam Body Stamps, Hot-Chocolate-Entspannungsmassage.

Beautyanwendungen
★★★★★☆
Vielfältige Kosmetikbehandlungen von Kanebo nach fernöst-

lichem Verständnis, Packungen und Wickel, Hand- und Fusspflege, LaStone-Gesichtsbehandlung, Hot-Chocolate-Gesichtsbehandlung.

Freizeitangebot
★☆☆☆☆
Fahrräder, gut sortierte Bibliothek.

Lage und Umgebung
★★★★☆☆
In einer hübschen Parkanlage mit kleinem Weiher und Bach.

Zimmer
★★★★★★
38 luxuriöse, sehr geschmackvoll eingerichtete Zimmer in warmen Farben.

Essen und Trinken
★★★★★★
Begeisternde mediterrane Gourmetküche im Restaurant Bodendorf's. Verfeinerte regionale Spezialitäten in der gemütlichen »Tenne« und im »Kaminzimmer«.

Service
★★★★★☆
Freundlich unkompliziert.

Preise
EZ 130–205 €
DZ 210–270 €
Juniorsuite/Suite 260–630 €
inkl. Frühstück

Preis-Leistungs-Verhältnis
★★★★★★

Top
Die Bibliothek verdient ihren Namen und erfreut mit ungezählten aktuellen Romanen für jeden Geschmack und jede Lebenslage.

Flop
Die Hotelanlage ist eine grüne Oase im Niemands- und Industrieland. Zu den schönen Orten der Insel braucht es jeweils ein paar Kilometer Durststrecke.

Anreise
Vom Autozug in Westerland Richtung Keitum, bis das Landhaus Stricker ausgeschildert ist.

Die Wellnesshotels von A bis Z

Adler Wellness & Sport Resort, St. Ulrich/
 Gröden (Südtirol), Seite 144
Adula, Flims-Waldhaus (Graubünden), Seite 25
Aenea, Reifnitz/Maria Wörth (Salzburgerland),
 Seite 126
Albergo Giardino, Ascona (Tessin), Seite 76
Alpenhof, Zermatt (Wallis), Seite 67
Alpenresort Schwarz, Mieming (Tirol), Seite 96
Alpenrose, Maurach am Achensee (Tirol),
 Seite 110
Angerhof, St. Englmar (Süddeutschland),
 Seite 157
Aqua Dome, Längenfeld/Ötztal (Tirol), Seite 93
Astoria Relax & Spa Hotel, Seefeld (Tirol),
 Seite 97
Bareiss, Baiersbronn-Mitteltal (Süddeutschland),
 Seite 149
Beatus, Merligen (Berner Oberland), Seite 49
Beau-Rivage Palace, Lausanne (Westschweiz),
 Seite 55
Belvédère, Scuol (Graubünden), Seite 14
BollAnt's im Park, Bad Sobernheim (Mittel-
 deutschland), Seite 169
Brenner's Park Hotel & Spa, Baden-Baden (Süd-
 deutschland), Seite 148
Burg-Vital-Hotel, Lech am Arlberg (Vorarlberg),
 Seite 89
Castel, Dorf Tirol bei Meran (Südtirol), Seite 128
Castel Fragsburg, Meran (Südtirol), Seite 130
Castell, Zuoz (Graubünden), Seite 17
Castello del Sole, Ascona (Tessin), Seite 79
Central, Sölden im Ötztal (Tirol), Seite 94
Der Krallerhof, Leogang (Salzburgerland),
 Seite 129
Die Übergossene Alm, Dienten am Hochkönig
 (Salzburgerland), Seite 118
Eden Roc, Ascona (Tessin), Seite 79
Erika, Dorf Tirol bei Meran (Südtirol), seite 129
Ermitage-Golf, Schönried-Gstaad (Berner Ober-
 land), Seite 48
Fährhaus, Munkmarsch/Sylt (Norddeutschland),
 Seite 181
Ferienart Resort & Spa, Saas Fee (Wallis),
 Seite 66
Fidazerhof, Flims-Fidaz (Graubünden), Seite 24
Gardena Grödnerhof, St. Ulrich/Gröden
 (Südtirol), Seite 145

Gesundheitszentrum Rickatschwende, Dornbirn
 (Vorarlberg), Seite 86
Grand Hotel Bellevue, Gstaad (Berner Oberland),
 Seite 44
Grand Hôtel des Bains, Yverdon-les-Bains (West-
 schweiz), Seite 53
Grand Hotel Park, Gstaad (Berner Oberland),
 Seite 46
Grand Hotels Bad Ragaz, Bad Ragaz
 (Ostschweiz), Seite 30
Grand Spa Resort A-ROSA Kitzbühel, Kitzbühel
 (Tirol), Seite 115
Grand Spa Resort A-ROSA Travemünde, Lübeck-
 Travemünde (Norddeutschland), Seite 178
Haus Hirt Hotel & Spa, Bad Gastein (Salzburger-
 land), Seite 119
Hochschober, Turracher Höhe (Kärnten),
 Seite 123
Hof Weissbad, Weissbad/Appenzell (Ostschweiz)
 Seite 34
Hohenwart, Schenna bei Meran (Südtirol),
 Seite 135
Hôtel des Bains de Saillon, Saillon (Wallis),
 Seite 62
Hotel Heiden, Heiden (Ostschweiz), Seite 33
Hotel Serpiano, Serpiano (Tessin), Seite 83
Hotel Therme Vals, Vals (Graubünden), Seite 29
Hubertus, Balderschwang (Süddeutschland),
 Seite 164
Interalpen-Hotel Tyrol, Telfs-Buchen (Tirol),
 Seite 99
Intercontinental Resort Berchtesgaden,
 Berchtesgaden (Süddeutschland), Seite 166
Jagdhof, Neustift (Tirol), Seite 106
Jungbrunn, Tannheim (Tirol), Seite 102
Kempinski Grand Hôtel des Bains, St. Moritz
 (Graubünden), Seite 20
Kempinski Grand Hotel Heiligendamm, Heiligen-
 damm (Norddeutschland), Seite 176
Kempinski Hotel Falkenstein, Königstein im
 Taunus (Mitteldeutschland), Seite 172
Kulm, Arosa (Graubünden), Seite 12
Kulm, St. Moritz (Graubünden), Seite 21
Kur- & Sporthotel Lauterbad, Freudenstadt-
 Lauterbad (Süddeutschland), Seite 152
Landhaus Stricker, Tinnum/Sylt (Norddeutsch-
 land), Seite 182
Lanserhof, Lans bei Innsbruck (Tirol), Seite 104
La Réserve, Genf-Bellevue (Westschweiz),
 Seite 52

Lausanne Palace, Lausanne (Westschweiz), Seite 56
Le Mirador Kempinski, Mont-Pèlerin (Westschweiz), Seite 59
Lenkerhof, Lenk im Simmental (Berner Oberland), Seite 43
Les Sources des Alpes, Leukerbad (Wallis), Seite 63
Liebes Rot-Flüh, Haldensee bei Grän (Tirol), Seite 103
Lindner Hotel Maison Blanche, Leukerbad (Wallis), Seite 64
Löwen, Schruns (Vorarlberg), Seite 87
Meisters Hotel Irma, Meran (Südtirol), Seite 132
Menschels Vitalresort, Bad Sobernheim-Meddersheim (Mitteldeutschland), Seite 171
Mirabeau Alpine Residence, Zermatt (Wallis), Seite 69
Mirabell, Olang (Südtirol), Seite 142
Mont Cervin Palace, Zermatt (Wallis), Seite 70
Naturhotel Grafenast, Schwaz (Tirol), Seite 107
Palace Luzern, Luzern (Zentralschweiz), Seite 36
Panorama Resort & Spa, Feusisberg (Ostschweiz), Seite 32
Paradies, Ftan (Graubünden), Seite 16
Parkhotel Adler, Hinterzarten (Süddeutschland), Seite 153
Parkhotel Bad Griesbach, Bad Griesbach (Süddeutschland), Seite 158
Parkhotel Bellevue, Adelboden (Berner Oberland), Seite 41
Parkhotel Delta, Ascona (Tessin), Seite 80
Park Hotel Vitznau, Vitznau (Zentralschweiz), Seite 40
Park Hotel Waldhaus, Flims-Waldhaus (Graubünden), Seite 27
Park Hotel Weggis, Weggis (Zentralschweiz), Seite 37
Parkschlösschen Bad Wildstein, Traben-Trarbach (Mitteldeutschland), Seite 168
Posthotel Achenkirch, Achenkirch (Tirol), Seite 112
Quellenhof, Leutasch (Tirol), Seite 100
Radisson SAS Resort Wutzschleife, Rötz-Hillstett (Süddeutschland), Seite 159
Raffles Le Montreux Palace, Montreux (Westschweiz), Seite 60
Reppert, Hinterzarten (Süddeutschland), Seite 154

Riffelalp Resort, Zermatt (Wallis), Seite 72
Romantik Hotel Julen, Zermatt (Wallis), Seite 73
Romantikhotel Turm, Völs am Schlern (Südtirol), Seite 139
Rosa Alpina, San Cassiano (Südtirol), Seite 143
Salzburgerhof, Zell am See (Salzburgerland), Seite 122
Seehotel Überfahrt Tegernsee, Rottach-Egern (Süddeutschland), Seite 162
Sonnenalp, Ofterschwang (Süddeutschland), Seite 165
Sporthotel Stock, Finkenberg (Tirol), Seite 109
Sport & Spa Resort A-ROSA Scharmützelsee, Bad Saarow (Norddeutschland), Seite 175
Stanglwirt, Going am Wilden Kaiser (Tirol), Seite 113
Steigenberger Hotel Therme Meran, Meran (Südtirol), Seite 133
Suvretta House, St. Moritz (Graubünden), Seite 23
The Omnia Mountain Lodge, Zermatt (Wallis), Seite 74
Theresia Gartenhotel, Saalbach-Hinterglemm (Salzburgerland), Seite 120
Thermenhotel Ronacher, Bad Kleinkirchheim (Kärnten), Seite 124
Traube Tonbach, Baiersbronn-Tonbach (Süddeutschland), Seite 151
Trofana Royal, Ischgl (Tirol), Seite 92
Trois Couronnes, Vevey (Westschweiz), Seite 57
Tschuggen Grand Hotel, Arosa (Graubünden), Seite 13
Urthaler, Seiser Alm (Südtirol), Seite 140
Victoria-Jungfrau, Interlaken (Berner Oberland), Seite 50
Vier Jahreszeiten am Schluchsee, Schluchsee (Süddeutschland), Seite 155
Vigilius Mountain Resort, Lana-San Vigilio (Südtirol), Seite 136
Vitalhotel Alter Meierhof, Glücksburg/Ostsee (Norddeutschland), Seite 179
Vitalhotel Falkenhof, Bad Füssing (Süddeutschland), Seite 161
Völlanerhof, Völlan/Lana bei Meran (Südtirol), Seite 138
Walther, Pontresina (Graubünden), Seite 19
Wellnesshotel Kurhaus Cademario, Cademario (Tessin), Seite 82

Wellness-Hotel Rössli, Weggis (Zentralschweiz), Seite 39
Wellness-Residenz Schalber, Serfaus (Tirol), Seite 90
Zur Bleiche Resort & Spa, Burg im Spreewald (Norddeutschland), Seite 173

Die Orte von A bis Z

Achenkirch (Tirol): Posthotel Achenkirch, Seite 112
Adelboden (Berner Oberland): Parkhotel Bellevue, Seite 41
Arosa (Graubünden): Kulm, Seite 12
Arosa (Graubünden): Tschuggen Grand Hotel, Seite 13
Ascona (Tessin): Albergo Giardino, Seite 76
Ascona (Tessin): Castello del Sole, Seite 79
Ascona (Tessin): Eden Roc, Seite 79
Ascona (Tessin): Parkhotel Delta, Seite 80
Baden-Baden (Süddeutschland): Brenner's Park Hotel & Spa, Seite 148
Bad Füssing (Süddeutschland): Vitalhotel Falkenhof, Seite 161
Bad Gastein (Salzburgerland): Haus Hirt Hotel & Spa, Seite 119
Bad Griesbach (Süddeutschland): Parkhotel Bad Griesbach, Seite 158
Bad Kleinkirchheim (Kärnten): Thermenhotel Ronacher, Seite 124
Bad Ragaz (Ostschweiz): Grand Hotels Bad Ragaz, Seite 30
Bad Saarow (Norddeutschland): Sport & Spa Resort A-ROSA Scharmützelsee, Seite 175
Bad Sobernheim (Mitteldeutschland): BollAnt's im Park, Seite 169
Bad Sobernheim-Meddersheim (Mitteldeutschland): Menschels Vitalresort, Seite 171
Baiersbronn-Mitteltal (Süddeutschland): Bareiss, Seite 149
Baiersbronn-Tonbach (Süddeutschland): Traube Tonbach, Seite 151
Balderschwang (Süddeutschland): Hubertus, Seite 164
Berchtesgaden (Süddeutschland): Intercontinental Resort Berchtesgaden, Seite 166
Burg im Spreewald (Norddeutschland): Zur Bleiche Resort & Spa, Seite 173
Cademario (Tessin): Wellnesshotel Kurhaus Cademario, Seite 82
Dienten am Hochkönig (Salzburgerland): Die Übergossene Alm, Seite 118
Dorf Tirol bei Meran (Südtirol): Castel, Seite 128
Dorf Tirol bei Meran (Südtirol): Erika, Seite 129
Dornbirn (Vorarlberg): Gesundheitszentrum Rickatschwende, Seite 86
Feusisberg (Ostschweiz): Panorama Resort & Spa, Seite 32
Finkenberg (Tirol): Sporthotel Stock, Seite 109
Haldensee bei Grän (Tirol): Liebes Rot-Flüh, Seite 103
Flims-Fidaz (Graubünden): Fidazerhof, Seite 24
Flims-Waldhaus (Graubünden): Adula, Seite 25
Flims-Waldhaus (Graubünden): Park Hotel Waldhaus, Seite 27
Ftan (Graubünden): Paradies, Seite 16
Freudenstadt-Lauterbad (Süddeutschland): Kur- & Sporthotel Lauterbad, seite 152
Genf-Bellevue (Westschweiz): La Réserve, Seite 52
Glücksburg/Ostsee (Norddeutschland): Vitalhotel Alter Meierhof, Seite 179
Going am Wilden Kaiser (Tirol): Stanglwirt, Seite 113
Gstaad (Berner Oberland): Grand Hotel Bellevue, Seite 44
Gstaad (Berner Oberland): Grand Hotel Park, Seite 46
Heiden (Ostschweiz): Hotel Heiden, Seite 33
Heiligendamm (Norddeutschland): Kempinski Grand Hotel Heiligendamm, Seite 176
Hinterzarten (Süddeutschland): Parkhotel Adler, Seite 153
Hinterzarten (Süddeutschland): Reppert, Seite 154
Interlaken (Berner Oberland): Victoria-Jungfrau, Seite 50
Ischgl (Tirol): Trofana Royal, Seite 92
Kitzbühel (Tirol): Grand Spa Resort A-ROSA Kitzbühel, Seite 115
Königstein im Taunus (Mitteldeutschland): Kempinski Hotel Falkenstein, Seite 172
Lana-San Vigilio (Südtirol): Vigilius Mountain Resort, Seite 136
Längenfeld/Ötztal (Tirol): Aqua Dome, Seite 93
Lans bei Innsbruck (Tirol): Lanserhof, Seite 104
Lausanne (Westschweiz): Beau-Rivage Palace, Seite 55

Lausanne (Westschweiz): Lausanne Palace, Seite 56
Lech am Arlberg (Vorarlberg): Burg-Vital-Hotel, Seite 89
Lenk im Simmental (Berner Oberland): Lenkerhof, Seite 43
Leogang (Salzburgerland): Der Krallerhof, Seite 129
Leukerbad (Wallis): Les Sources des Alpes, Seite 63
Leukerbad (Wallis): Lindner Hotel & Alpentherme, Seite 64
Leutasch (Tirol): Quellenhof, Seite 100
Lübeck-Travemünde (Norddeutschland): Grand Spa Resort A-ROSA Travemünde, Seite 178
Luzern (Zentralschweiz): Palace Luzern, Seite 36
Maurach am Achensee (Tirol): Alpenrose, Seite 110
Meran (Südtirol): Castel Fragsburg, Seite 130
Meran (Südtirol): Meisters Hotel Irma, Seite 132
Meran (Südtirol): Steigenberger Hotel Therme Meran, Seite 133
Merligen (Berner Oberland): Beatus, Seite 49
Mieming (Tirol): Alpenresort Schwarz, Seite 96
Mont-Pèlerin (Westschweiz): Le Mirador Kempinski, Seite 59
Montreux (Westschweiz): Raffles Le Montreux Palace, Seite 60
Munkmarsch/Sylt (Norddeutschland): Fährhaus, Seite 181
Neustift (Tirol): Jagdhof, Seite 106
Ofterschwang (Süddeutschland): Sonnenalp, Seite 165
Olang (Südtirol): Mirabell, Seite 142
Pontresina (Graubünden): Walther, Seite 19
Reifnitz/Maria Wörth (Salzburgerland): Aenea, Seite 126
Rottach-Egern (Süddeutschland): Seehotel Überfahrt Tegernsee, Seite 162
Rötz-Hillstett (Süddeutschland): Radisson SAS Resort Wutzschleife, Seite 159
Saalbach-Hinterglemm (Salzburgerland): Theresia Gartenhotel, Seite 120
Saas Fee (Wallis): Ferienart Resort & Spa, Seite 66
Saillon (Wallis): Hôtel des Bains de Saillon, Seite 62
San Cassiano (Südtirol): Rosa Alpina, Seite 143

Schenna bei Meran (Südtirol): Hohenwart, Seite 135
Schluchsee (Süddeutschland): Vier Jahreszeiten am Schluchsee, Seite 155
Schönried-Gstaad (Berner Oberland): Ermitage-Golf, Seite 48
Schruns (Vorarlberg): Löwen, Seite 87
Schwaz (Tirol): Naturhotel Grafenast, Seite 107
Scuol (Graubünden): Belvédère, Seite 14
Seefeld (Tirol): Astoria Relax & Spa Hotel, Seite 97
Seiser Alm (Südtirol): Urthaler, Seite 140
Serfaus (Tirol): Wellness-Residenz Schalber, Seite 90
Serpiano (Tessin): Hotel Serpiano, Seite 83
Sölden im Ötztal (Tirol): Central, Seite 94
St. Englmar (Süddeutschland): Angerhof, Seite 157
St. Moritz (Graubünden): Kempinski Grand Hôtel des Bains, Seite 20
St. Moritz (Graubünden): Kulm Hotel, Seite 21
St. Moritz (Graubünden): Suvretta House, Seite 23
St. Ulrich/Gröden (Südtirol): Adler Wellness & Sport Resort, Seite 144
St. Ulrich/Gröden (Südtirol): Gardena Grödnerhof, Seite 145
Tannheim (Tirol): Jungbrunn, Seite 102
Telfs-Buchen (Tirol): Interalpen-Hotel Tyrol, Seite 99
Tinnum/Sylt (Norddeutschland): Landhaus Stricker, Seite 182
Traben-Trarbach (Mitteldeutschland): Parkschlösschen Bad Wildstein, Seite 168
Turracher Höhe (Kärnten): Hochschober, Seite 123
Vals (Graubünden): Hotel Therme Vals, Seite 29
Vevey (Westschweiz): Trois Couronnes, Seite 57
Vitznau (Zentralschweiz): Park Hotel Vitznau, Seite 40
Völlan/Lana bei Meran (Südtirol): Völlanerhof Seite 138
Völs am Schlern (Südtirol): Romantikhotel Turm, Seite 139
Weggis (Zentralschweiz): Park Hotel Weggis, Seite 37
Weggis (Zentralschweiz): Wellness-Hotel Rössli, Seite 39

Weissbad/Appenzell (Ostschweiz): Hof Weissbad, Seite 34
Yverdon-les-Bains (Westschweiz): Grand Hôtel des Bains, Seite 53
Zell am See (Salzburgerland): Salzburgerhof, Seite 122
Zermatt (Wallis): Alpenhof, Seite 67
Zermatt (Wallis): Mirabeau Alpine Residence, Seite 69
Zermatt (Wallis): Mont Cervin Palace, Seite 70
Zermatt (Wallis): Riffelalp Resort, Seite 72
Zermatt (Wallis): Romantik Hotel Julen, Seite 73
Zermatt (Wallis): The Omnia Mountain Lodge, Seite 74
Zuoz (Graubünden): Castell, Seite 17

Die erfolgreichen Führer von Claus Schweitzer im AT Verlag

Familienhotels zum Träumen
Schweiz, Italien, Frankreich, Deutschland, Österreich

Wo finden junge Familien im Hotel besonders grosszügig Platz?
Wo können Kinder wirklich mitreden? Wo gibt es familienfreundliche
Hotels, die nicht die Welt kosten und dennoch einzigartig sind?
Dieser Reiseführer gibt erstmals einen Überblick über Hotels,
in denen grosse und kleine Gäste gleichermassen auf ihre Kosten
kommen. Wo Ästhetik, Kulinarik und Gastlichkeit denselben
Stellenwert geniessen wie das Spiel- und Sportprogramm und
das kindergerechte Angebot.

Traumhotels für wenig Geld
200 preisgünstige Adressen mit Charme und Charakter
Schweiz und Nachbarländer

Von Graubünden bis zum Genfersee, vom Schwarzwald bis in
die Lombardei und vom Tirol bis in die Provence die 200 schönsten
Hotels mit dem besten Preis-Genuss-Verhältnis – das Standard-
Doppelzimmer während der Hochsaison für weniger als 200 Euro
oder 300 Franken. Traum- und Luftschlösser sind ebenso dabei
wie charmante, kleine Landgasthöfe oder originelle Design-Hotels,
alle aber mit eigener Persönlichkeit, ehrlicher Gastfreundschaft
und Preisen, die mit der gebotenen Leistung übereinstimmen.

Traumhotels für wenig Geld in Deutschland
200 preisgünstige Adressen mit Charme und Charakter

Ganz in der Nähe ganz weit weg sein ... Vom Bodensee bis
nach Sylt, von der Mosel bis an die Ostsee und von München bis
nach Berlin versammelt dieser Führer erstmals eine Auswahl
von über 200 Hotels in Deutschland, denen der Spagat zwischen
Stil, Charme und fairen Preisen gelingt. In den ausgewählten
Häusern kostet das Standard-Doppelzimmer für zwei Personen
weniger als 180 Euro. Jedes dieser kleinen oder grossen
Traumhotels ist eine Reise wert – zu einem Gegenwert, der
ein Lächeln auf Geniessermienen zaubert.

Cityhotels – preiswert mit Stil
180 aussergewöhnliche und preiswerte Hotels in 30 europäischen Städten

Gute und zugleich erschwingliche Übernachtungsquartiere auf eigene Faust zu finden ist ein Glücksspiel – besonders in den Metropolen. Dieses Buch stellt 180 aussergewöhnliche und dennoch erschwingliche Hotels in Europas beliebtesten Städtereisezielen vor, Häuser, in denen das Standard-Doppelzimmer weniger als 200 Euro kostet. Hotels mit Charme und Charakter für alle, die ihr Portemonnaie schonen und dennoch gerne stilvoll übernachten wollen.

20 x 20 TopTipps Zürich

Zürich ist vital, trendbewusst und urban. Dieser Führer beweist es. Er führt Sie nicht nur zu den bekannten Zielen, sondern vor allem auch zu den verborgenen Schätzen der Stadt. 400 aktuelle Tipps, die Lust auf Entdeckungen machen und Zürich von immer wieder neuen Seiten zeigen. Eine Fundgrube für unternehmungslustige Geniesserinnen und Geniesser.

20 x 20 TopTipps Tessin

Das Tessin lockt uns immer wieder … Dieses Buch führt Sie nicht nur zu den berühmten Sehenswürdigkeiten, sondern vor allem zu den kleinen, verborgenen Schätzen abseits der ausgetretenen Trampelpfade. 20 x 20 Vorschläge, die unternehmungslustigen Geniessern Türen und Augen öffnen für die Schönheiten des Tessins.

Weitere Titel aus dem AT Verlag

Doris Iding/Katja Kaiser
Ayurveda-Oasen
Die 100 besten Adressen in Europa, Indien und Sri Lanka

Immer mehr Hotels bieten im Rahmen ihrer Wellnessprogramme Ayurveda an; daneben gibt es spezialisierte Ayurvedazentren, -kurhäuser und -kliniken. Dieser Führer hilft Ihnen, aus der nahezu unüberschaubaren Fülle der Angebote das individuell passende zu finden – sei es für ein Wellness-Wochenende zum Ausspannen, für spezielle Behandlungen oder eine Panchakarma-Kur.

Marc Moreau/Alain Escudier
Zu Gast in Frankreichs Schlössern
Stilvoll und preiswert übernachten in 95 aussergewöhnlichen Häusern

95 aussergewöhnliche Schlösser in ganz Frankreich, die sich zwar in Privatbesitz befinden, aber dennoch eine kleine Anzahl Gästezimmer zur Verfügung stellen und Besucher willkommen heissen – ihre Geschichte und ihre Besitzer, ihre besondere Ambiance und die Art der angebotenen Zimmer. Mit allen praktischen Informationen zu Preisen, Freizeitangebot, Sehenswürdigkeiten und Anreise.

AT Verlag
Stadtturmstrasse 19
CH-5401 Baden
Telefon +41 (0)58 200 44 00
Fax +41 (0)58 200 44 01
E-Mail: at-verlag@azag.ch
Internet: www.at-verlag.ch